古代歷史文化研究輯刊

二四編

王 明 蓀 主編

第 12 冊

陣法與身體：晚明軍事文化中的鴛鴦陣

吳承瑾 著

國家圖書館出版品預行編目資料

陣法與身體：晚明軍事文化中的鴛鴦陣／吳承瑾 著 -- 初版
-- 新北市：花木蘭文化事業有限公司，2020〔民 109〕
目 6+238 面；19×26 公分
（古代歷史文化研究輯刊 二四編；第 12 冊）
ISBN 978-986-518-262-5（精裝）
1. 軍事文化 2. 明代
618 109011128

ISBN-978-986-518-262-5

古代歷史文化研究輯刊
二四編 第十二冊　　　　　ISBN：978-986-518-262-5

陣法與身體：晚明軍事文化中的鴛鴦陣

作　　　者　吳承瑾
主　　　編　王明蓀
總 編 輯　杜潔祥
副總編輯　楊嘉樂
編　　　輯　許郁翎、張雅淋　美術編輯　陳逸婷
出　　　版　花木蘭文化事業有限公司
發 行 人　高小娟
聯絡地址　235 新北市中和區中安街七二號十三樓
　　　　　　電話：02-2923-1455／傳真：02-2923-1452
網　　　址　http://www.huamulan.tw 信箱 hml810518@gmail.com
印　　　刷　普羅文化出版廣告事業
初　　　版　2020 年 9 月
全書字數　184279 字
定　　　價　二四編 21 冊（精裝）台幣 62,000 元

陣法與身體：晚明軍事文化中的鴛鴦陣

吳承瑾 著

作者簡介

吳承瑾，國立政治大學歷史學系碩士，自大學時期就喜愛關注歷史上的「公共事務」，喜歡觀察不同時代的人如何在其環境下，調集人力、物力完成某件事。「陣法與身體」寫於台灣社會面臨巨變的 2014 到 2016 年間，當時社會風氣講「民變」不至於，但頗有以民間力量去推動公共事務，並一定程度被官方採納的現象。本書為歷史研究，不外乎整理史料讓讀者了解過去某個時代的社會，作者多著墨討論鴛鴦陣這種戰術所反映的人與事、物關係，以及制度如何讓人有效率地團體行動。

提　　要

　　本書以鴛鴦陣為主軸，討論三個議題。第一個議題是藉由探討鴛鴦陣的淵源，論述嘉靖 32 年（1553）倭亂以來，官員、將領跟士人如何交流來自各地的兵學知識，並將行之有年的舊戰術，整合成新的陣法。第二個議題透過細膩分析各時期多種鴛鴦陣的戰術細節，並將唐順之、戚繼光等人的鴛鴦陣，和同時代類似陣法與更早的中國陣法（八陣思想）比較，以討論鴛鴦陣戰術跟文化的特殊性跟延續性，這部分將鴛鴦陣跟當時社會背景連結，並修正以往學者的看法。第三個議題則討論鴛鴦陣如何跟晚明的軍事文化、社會文化互動。這部分透過「巫術挪用」、「物質文化」、「身體思維」來切入，以討論軍事制度是在何種社會背景運作，以及如何塑造士兵的感官與身體，建立軍旅生活特有的「體感」。

目

次

表次

第一章　緒　論

一、研究動機

　　研究戚繼光（1528～1588）或晚明的抗倭歷史，很難不討論到「鴛鴦陣」，這是一種主要用於步兵的戰術，由十個人構成戰鬥的基本單位（還有一名不參與戰鬥的火兵，另含隊長共十二人）。鴛鴦陣因用於抗倭戰爭大獲成功而聞名，也直接影響當時一些軍隊的編制和訓練方式，其相關研究成果相當豐碩。〔註1〕既有研究多將鴛鴦陣視為戚繼光開創性的發明，幾乎視為代表他的「招牌」。〔註2〕即使有學者注意到唐順之（1507～1560）的著作《武編》中，記載了結構更簡單的鴛鴦陣（也稱為「秘戰」），時代可能比戚繼光更早，但論述也僅輕輕帶過，雖認為其有可能啟發了戚繼光的鴛鴦陣，但仍強調戚繼光的原創性。

　　戚繼光多次透露其武術、軍事技藝相當成分學自抗倭的同僚，甚至來自一些民間經驗。因此筆者認為若一味強調戚繼光的原創性，論點就有過於片面的問題。史料不止顯現了戚繼光的獨創性，也透露了戚繼光能分析、學習、

〔註1〕關於鴛鴦陣相關的「捷報」，最常被提及的是嘉靖40年(1561)的「台州大捷」，該年多場會戰明軍皆獲勝，斬獲首級往往數百至千餘，但每場明軍陣亡人數都在個位數。參見戚國祚編、李克、郝教蘇點校，《戚少保年譜耆編》（北京：中華書局，2003），56～66。

〔註2〕學者常認為戚繼光於嘉靖39年（1560）創立鴛鴦陣，並撰寫《紀効新書》。參見許保林，《中國兵書通覽》（北京：解放軍出版社，1990），233。解文超，《明代兵書研究》（天津：天津人民出版社，2010），57。該論點的根據，出自戚繼光之子戚國祚（1567～？）編纂的《戚少保年譜耆編》，參見戚國祚編、李克、郝教蘇點校，《戚少保年譜耆編》，34。

引用他人技術的特質。鴛鴦陣在不同時空下不斷改變，除了顯示戚繼光對戰術調整頗具彈性，也反映晚明軍事文化的複雜性。筆者認為若藉助更多元的史料和更細膩的觀點，可以將「鴛鴦陣」當作起點，先將其源流、演變過程、運作方式和特色等議題釐清，再跟中晚明軍事經驗、民間武術，甚至敵人的軍事經驗相比較，便能以一種類似知識史的方法，來討論大環境如何促使鴛鴦陣形成、流傳？以及官方的力量如何攝取這些軍事知識、制度、文化等資源？在這種討論方式下，鴛鴦陣就能和晚明社會有更深的聯繫，並呈現官方知識跟地方知識相互激盪的現象。

鴛鴦陣的戰術內容在不同時代間差別很大，但學者較少著重討論其演變過程，大多僅著墨單一時空、單獨文獻下，某一種鴛鴦陣的內容。若不明瞭鴛鴦陣的演變過程，文獻中的敘述有時會很難解釋。例如戚繼光於隆慶3年（1569）北調，鎮守薊州衛（今屬河北省唐山市）、永平府（今部分屬河北省唐山市、部分屬河北省秦皇島市）、山海衛（今屬河北省秦皇島市）等處。〔註3〕此時期步兵、騎兵編制雖和鴛鴦陣架構相似，但也發生了許多變化。戚繼光於萬曆11年（1583）調任廣東後，於著作中記載的鴛鴦陣，也跟前兩個時期不同。這些類似鴛鴦陣的隊形間呈現怎樣的沿革關係？反映何種情勢與時代條件？仍值得更加詳細討論。

同時，鴛鴦陣本身運作的細節仍有許多未明瞭之處，例如鴛鴦陣本身還可以拆散成更小的隊形，單一的鴛鴦陣又可以跟別的鴛鴦陣組成多種更大的陣形，這些運用上的變化究竟配合何種戰術？因應何種戰況？反映何種需求？各隊伍或成員之間如何配合？學者大多只略微提到，僅轉述戚繼光著作中的片段描述而已，鮮有深入分析者。這些戰術又跟同時期類似的抗倭陣法、甚至更早期的中國陣法、甚至倭寇自己的陣法有何關係？這部分有系統的研究也不多。

本論文想解決的問題有三個層面，第一個是追溯「鴛鴦陣」的淵源、釐清其確切的演變過程，討論軍事知識如何被流傳、被挪用。第二個層次是探討鴛鴦陣戰術運作的方式和特色，並與中國陣法文化傳統相比較。這部分將回顧、修正既有的研究成果，並盡可能呈現清晰的陣法運作圖像，讓讀者可以確切理解當時軍隊如何操作鴛鴦陣，以及一場戰鬥大概會呈現什麼流程。

〔註3〕這些駐防地皆位於今天河北省東北方，緊鄰長城南側和山海關南面，為長城最東端防線，對抗塞北蒙古騎兵。戚國祚編、李克、郝教蘇點校，《戚少保年譜耆編》，240。

第三個層次是討論鴛鴦陣所反映的軍事文化。由於鴛鴦陣在戚繼光的軍隊中，直接影響了行政編制、武藝訓練、軍器設計的規劃。因此透過戚繼光所留下的豐富史料，研究者可以較為深刻地描寫晚明軍隊運作、生活的情景、戰鬥的氣氛。這部分將以較為抽象的「體感」為核心，討論多種主題，如物質基礎、武藝訓練、號令賞罰、甚至宗教儀式如何建構那套軍事生活？

二、研究回顧

（一）鴛鴦陣研究回顧

　　學界研究明代軍事文化，論及鴛鴦陣的著作非常多，筆者在此以中文、英文著作為主，討論其研究成果具啟發性或有所不足之處。中文學術成果論述較深入者，有范中義《戚繼光評傳》、〈《紀效新書》十四卷本成書時間與內容〉、楊業進〈戚繼光戰術的創革與中國古典戰術的終結〉、王兆春〈戚繼光對火器研製和使用的貢獻〉、解立紅〈論戚家軍長短結合的兵器配備〉、朱亞非〈練兵與練將——戚繼光軍事理論再探討〉、鄭樑生〈靖倭將軍戚繼光〉等。

　　范中義的《戚繼光評傳》對鴛鴦陣和鴛鴦陣武術有較精闢的論述。他注意到唐順之《武編》中記載的秘戰鴛鴦陣可能影響了戚繼光的鴛鴦陣。[註4]范中義認為鴛鴦陣不像某些學者所認為的，是「小而疏散」的隊形，也不認為鴛鴦陣是因應火器普及化所產生的戰術。[註5]他注意到戚繼光的軍隊是以鴛鴦陣為基礎的陣形和編制，在戰爭中常常以此為單位，編為更大的隊形，並主張戚繼光在實戰中都將鴛鴦陣組成具有一頭、兩翼、一尾的菱形大陣，根據戰場狀況或接敵位置靈活變換方向。[註6]范中義也比較戚繼光和相近時

〔註4〕范中義，《戚繼光評傳》（南京：南京大學出版社，2004），278～279。關於唐順之的秘戰，參見唐順之，《武編》，收入《中國兵書集成》第13冊（北京：解放軍出版社；瀋陽：遼瀋書社，1989，影印萬曆46年徐象橒曼山館刻本），635～638。

〔註5〕范中義認為依《紀效新書》所載，鴛鴦陣成員作戰時緊密排列，互相依恃，並不「疏散」，並認為鴛鴦陣仍是冷兵器作戰陣法，他反駁的對象為中國軍事史編寫組的《中國軍事史·兵器卷》和軍事科學出版社的《中國軍事百科全書》。范中義，《戚繼光評傳》，279～280。按：火器（firearm）指以火藥燃燒或爆炸動能產生殺傷力的武器，如銃、炮、火箭、地雷、水雷、炸彈、現代槍枝等。與之相對的是冷兵器，又常被稱為近戰兵器（melee weapon），指以人力產生殺傷力的白刃戰兵器，如刀、棍、矛等。遠射武器（ranged weapon）中弓、弩、投石機等不使用火藥產生動能者，在本文中與冷兵器一起討論。

〔註6〕范中義，《戚繼光評傳》，281～282。

期的將領的戰術異同，如唐順之、俞大猷等，他主張戚繼光對於「練心」觀念的詮釋，深度勝過同時期的將領。〔註7〕

但范中義也忽略了一些問題。他是少數論及唐順之「秘戰」和戚繼光「鴛鴦陣」異同，並比較深入地考察十八卷本和十四卷本《紀效新書》差異的學者。〔註8〕但是他並未重視唐順之「秘戰」和戚繼光不同時期的「鴛鴦陣」間有其演變軌跡。要了解這個演變軌跡，關鍵在於探討戚繼光鴛鴦陣中兩位盾牌手（長挨牌手和圓藤牌手）的差異，但范中義跟其它學者都忽略了，僅將其一概視為盾牌手。范中義在《戚繼光評傳》中引用《紀效新書》插圖時，混用十八卷本和十四卷本的陣圖，但他沒指出這兩組陣圖在武器配置上即有明顯差異。另外范中義認為戚繼光的鴛鴦陣符合古陣「四面如一」觀念，但其實范中義對「古陣」的認知，來自明代趙本學和俞大猷對古陣的詮釋。如果參考李訓詳〈古陣新探──新出史料與古代陣法研究〉一文，會發現「四面如一」並非古陣的概念，而屬於宋代以後發展出來的八陣法，相反地鴛鴦陣的野戰用法其實和「四面如一」的八陣大不相同。〔註9〕李訓詳一文稍後會詳細討論。

楊業進〈戚繼光戰術的創革與中國古典戰術的終結〉一文將鴛鴦陣跟拿破崙的縱隊戰術相比較，指出鴛鴦陣的「戰術單位」可讓其在戰場上面對大量但鬆散的敵人時，更容易形成相對多數，因而達到以寡擊眾的目的。〔註10〕這點大致無誤，但他主張鴛鴦陣是因應火器普及而產生的鬆散小隊作戰戰術，正好是被范中義駁斥的論述。另外楊業進主張鴛鴦陣相較於「上古中國跟古典西方習慣的方陣戰術」是從緩慢遲鈍到機動迅速的進步過程，也正好是李訓詳〈古陣新探──新出史料與古代陣法研究〉一文所反駁的觀點。

王兆春〈戚繼光對火器研製和使用的貢獻〉中，將戚繼光在薊州對抗蒙古騎兵時步、騎兵隊形，以及水兵、車兵白刃戰時的隊形都視為「鴛鴦陣」的一種，這種討論方式別的學者較少使用，但很中肯。〔註11〕他指出了這時

〔註7〕范中義，《戚繼光評傳》，199～212。

〔註8〕范中義，〈《紀效新書》十四卷本成書時間與內容〉，收入閻崇年主編《戚繼光研究論集》（北京：知識出版社，1990），368～385。

〔註9〕李訓詳，〈古陣新探──新出史料與古代陣法研究〉（臺北：國立臺灣大學歷史研究所博士論文，1999），181。

〔註10〕楊業進〈戚繼光戰術的創革與中國古典戰術的終結〉，收入閻崇年主編《戚繼光研究論集》（北京：知識出版社，1990），91～105。

〔註11〕王兆春〈戚繼光對火器研製和使用的貢獻〉，收入閻崇年主編《戚繼光研究論集》（北京：知識出版社，1990），151～152。

期鴛鴦陣跟早期抗倭時的鴛鴦陣有所不同，但主要是強調後來配置了更多火器。解立紅〈論戚家軍長短結合的兵器配備〉一文著重討論鴛鴦陣中長兵器和短兵器的互動，以及同時結合冷兵器和火器的戰術。〔註12〕「長短相衛」確實是鴛鴦陣的特色，但是解立紅對鴛鴦陣細節的描述不夠精確，例如他將不同時期的鴛鴦陣組成混在一起論述、將短兵中的大刀誤認為倭刀，以及認為鴛鴦陣作戰於南方時，士兵因泥濘潮濕不著盔甲，只以盾牌防禦等地方。

　　朱亞非〈練兵與練將——戚繼光軍事理論再探討〉一文論述了抗倭時期的鴛鴦陣以及對抗蒙古時期的步兵隊形，該文整理、列舉了戚繼光步、騎、車、水各兵種的軍制和戰術，但並無深入論述鴛鴦陣演變的歷史意義。〔註13〕鄭樑生〈靖倭將軍戚繼光〉一文從四個方向入手，分別討論戚繼光的生平、其靖倭活動的發展過程、戰略戰術和治軍方式。鄭樑生對鴛鴦陣的討論主要集中在對陣法的幾種轉換上，點出鴛鴦陣的幾種變體，並陳述這幾種陣形的功能。〔註14〕其史料來自《紀效新書》十八卷本，故只討論抗倭時期的鴛鴦陣。該文的強項在於對戚繼光抗倭的事件放入時間軸中，以及整理戚繼光治軍號令跟各級成員所受到的命令。但是鄭樑生並沒交代鴛鴦陣被發明的時間，對鴛鴦陣的發展過程也較少提及，僅大致說明鴛鴦陣的結構和戚繼光治軍的號令形式。

　　以上學者往往傾向把鴛鴦陣描述成一個完美配合，設計完整的陣形，討論其成員兵器配置的方式，幾乎只為了呈現幾組樣板而已。但史料中的鴛鴦陣其實呈現了多種樣貌，這表示成員配置方式或武器的形制，極可能隨時間發生了變遷，甚至陣形設計本身可能就存在著矛盾處。文獻中有許多關於鴛鴦陣操作的描述，至今難以解釋，甚至相互矛盾，也因此不同學者的論文往往重現出不同樣貌的鴛鴦陣，眾說紛紜。這反映鴛鴦陣本身內容極可能是不斷改變的，而這個改變的過程為何？意義為何？正是本文想解決的問題。

　　Peter A. Lorge 在《中國武術：從古代到二十一世紀》（Chinese Martial Art: From Antiquity to the Twenty-First Century）一書中，指出戚繼光在較早出版的

〔註12〕解立紅〈論戚家軍長短結合的兵器配備〉，收入閻崇年主編《戚繼光研究論集》（北京：知識出版社，1990），157～160。
〔註13〕朱亞非，〈練兵與練將——戚繼光軍事理論再探討〉《齊魯文化研究》，1（濟南，2002）：155～161。
〔註14〕鄭樑生〈靖倭將軍戚繼光〉，收入氏著《中日關係史研究論集》（臺北：文史哲出版社，2009），1～58。

十八卷本《紀效新書》中，紀錄徒手戰鬥的訓練，但在較晚出版的十四卷本《紀效新書》中已刪除這段資料，只留下持武器戰鬥的訓練方法。Lorge 認為戚繼光早期的軍事觀念，重視陣形跟武術訓練，因此會要求士兵跟敵人貼身打鬥。〔註 15〕這段論述暗示我們戚繼光的武術、戰術觀念也許會因為某些因素而改變。

　　以上學者在討論戚繼光與明代軍事發展時，幾乎都會提到戚繼光是火器發展的推手，對中國戰爭技術在使用銃、炮、爆炸性武器方面做了許多嘗試和實踐，也留下不少經驗。大多數學者的論述集中在兩個要點，一是介紹新式火器的種類與用途，二是統計火器在軍隊中的普及率，但是討論深入者不多。對明代火器用於戰爭的研究，以周維強的〈明代戰車研究〉較為深入且完整，該篇博士論文的觀點，是將戰車視為火器發展蓬勃的產物，周維強廣泛蒐集了明代製造、使用戰車，以及將戰車搭載火器投入戰爭的紀錄，以論述明代車戰的實用性和侷限性。周維強對火器和車戰的研究極為深入，但該文主軸在討論火器，因此即使周維強已經注意到明代搭載火器的戰車，始終須要步兵和騎兵的協助，卻沒深入討論冷兵器作戰的細節。該論文第六章有兩節專門討論戚繼光在薊鎮時期的軍隊戰術，但關於步兵、騎兵的編制、考核方式，僅整理制度流程而已。〔註 16〕周維強對於隆慶 6 年（1572）薊鎮大閱合練做過細膩的整理，這場軍事演習等於是驗收戚繼光改革薊鎮兵制 3 年來的成果。〔註 17〕戚繼光鎮守薊鎮 15 年（1569～1584）間，其實沒有遇到大規模的戰事，因此薊鎮大閱合練是理解戚繼光如何操作薊鎮大型戰爭的最佳案例。

（二）倭寇戰術與武術研究回顧

　　石原道博在〈關於倭寇的戰術〉（倭寇の戰術について）一文中，整理出漢文史料中紀錄的倭寇戰術。他主要透過鄭若曾（1503～1570）《籌海圖編》、采九德《倭變事略》（1558 成書）等文獻，但石原主要做的是整理性的介紹，並沒有進一步地深入論述。〔註 18〕石原更早的《倭寇》一書，細緻討論中、

〔註 15〕Peter A. Lorge, *Chinese Martial Art: From Antiquity to the Twenty-First Century* (New York:Cambridge University Press, 2012), 168.

〔註 16〕周維強，〈明代戰車研究〉（新竹：國立清華大學歷史研究所博士論文，2008），233～235。

〔註 17〕周維強，〈明代戰車研究〉，239～250。

〔註 18〕石原道博，〈倭寇の戰術について〉，《海事史研究》，20（東京，1973）：15～24。

日兩國對倭寇的討論與討論態度。並分析倭寇的組成，討論來自日本的「真倭」與中國人假扮的「假倭」之間差異。在討論中國對倭寇的討論態度時，石原指出中國文獻展現了肯定其強悍，與憎惡其行為兩種態度並行的現象。這一章節也整理出許多倭寇的戰術模式。〔註 19〕

田中建夫在《倭寇──海的歷史》（倭寇──海の歷史）中，透過文獻描述和繪畫、印刷品圖像，來討論明代中國人對倭寇的印象。這些資料呈現了許多倭寇在航海、水戰、陸戰時所使用的物品，也留下了許多倭寇在寇掠、戰鬥時的行動方式，能幫助本文建立倭寇戰術的概觀。田中透過繪畫的圖像紀錄，分析到倭寇使用武器的外觀、尺寸，並將其和同時代日本戰國時期兵器做比較，這點是中文研究成果較少提及的。〔註 20〕

賴育鳴〈明嘉靖年間的海寇〉一文分析倭寇得以在對抗明軍時，長期以寡擊眾的原因。該文有鑑於倭寇組成份子中非日本人佔有相當大比例，因此以古代文獻也用過的「海寇」稱之，而非使用今日學界較常使用的「倭寇」。賴育鳴整理海寇的機動戰術、間諜戰術、埋伏戰術、偽裝戰術、攻城戰術、宗教信仰，討論相當細緻。〔註 21〕該文對建構「戚繼光對手」的形象幫助甚大，但較少使用圖像史料。

太田弘毅《倭寇：商業、軍事史的研究》（倭寇：商業・軍事史の研究）一書，以中國、日本、朝鮮半島、琉球、安南、麻六甲、暹邏等地區的地域文化、日本宗教信仰、亞洲季風氣候、船舶技術、貿易關係（以日本刀、扇子、硫磺、焰硝、火藥、鐵、火器為例子）等角度切入，替十六世紀亞洲海域倭寇活動提供一種物質文化、跨地域貿易的研究視野。太田注意到漢文文獻描寫倭寇形象、戰術時，呈現複雜多面向的性質，有些倭寇被描述展現不同於中原、獨特的服飾、戰術，呈現強悍、華麗的特質。有些則「佯裝為明軍」，採用偷襲的戰術，呈現詭異的特質。〔註 22〕本書另一個具啟發性的觀點是藉由物品的流動，來看一個時代的政治活動，戚繼光軍隊運作的物質基礎中，包含太田深入研究過的鐵和火藥，藉太田一書了解軍器產、銷的模式，應有助於理解明代軍事活動。

〔註 19〕石原道博，《倭寇》（東京：吉川弘文館，1964），4～54。
〔註 20〕田中健夫，《倭寇──海の歷史》（東京，教育社，1982），181～190。
〔註 21〕賴育鳴，〈明嘉靖年間的海寇〉，《中興史學》，9（臺中，2003.4）：15～23。
〔註 22〕太田弘毅，《倭寇：商業・軍事史の研究》（橫浜：春風社，2002），56～64。

（三）軍事文化與相關理論性著作回顧

李華彥在〈近三十年來明清鼎革之際軍事史研究回顧〉一文中，期許研究晚明軍事史的學者，多關注薊遼地區軍民跟北京的互動，並多注意財政、軍政因人際關係而起的變化。〔註23〕軍事改革或軍事行動跟社會經濟背景脫不了關係，這個觀點不只適合研究明末軍事活動，也很適合處理明嘉靖朝至萬曆朝（1522～1620）東南地區的軍事體制變化。

范中義、王兆春、張文才、馮東禮合著的《明代軍事史》，對明代軍事發展提出了四階段的觀點，第一是朱元璋起事至宣德年間（1352～1435）的「開創和強盛時期」，第二是正統至正德年間（1436～1521）的「停滯和削弱時期」，第三是嘉靖至萬曆年間（1522～1620）的「變革和發展時期」，第四是天啟至崇禎年間（1621～1644）的「衰弱和敗亡時期」。作者認為第三階段的發展特色有幾點，一個是武器裝備由冷兵器為主轉向以火器為主。第二則是士兵來源由世襲衛所兵為主，轉變為以招募的士兵和僉派的民壯為主。第三是戰略政策形成由海防三大防區、「九邊重鎮」的軍事體系，取代早期衛所分小區塊設防的結構。第四是在東南抗倭、北方抗虜的戰爭中取得優勢。第五是軍事思想產生較大發展，大量兵書湧現。〔註24〕這論述提供研究鴛鴦陣一個宏觀的背景，鴛鴦陣確實是衛所制度衰敗時，地方募兵、民壯力量茁壯下的產物。地方性武裝勢力如何運作，跟在地戰爭文化、戰術、武術思維息息相關，因此研究鴛鴦陣的淵源與內涵，可以進一步瞭解這種軍事體制的轉型，細節如何運作。

黃仁宇《萬曆十五年》一書在第六章〈戚繼光——孤獨的將領〉中以明代皇帝制度結構、資源整合能力、文武關係、菁英階層對科技、教育的態度，來探討為何戚繼光僅能成為曇花一現的「進步將領」，無法將其對軍事技術的發現與發明傳承下去，推動軍事技術的進步。該文將戰術、軍中人際關係和物質技術整合成一套解釋中國軍事文化和政治文化的大論述。

黃仁宇對鴛鴦陣的描述很籠統，且混淆了不同時期的鴛鴦陣。〔註25〕他描述鴛鴦陣的目的是論述戚繼光的軍隊內部充滿矛盾。黃仁宇將這些矛盾開

〔註23〕李華彥，〈近三十年來明清鼎革之際軍事史研究回顧〉，《明代研究》，23（臺北，2014.12）：148～149。

〔註24〕范中義、王兆春、張文才、馮東禮，《明代軍事史》，收入中國軍事科學院主編《中國軍事通史》第15卷下冊（北京：軍事科學出版社，1998），2～4。

〔註25〕黃仁宇，《萬曆十五年》（臺北：食貨出版社，2003），220～223。

展出非常多層次的討論，一是將、兵教育水準不足，因此戚繼光即使精準、務實，卻仍須用宗教信仰和嚴刑峻法來約束士兵。二是社會限制了技術進步，黃仁宇認為戚繼光軍隊雖然大量裝備火器，卻同時使用「連枝帶葉的大毛竹」狼筅、鐵叉和藤牌來戰鬥，不脫農民戰爭性質，對官方提供的兵器也無法完全掌握品質。〔註26〕他將這些問題歸因於中國政治傳統傾向文官壓抑武官，因此戚繼光雖在軍務上事必躬親，卻仍須和文人應酬；即使清廉，但仍要求自己兄弟送厚禮給張居正。〔註27〕黃仁宇的結論是戚繼光之所以成功，在於能和政治環境妥協，靠建立私人關係在體制上找改革機會，但大環境下中國鬆散的農村結構，始終無法普及教育、匯集資源人力，投注在持續而有規模的科技發展上，甚至較為先進的個人、部門或地區會被社會打壓，以縮短和落後者之間的距離。因此從張居正到戚繼光，即使個人或小眾再有才能，也只能做有限的改革，無法根本地改變社會。〔註28〕被黃仁宇視為具農民軍色彩的鴛鴦陣，就成為「有限改革」的旁證了。

　　黃仁宇某些論述具說服力，但也留下不少問題。他對鴛鴦陣具「農民色彩」的論述帶有某種程度偏見，因為戚繼光帶領的是專業化的募兵，職業跟活動範圍已脫離原鄉。鴛鴦陣的兵器即使「含天然材質」，也針對戰術目的刻意設計過，且其戰術講求合作無間的默契，需由高度訓練過的士兵來操作，因此不能跟揭「竿」起義的軍裝混為一談。而像「銳鈀」一類「叉」形的兵器，也不是農具，而是專門化的兵器，在明人繪製的〈出警圖〉中儀仗隊也配置相似型制的兵器（見圖1.1）。〔註29〕

〔註26〕黃仁宇，《萬曆十五年》，220～225。

〔註27〕黃仁宇，《萬曆十五年》，240～243。

〔註28〕黃仁宇，《萬曆十五年》，245～247。

〔註29〕〈出警圖〉與〈入蹕圖〉經朱鴻考證，為萬曆11年（1583）皇帝謁陵活動的宮廷史畫。參見朱鴻，「明人出警入蹕圖」本事之研究〉，《故宮學術季刊》，22.1（臺北，2004.09）：210。這一年戚繼光正好被調往廣東，結束鎮守薊鎮的生涯，在〈出警圖〉中，有幾名戎裝的衛士手執形狀類似銳鈀的兵器。《明會典》記載侍衛編制時提到「叉刀」這種裝備，代表「叉」形的兵器可能很早就用於明帝國正式軍隊，而非臨時挪用於民間的農民兵器。參見申時行等修，《明會典》，卷142，〈侍衛〉（北京：中華書局，1989，據萬曆重修本排印），729。同時，謁陵儀仗隊穿戴的是極為正式的服裝，例如錦衣衛該場合才會穿戴大紅蟒衣、飛魚烏紗帽、鑾帶、配上繡春刀，這套服飾、兵器平日辦公時不會穿戴，因此謁陵儀仗隊中的「叉」狀兵器，絕對不能跟民間的「鐵叉」相提並論。參見易強，《歷史的線索：錦衣王朝》（臺北：三民書局，2014），32～33。

圖 1.1：〈出警圖〉儀仗隊配備的「銳鈀」形兵器

資料來源：佚名，〈出警圖〉（臺北：國立故宮博物院「典藏精選」數位檔案，查詢時間 2016 年 7 月 4 日）。http://theme.npm.edu.tw/selection/Article.aspx?sNo=04001151）

　　黃仁宇對薊北軍官教育水準偏低的關注頗具啟發性，暗示明代軍隊有關信仰、倫理等「人情世故」的事務，可能含有許多不同於菁英階層知識體系的元素，若要解讀或再現這些事務，我們可能要藉由更多元的史料或方法。但黃仁宇心思不在解讀軍士的思維，而在以現代化史觀討論明代軍隊「走向進步時的困境」。這種研究取向使黃仁宇雖能指出大環境對戚繼光的牽制，但無法關注陣法、戰術運作的細膩處。黃仁宇學說最大的貢獻在討論戚繼光戰術、戰略的極限跟毛病，這是中文學界向來傾向避開的話題。中文學界往往將戚繼光呈現為完美、精準、進步的將領，論文也完全傾向呈現他的先進與巧妙，並以大量篇幅描寫戚繼光的戰功。這種態度反映在研究成果上，雖不致於嚴重忽略戰史和軍事思想等課題，但絕對是偏頗的。黃仁宇提醒我們再偉大的思想自身都可能有矛盾，雖然他本人無法完全指清這些問題，但討論一套軍事體系的缺陷，這思考方向仍是對的。

　　Kathleen Ryor 的〈晚明菁英文化實踐中的文與武〉（Wen and Wu in Elite Cultural Practices during the Late Ming）以幾位文人和武人的著作、社交活動、社交關係來討論嘉靖時期以來，文人和武人如何在菁英文化的場域中互動。Ryor 舉出的武人包含戚繼光、俞大猷等人，皆積極參與、學習文人社群的活動，如繪畫、書法、作詩、飲宴等，並互相餽贈、收藏其作品。許多文人除了學習、談論兵書、兵法與軍事活動以外，也習武或收藏刀劍。晚明菁英社會也發展出崇拜「劍客」、「俠客」的文化，除了為武將、武人寫傳記以外，也撰寫小說性質的武俠作品，這些行動與作品透露文人對軍事知識、軍事文化的興趣。Ryor 主張文人的風尚很大程度是被武人影響的，同一時間武人的菁英階層也積極學習、操作文人菁英的活動。〔註 30〕這個論述擴大了黃仁宇的討論範圍，也很大程度修正了黃仁宇所謂「武人被迫要去討好文人」的觀點，呈現文武間互相學習、互相影響的現象。

　　王鴻泰〈武功、武學、武藝、武俠：明代士人的習武風尚與異類交游〉以「心態史」的方法，分析中晚明文人談兵風尚的意涵，討論文人在這類談兵、習武、論劍的活動背後，追求的是什麼？該文相較於前述 Ryor 的文章，更側重討論文人吸收兵學、武學，王鴻泰將文人談兵的心態歸結成四種層次：追求參與軍事活動立功（武功）、培養兵學、武術知識（武學）、追求在社交

〔註30〕 Kathleen Ryor, "*Wen and Wu* in Elite Cultural Practices during the Late Ming," in Nicola Di Cosmo ed. Military Culture In Imperial China (Cambridge: Harvard University Press, 2009), 219-242.

場域中受歡迎的武術技藝（武藝），整合前述三種經驗與才藝，形成一種追求「武俠人生」的價值觀與「特殊品味」（武俠）。〔註31〕這四層次的討論側重文人，因此即使是對「建立功勳」典範人物的討論，王鴻泰仍以王守仁（1472～1529）和明武宗朱厚照（1505～1521）為主，對武將的討論很少。這四項中「武藝」部分的討論對本文啟發很大，王鴻泰不只將武藝看作是戰場上的技藝，也將其放在城市文化中討論，在城市文化中武藝具有很高的「游藝」特質，是社交活動中頗受歡迎，頗具娛樂性的活動。王鴻泰將「技藝」跟「社交」整合在一起看，他跟 Ryor 都注意到軍事技藝在明代菁英階層的社交活動中，擁有一個活躍的地位。

　　若要探討軍事技藝和人的互動，戚繼光的兵書會是很好的材料。因為其著作以大量的篇幅書寫軍事訓練的細節，並會分篇發給士兵誦讀（由識字者帶領），並刻意「詞句淺白」以便軍人學習。這些軍事技藝確實曾在戰場實踐過，因此應能印證陣法運作樣貌。雖然戚繼光不是描寫文人習武，而是討論如何把平民有效率地練成士兵，跟王鴻泰討論的議題不一樣，但戚繼光軍隊中將「嬉戲」跟「操練」合一的概念，以研究文化的角度，應該能和「兵學、武藝、游藝成為社交媒介」的議題相呼應。Ryor 和王鴻泰都注意到兵學和武藝在文人圈連結人際關係的現象，而戚繼光紀錄了一些特定的訓練方式，可以讓一群來自農村、礦場的平民在操作武藝時形成緊密的組織，這背後說明了兵法、武學和社交、教育間，可能存在某種共通特質，是研究軍事文化時不錯的切入點。同時這說明了戚繼光兵學的實踐，可以用更細膩、多視角的方法來研究。

　　若要理解鴛鴦陣的運作細節或原理，李訓詳〈古陣新探——新出史料與古代陣法研究〉一文可以提供相當多啟發。這篇博士論文主要反駁了以往學者對先秦古陣法的誤解，並試圖還原古陣法的樣貌。以往學者多以為先秦步兵最早採用遲緩的方陣作戰，以及春秋時發展出步卒跟隨馬車衝鋒的「魚麗陣」等觀念，但李訓詳利用考古文物、簡帛文獻，對照傳統文獻的描述，認為古陣基本上採用陣面寬，張開兩翼的陣形，縱深較薄，同時先秦古陣始終強調機動性，並未存在遲緩的方陣過。〔註32〕這種「用陣三分」（中央一個中

〔註31〕王鴻泰，〈武功、武學、武藝、武俠：明代士人的習武風尚與異類交游〉，《中央研究院歷史語言研究所集刊》，85.2（臺北，2014）：209～267。
〔註32〕李訓詳，〈古陣新探——新出史料與古代陣法研究〉，52～55。

軍加上左右各一翼，共三陣）的戰術反而跟鴛鴦陣相似，但是這種以左、中、右橫列展開的陣形，具有明顯的方向性，其前軍、後軍、左翼、右翼分工相當清楚，跟范中義所描述的「四面如一」恰恰相反。李訓詳認為上古馬車是和步兵是分離作戰的，兩者皆強調機動性。〔註 33〕他認為先秦的八陣指的是八種不同形貌、不同功能的陣形，用於不同情況，而非宋代兵家根據數術、九宮圖所設計出來的一陣含八個部分，將營隊輜重都包在陣裡的隊形。〔註 34〕李訓詳還認為宋代的八陣法，大陣中包有小陣，戰陣跟軍營合在同一個隊伍系統裡，是「營陣合一」的風格。中國陣法走向這種持重、緩慢風格，時間大概在漢代以後，跟漢人騎兵戰的技術衰微有關。〔註 35〕由於戚繼光鎮守薊北時仍採用類似營陣合一的「行營兵車」戰術，因此李訓詳對營陣合一、八陣法的研究也多有啟發作用。李訓詳學說的價值在於他對古陣法的內涵和性質有許多洞見，能修正學界對古陣法的許多誤解。雖然他研究的範圍主要集中在春秋至戰國時代，對於宋代和明代的論述只作為比較對象稍稍提到，但若藉助李訓詳對古陣運作原理的研究成果，我們會更容易理解明代陣法的原理，並能看出明代鴛鴦陣的獨特性或延續性。李訓詳在其論文最後章節中，試著論證陣法具有「打破個人疆界，塑造團體感」的訓練效果，並從陣法名稱討論這些千奇百怪的名目，如何反映「雅」、「俗」階層間的政治權力，但他對明代陣法的部分僅稍微點到。〔註 36〕另外關於戰車、車營的研究，周維強〈明代戰車研究〉有詳細討論，只是該文重點在討論兵車的實用性和侷限性，對鴛鴦陣的描述較少。

三、史料簡述

　　由於本文以鴛鴦陣的沿革、運作內涵為主要探討對象，故主要引用的史料是唐順之的《武編》、戚繼光的《紀效新書》、《練兵實紀》、俞大猷（1503～1579）的《續武經總要》、《正氣堂集》，以及鄭若曾（1503～1570）的《籌海圖編》，這類著作一般被視為「兵書」。《武編》是唐順之學習兵學知識的筆記，是一部內容龐雜的著作，如兵法、兵器、物資、兵制、戰史等課題都有論及。許保林

〔註 33〕李訓詳，〈古陣新探——新出史料與古代陣法研究〉，93～94。
〔註 34〕李訓詳，〈古陣新探——新出史料與古代陣法研究〉，135～136。
〔註 35〕李訓詳，〈古陣新探——新出史料與古代陣法研究〉，193～195。
〔註 36〕李訓詳，〈古陣新探——新出史料與古代陣法研究〉，199～204。

《中國兵書通覽》將其視為「類書」，述而不作。〔註37〕但筆者認為《武編》的內容也包含了唐順之的見聞筆記，有些可能是現存文獻唯一的記載。〔註38〕考量到唐順之對武藝、兵法有一定的造詣（唐順之就曾教導過戚繼光槍法），筆者認為推定《武編》在編纂時完全不帶入唐順之個人意見、完全「述而不作」是很武斷的。因此本論文在引用《武編》資料時，仍會個別討論引述部分的性質，以免誤解其意涵。《武編》除了記載了比戚繼光鴛鴦陣結構更單純的秘戰鴛鴦陣外，還收錄多種武術、戰術、信仰儀式、物品工藝等資料。有些唐順之沒有說明來源的資料，從內容分析很可能是當時口耳相傳的知識。這些資料很適合跟戚繼光的著作相比較，以提供詮釋軍事文化的論述基礎。

　　戚繼光的著作，包含兩種版本的《紀効新書》、《練兵實紀》等三部兵書，其內容是訓練將、兵的手冊，記載了編制、軍規、號令、武術、戰術、訓練方法、器物等課題。就時間先後而言，最早成書的是《紀効新書》十八卷本（1560），再來是《練兵實紀》（約 1571，《練兵實紀》又可細分為《練兵實紀》和《練兵實紀雜集》兩部分），最晚的是《紀効新書》十四卷本（約 1584）。〔註 39〕關於《紀効新書》，本文十八卷本、十四卷本都會參考，這兩者書名

〔註37〕許保林，《中國兵書通覽》，402。

〔註38〕唐順之有時用類似編纂類書的方法，將古籍內容打散、重新編到自己著作的篇章中，這時他會在引述前註明出處，例如他引述北宋許洞（976～1015）《虎鈐經》時，會以「許洞曰」為開頭，接著才引述《虎鈐經》的文句。但這只是《武編》部分內容的樣子，有時唐順之並沒有為內文說明出處（例如關於「秘戰鴛鴦陣」、「演禽戰法」的討論就沒有資料出處），這時《武編》看起來就很像筆記，有些內容也像作者的自身經驗。

〔註39〕本文採用的《紀効新書》是臺北國家圖書館藏「嘉靖定遠東牟戚氏家刊本」，但其實該刊本由於內文出現「隆慶」二字，故刊刻時間應不早於隆慶年間（1567～1572）。參見戚繼光，《紀効新書》（臺北：國家圖書館藏明嘉靖間定遠東牟戚氏家刊本），1/15b。該版本書名用「効」字而非學界常用之「效」字，本文引用時遵照各自書名。《紀効新書》、《練兵實紀》在成書時間上有模糊性，這點范中義已注意到。在《戚繼光兵法新說》一書中他指出現存最早的《紀效新書》是隆慶刊本，而《練兵實紀》成書不早於隆慶 5 年，並認為《練兵實紀雜集》可能編纂於隆慶年間至萬曆初（依文意估算約 1571～1584），而未給予明確時間的定論，這個保留應該是較周延的。相較下解文超《明代兵書研究》雖較晚出版，但斷言嘉靖 39 年跟隆慶 5 年為《紀効新書》、《練兵實紀》兩書撰著之年，論述恐有過於簡化議題之嫌。關於《練兵實紀》成書時間，參見朱亞非主編，《戚繼光志》（濟南：山東人民出版社，2009），70。關於《紀効新書》十四卷本成書時間，參見范中義，〈《紀效新書》十四卷本成書時間與內容〉，收入閻崇年主編《戚繼光研究論集》，371。關於《練兵實紀雜集》

雖相同，但其實為內容差異甚大的兩部著作。十八卷本描述抗倭時期的軍制
（1560～1569），十四卷本則描述戚繼光調守廣東後規劃的軍制（1583～
1584）。在時空背景上，《紀効新書》十八卷本為戚繼光於嘉靖年間因應抗倭
戰爭所作，《練兵實紀》則為戚繼光於隆慶3年（1569）至萬曆10年（1582）
調任薊鎮，因應防守「北虜」而作，《紀効新書》十四卷本則是戚繼光於萬
曆11年（1583）調任廣東後，為了整飭廣東駐軍，於萬曆12年（1584）所
作。這三部兵書因應的是不同空間、不同對手、不同戰術文化習慣的士兵，
且都記載了具各自特色的鴛鴦陣，由於戚繼光著作對軍事體制、訓練之記載，
細膩度遠勝過同時期的軍事著作，故本文呼應史料資訊詳細程度，會以戚繼
光的鴛鴦陣發展為討論主軸，以兩部《紀効新書》跟《練兵實紀》為主要討
論史料，並以唐順之、俞大猷、鄭若曾等人的著作為主要輔助資料。此外本
文也將利用戚繼光、唐順之、俞大猷等人的文集、年譜，來補充兵書論述不
足之處，並對照《明史》、《明實錄》、私修史書、明人筆記，以及相關地區
之方志，以考察、追溯和鴛鴦陣相關的資料。〔註40〕

　　關於倭寇的戰術，本文除了參考前人研究外，也將參考明人記載倭寇活
動的著作，如采九德（1577年貢生）《倭變事略》就專以紀錄倭寇活動為主，
很能幫助讀者理解倭寇的戰術。而唐順之《武編》中記載的「演禽戰法」是
明人對倭寇戰術相當詳細且獨特的紀錄，本文會專章討論之。〔註41〕

　　本文也將藉助圖像史料來呈現軍事文化，這類圖像可能來自兵書中的插
圖或當時的繪畫作品。戚繼光、唐順之、鄭若曾、茅元儀（1594～1640）等
人的著作都有關於軍需物品、戰術操練的圖像。這類資料說明軍事知識傳承
具有圖文並用的現象，因此解讀兵書不可忽略對圖像的解釋。明人繪畫如仇

　　　的成書時間，參見范中義，《戚繼光兵法新說》（北京：解放軍出版社，2007），
　　　17～27。關於解文超的論述，參見解文超，《明代兵書研究》（天津：天津人
　　　民出版社，2010），56。關於《練兵實紀》成書時間，見同書頁59。

〔註40〕　明人筆記著作中，除了較為通曉兵學者外，通常能細膩描述陣法的文獻不多，
　　　而官方「史書」、「政書」（如《明史》、《明會典》）一類文獻，通常僅記錄軍
　　　事單位的成立或廢除時間、員額、部署地區、執掌、常備器物等資訊，不會
　　　述及陣法細節。

〔註41〕　晚明士人留下倭寇記載的著作不少，例如郭光復（？～1616）《倭情考略》、
　　　徐學聚（1583年進士）《嘉靖東南平倭通錄》、茅坤（1512～1601）《紀剿除徐
　　　海本末》等，但是以紀錄倭寇劫掠地點、官兵剿倭戰果、雙方死傷等記錄為
　　　主，論述倭寇戰術者很少，采九德《倭變事略》是其中較特別的著作。

英（～1552）的〈倭寇圖卷〉，一定程度再現了倭寇與明軍的裝扮、兵器樣貌、打鬥畫面，並可和文獻中戰爭、戰術的描述相印證，幫助我們理解文字史料。

四、方法與範圍

　　本文希望以鴛鴦陣為起點來串連、描繪明代軍事文化中的多種面向。除了考察鴛鴦陣結構、兵器、武術、戰術在歷史上的源流跟演變，也希望進一步分析、詮釋這套戰術、訓練制度背後的軍事文化。關於鴛鴦陣的流變，本文將透過比較不同時空的史料資訊，來掌握相關戰術流傳、挪用的痕跡。關於軍事文化的描繪，本文則將參考「日常生活史」和「身體人類學」的研究觀點來處理史料。

　　在胡曉真、王鴻泰主編的論文集《日常生活的論述與實踐》中，王鴻泰主張透過對日常生活細節細膩地描寫，可寫出「有血肉」的歷史著作。但是他認為日常生活內容龐雜，為避免討論流於瑣碎，仍須就特定問題去組織史料。〔註42〕該書各篇論文涉及的議題很廣，如時間觀、服飾選擇與品味、價值觀、族群認同的關係、節慶活動與社會結構中權力拉鋸的關係，這些作品試著透過對一個議題細膩的描述，來呈現古代世界的特殊性與其內在的運作脈絡。這點鼓勵本文在分析戚繼光軍事文化流變之餘，試著用多種角度去細膩觀察軍隊中各種活動的意義跟關連，並扣準一個焦點：這套軍事制度如何讓人在其中自處？而人又如何與軍事文化互動。

　　余舜德《體物入微：物與身體感的研究》一書，啟發本文處理物質文化和軍事訓練等議題的觀點。余舜德提出「體感」這個切入點，主張透過分析人如何整合不同身體感官的資訊去感知物品、建構對物品與體制文化的認知。他主張人會使用特定感官去感知物，並用特定方式去詮釋感官得到的資訊，而這些方式是被文化教導出來的。換言之，人是以其受到文化塑造的身體，去感覺世界、認識世界，並得到具有某種文化特色之價值觀的。因此余舜德強調在處理文化如何塑造人跟物之間關係時，要以觀察該文化使用身體、使用感官的特色為切入點。〔註43〕剛好這個將感官與認知緊密結合的研究方法，

〔註42〕胡曉真、王鴻泰主編，《日常生活的論述與實踐》（臺北：允晨文化，2011），50～53。

〔註43〕余舜德，《體物入微：物與身體感的研究》（新竹：國立清華大學出版社，2008），15～22。

非常適合運用於詮釋軍事操練、武藝訓練、戰術運作等高度涉及身體操作的課題。故本文將藉助這種方法，串連史料中對軍事技藝的描述、物質基礎等資料，幫助理解鴛鴦陣背後的軍事操練跟軍旅生活。不同的是，余舜德的研究方法來自人類學領域，因此實踐上會藉助田野調查來取得資料，同時較不傾向討論一個文化在時間序列中的演變。本論文則無法藉助田野調查，需由史料透露的線索來「再現」那些體感，但某種程度應該仍具有說服力，同時本文會更注重討論鴛鴦陣在時間序列中的演變問題。

　　「考察日常生活」和「分析體感」可結合形成好用的研究方法。例如在探討號令、操練、軍器使用、信仰儀式、競賽考核等議題時，我們可以透過這兩點切入，以整合龐雜的史料資訊。例如描繪軍中時間觀、空間觀與生活節奏對人的影響，可掌握軍事活動如何塑造軍人的生活型態，這樣檢視軍旅生活中的操練、實戰時，鴛鴦陣就不再只是一套戰術，而能幫助研究者一探晚明某種屬於軍人的生活形態。同時本文也希望透過細膩描繪軍旅生活，呼應 Ryor、王鴻泰對武藝流行於文人社交圈的描述，為其提供一個「古代社會屬於某些武人的生活面貌」，並擴充李訓詳對陣法可以「打破個人疆界，塑造團體感」的論述。

　　在研究範圍上，本文以戚繼光的兵書為主、其他抗倭將領的著作為輔，故大致侷限在嘉靖 30 年代的抗倭戰爭，和戚繼光北調薊鎮、南調廣東時段內的鴛鴦陣發展。雖然本文研究主軸只有自嘉靖 39 年前後，至萬曆 11 年前後，約 23 年的時間跨距。但本文不只討論此時期內鴛鴦陣的變化，也涉及相關軍事技術、戰術的溯源，因此會不時碰觸到更早時代的陣法文化。

五、章節安排

　　本文第二章將討論鴛鴦陣的概貌，讓讀者大致知道各時期鴛鴦陣小隊的樣貌差異。接著該章會追溯鴛鴦陣戰術的源頭，討論這套兵學知識的產生背景。然後討論明人如何整合這些知識，並如何重組這些技術。該章節的研究目的在建構一個「鴛鴦陣起源的社會背景」，去看明人如何博採、重組豐富的兵學資源。

　　第三章將以戚繼光十八卷本《紀效新書》的記載為主軸，分析抗倭時期的鴛鴦陣戰術。由於戚繼光用於抗倭戰爭的鴛鴦陣，戰術記載最為豐富、複雜，同時又可跟唐順之、俞大猷等人的陣法相比較，且討論陣法設計無法撇

開戰術應用，故第三章僅討論抗倭時期的鴛鴦陣。本章節也將回應范中義「鴛鴦陣符合古陣精神」的論述，以及李訓詳對中國古陣文化研究成果，去看鴛鴦陣跟中國陣法文化，究竟處於何種關係。

　　第四章將討論隆慶至萬曆年間的鴛鴦陣，即聚焦於戚繼光調任薊鎮以後鴛鴦陣的發展（1569～1584）。由於戚繼光晚年於 1583 調任廣東時設計的鴛鴦陣，其戰術跟 1569 年以來鎮守薊鎮時的相近，故本章將這兩時期的鴛鴦陣合併於一章討論。第四章也將在第二、三章的基礎上，討論其戰術、兵學知識的挪用，並探討此時期的陣法是否呼應某些古陣文化。

　　第五章將探討類似宗教信仰的課題。抗倭時期的鴛鴦陣和文獻中的倭寇戰術，雙方都使用了一些跟咒法、厭勝相關的儀式。本章將大量藉助唐順之《武編》中對「演禽戰法」的記載，並結合鴛鴦陣相關史料，以及倭寇活動相關的記載，來探討這種戰術結合巫術、陣法結合咒法的有趣現象。該章也會參考學界對「陰門陣」的研究，以及人類學者對巫術之社會功能的討論。

　　第六章則將透過日常生活節奏、體感建構兩種觀念，去串連組織、人際關係、號令、武藝訓練、物品使用、競賽考核、情感認同等多面向的論述。這章將先討論軍隊生活所塑造的各種時間感、空間感，例如一天的作息、一個月的作息、練習與考核的節奏，出操與作戰的時間行程，這類是屬於時間感的部分。而野戰的環境掌握、攻防範圍，偵察兵感知範圍、戰鬥時跟隊員保持的距離，兵器與身體攻防範圍跟訓練方法，這類是屬於空間感的部分。該章將整合這類跟「感官」相關的訊息，來建構軍旅生活的樣貌。

第二章　鴛鴦陣的淵源與概貌

一、晚明「鴛鴦陣」的演變概貌

今人討論「鴛鴦陣」時，大致上都在討論戚繼光（1528～1588）的鴛鴦陣，該陣法也常被視為戚繼光開創性的發明，這種認知可能是受文獻引導所致。《明史・兵志》〈土兵〉記載：「浙兵，義烏為最，處次之，台、寧又次之，善狼筅，間以叉鎲。戚繼光製鴛鴦陣以破倭及守薊門，最有名。」〔註1〕《明史・兵志》〈訓練〉則記載「浙江參將戚繼光以善教士聞，嘗調土兵，製鴛鴦陣破倭。」〔註2〕《明熹宗實錄》天啟2年（1622）12月25日條記載：「近日兵法之精，無如先臣戚继光鴛鴦陣最善。」〔註3〕。戚繼光之子戚國祚（1567～？）為其父親編年譜時，記載戚繼光於嘉靖39年（1560）「創鴛鴦陣、著《紀效新書》」。〔註4〕這些史料在文意上，會讓人直覺性地預設鴛鴦陣為戚繼光所創。

「鴛鴦陣創於戚繼光」的觀念似乎在晚明已形成，且為主流看法。茅元儀（1594～1640）在《武備志》中分析、評價古今陣法時，論述道：「茅子曰：古之人，陣而後戰，後世浸失其傳，至北宋時猶有為之者，茲以後寂焉五百

〔註1〕張廷玉等；楊家駱主編，《新校本明史并附編六種》，卷 91，〈土兵〉（台北：鼎文書局，1982），2251～2252。

〔註2〕張廷玉等；楊家駱主編，《新校本明史并附編六種》，卷 92，〈訓練〉，2260。

〔註3〕溫體仁等，《明熹宗實錄》，卷 29（台北：中央研究院歷史語言研究所，1966，影印國立北平圖書館藏紅格鈔本微卷），1478。

〔註4〕戚國祚；李克、郝教蘇點校，《戚少保年譜耆編》（北京：中華書局，2003），34。

載，時見于空言耳。近世戚少保，始為鴛鴦陣，亦其便宜，非古陣制也」，這是明確表示「鴛鴦陣始於戚繼光」的論述。〔註5〕此外如汪道昆（1525～1593）為戚繼光寫的墓志銘、葉綱齋的〈大將軍戚公請告歸登州序〉，皆將鴛鴦陣的設計與發明歸功於戚繼光（這類著作也跟戚繼光年譜同時代成書）。〔註6〕晚明這類記載甚多，在此不一一贅述，我們可以在清高宗（1736～1795 在位）的實錄中，看到「鴛鴦陣創於戚繼光」的觀念被清人繼承。乾隆9年（1744）9月29日，乾隆皇帝討論貴州地區軍隊訓練方案時，要求當地「仿戚繼光製鴛鴦陣的遺意」變通設計，以適合貴州崎嶇地形的隊伍編制來訓練士兵：「從前『三才』、『五花』之名，於黔地叢林深箐、複嶂重岡，概無可用。現亦略為變通，仿明戚繼光禦倭所製鴛鴦陣遺意，將弓箭、鎗礮、刀牌朋成隊伍，於山林狹隘之區，皆可左右衝擊，首尾照應。」〔註7〕自晚明以來，文獻與知識既如此傳承，我們也就不難理解為何長期以來，學者討論鴛鴦陣時，常預設這是一種創始於戚繼光的戰術了。

戚繼光鴛鴦陣的設計跟運作方法，確實相當大程度展現了某種獨創性，但如果仔細分析史料文獻，會發現鴛鴦陣不僅在戚繼光手中不斷變化，在戚繼光之前也找得到一些源頭。范中義《戚繼光評傳》點出明中期學者唐順之（1507～1560）的《武編》中，提到一種被稱為「秘戰」的鴛鴦陣。范中義認為唐順之的鴛鴦陣雖有可能影響了戚繼光的鴛鴦陣，但戚繼光的鴛鴦陣頗具原創性。〔註8〕這個論述顯示學界仍偏重討論戚繼光兵法之獨特性，而不太關注鴛鴦陣究竟吸收了什麼兵學資源而產生。

目前文獻中已知跟鴛鴦陣直接相關的陣法，大致可追溯到唐順之《武編》、戚繼光兩部《紀效新書》和《練兵實紀》，這四份文獻的記載中，後世以戚

〔註5〕茅元儀，《武備志》，收入《四庫禁燬書叢刊》子部第23冊（北京：北京出版社，2000，影印明天啟刻本），490。

〔註6〕汪道昆，〈特進光祿大夫少保兼太子太保中軍都督府 左都督孟諸戚公繼光墓志銘〉，收入焦竑，《國朝獻徵錄》（臺北：臺灣學生書局，1984，影印國立中央圖書館明刊本），54～63。葉綱齋生卒年不詳，但〈大將軍戚公請告歸登州序〉一文為贈序，寫作年代應和戚繼光告歸的時間相近（萬曆13年，1585），該文收入陳子龍、許孚遠編，《明經世文編》（北京：中華書局，1962），3963～3964。

〔註7〕覺羅勒德洪等，《大清高宗純（乾隆）皇帝實錄》，卷225（臺北：華文書局，1964），3307（225/33a～b）。

〔註8〕范中義，《戚繼光評傳》（南京：南京大學出版社，2004），278～279。

繼光的版本為主，唐順之的版本幾乎不被提及。唐、戚二人皆參與嘉靖 32
年（1553）以後的抗倭戰爭，皆與總督胡宗憲共事，唐、戚二人生涯中皆處
理過「北虜」和「南倭」相關之軍務。唐順之為南直隸武進（今屬江蘇省常
州市）人，戚繼光則祖籍山東蓬萊東牟（今屬山東省蓬萊市）。唐順之年齡
較戚繼光大二十一歲，耐人尋味的是唐順之的卒年正好跟《戚少保年譜耆編》
所載，戚繼光創鴛鴦陣、撰《紀効新書》的年份相同，為嘉靖 39 年（1560）。
戚、唐二人曾就長鎗用法有一段討論，此事記載於戚繼光的《紀効新書》中，
作為戚繼光講解長鎗使用訣竅時的引述資料，戚繼光基本上贊同唐順之的鎗
法見解。〔註9〕可惜唐順之跟戚繼光討論各自的鴛鴦陣時，皆未提及此戰術的
淵源，也各自沒提到對方，兩份文獻乍看之下似無交集，因此後世研究者若
要探討這兩種鴛鴦陣是否有傳承關係？是否可在歷史中找到源頭？不能只靠
史料字面上的意涵推論，需進一步分析兩種陣法在組成、運作上的特色，並
和其它史料做比較。

　　本章將以唐順之和戚繼光的鴛鴦陣為主軸，討論各種鴛鴦陣是否具有關
連性？以及鴛鴦陣呈現了怎樣的變遷樣貌？反映了怎樣的兵學知識背景？
它們各自又如何吸收、接納、整合各種兵學、武術知識？唐順之的《武編》
有點像他的讀書劄記，體例兼具類書跟筆記的性質，這種著作應非短期可成
書。唐順之記載「秘戰」時未提及出處，所以比較難斷定這套陣法成形的確
切時間，跟這份知識的來源，但最晚不晚於嘉靖 39 年。戚繼光的鴛鴦陣據《戚
少保年譜耆編》記載，創於嘉靖 39 年。戚繼光自嘉靖 32 年（1553）起即受
命備倭於山東，兩年後調守江浙地區。〔註10〕唐順之於嘉靖 37 年（1558）年
三月起任職兵部，先以「職方清吏司署郎中事主事」頭銜參與北方薊鎮軍務，
該年冬天調任浙江，與胡宗憲（1512～1565）協同抗倭軍務。〔註11〕唐順之
僅實際參與抗倭戰爭兩年，嘉靖 39 年剿倭於海上數月時得急病去世，但他
關心軍事的時間至少可追溯到嘉靖 20 年（1541）左右，唐順之大約在 36 歲
時尋訪教師，學習鎗術，甚至有「躍馬據鞍」之意，在這個年紀他的著作也

〔註9〕戚繼光，《紀効新書》，卷 10，〈長兵篇〉，（臺北：國家圖書館藏明嘉靖間定遠
　　　東牟戚氏家刊本），10/7a～b（十八卷本）。
〔註10〕戚國祚著；李克、郝教蘇點校，《戚少保年譜耆編》（北京：中華書局，2003），
　　　14～17。
〔註11〕唐鼎元，《明唐荊川先生年譜》，收入《宋明理學家年譜續編》第四冊（北京
　　　市：北京圖書館，2006），596～606。

常討論北方邊防問題。〔註12〕從年譜去比較唐、戚二人的生涯，大概可以知道唐順之最晚自嘉靖20年代即開始積極接觸兵學知識，直到嘉靖37年起正式掛職處理軍務，嘉靖39年去世。這段時間唐順之主要活動空間在江南地區的南直隸武進故鄉，嘉靖30年代的倭患他雖沒有直接遭受攻擊，但這個事件在空間上距離並不遠，唐順之也曾親臨倭亂地區，看過居民受戰亂荼毒的景象。〔註13〕

　　戚繼光十七歲（嘉靖23年，1544）時世襲父親都指揮官職，赴薊門（今河北居庸關一帶）屯守，嘉靖32年（1553）督山東備倭，嘉靖34年（1555）轉任浙江都司僉書，隔年任職寧波、紹興、台州地方參將，開始在江南地區參與抗倭戰爭。嘉靖38年（1559）秋天9月，戚繼光前往浙江金華府義烏縣（今浙江省義烏市）招募鄉兵並加以訓練，同年11月這批兵力4000人的「義烏兵」被調往台州府（今浙江省台州市）駐守。〔註14〕隔年3月戚繼光轉任台州府、金華府參將，戚繼光年譜記載戚繼光在該年「春正月，創鴛鴦陣，著《紀效新書》」。〔註15〕隔年4月，新練成的義烏兵在台州抗倭連續獲得勝利，距離義烏兵初募僅約1年8個月時間。〔註16〕嘉靖42年（1563）冬季，戚繼光陞總兵，鎮守福建與浙江的金華、溫州二府。自嘉靖35年（1556）至隆慶元年（1567）11年間，戚繼光參與的戰役涵蓋浙江、福建、廣東、江西等地，除了剿倭以外，也鎮壓山賊、叛軍等武裝勢力。隆慶元年（1567）俺答（1507～1582）入寇，薊鎮（今秦皇島市一帶）幾乎不保，時任福建、浙江總兵的戚繼光被召回北京，訓練兵馬。〔註17〕

　　隆慶3年（1569）春季，戚繼光以總理官銜，鎮守薊州、永平、山海等地（皆在今河北省秦皇島市，在山海關以南），駐守密雲（今河北省密雲縣），權限如同總督。〔註18〕隆慶3年（1569）至萬曆12年（1584），戚繼光在薊鎮編練車、騎、步兵，並改善長城、要塞、戰車、冷、熱兵器的設計。學界一般認為《練兵實紀》刊刻於隆慶5年（1571），若此論點無誤，

〔註12〕唐鼎元，《明唐荊川先生年譜》，收入《宋明理學家年譜續編》第四冊，426。
〔註13〕唐鼎元，《明唐荊川先生年譜》，收入《宋明理學家年譜續編》第四冊，524。
〔註14〕戚國祚著；李克、郝教蘇點校，《戚少保年譜耆編》，30～32。
〔註15〕戚國祚著；李克、郝教蘇點校，《戚少保年譜耆編》，34。
〔註16〕戚國祚著；李克、郝教蘇點校，《戚少保年譜耆編》，56。
〔註17〕戚國祚著；李克、郝教蘇點校，《戚少保年譜耆編》，197。
〔註18〕戚國祚著；李克、郝教蘇點校，《戚少保年譜耆編》，240。

則該書能反映戚繼光鎮守薊鎮十五年中前二年的規劃內容。〔註19〕萬曆10年（1582）張居正去世，頗受張居正支持的戚繼光被捲入整肅張居正後人的政局中，於隔年春季被轉調廣東，都督南粵諸軍事，同年秋天至廣東赴任。〔註20〕戚繼光在廣東任職時間很短，迄萬曆13年罷歸為止僅一年多任期，但他仍著手改善廣東的軍隊編制，並修訂《紀効新書》，這就是較晚出版的「十四卷本」。〔註21〕

根據唐順之和戚繼光兩人的生平，我們可以推論《武編》、兩種《紀効新書》、《練兵實紀》這四份記載鴛鴦陣的文本，時代先後依序是《武編》（不晚於嘉靖39年）、《紀効新書》十八卷本（嘉靖39年）、《練兵實紀》（隆慶5年）、《紀効新書》十四卷本（萬曆12至13年間）。

唐順之《武編》的「秘戰」陣形以五人為一單位，稱「一伍」。每一伍原則上站成直線一列。第一位是伍長，手執「長挨牌」，這是一種木製的長形盾牌，高5尺（約1.6公尺），寬1.5尺（約48公分）。第二位手持「狼筅」，（「筅」指掃帚，這種兵器是一種頂端加上鎗頭或包上尖鐵的帶枝椏竹子）。《武編》有關狼筅確切長度的記載較不明確，這四份鴛鴦陣文獻中只有《練兵實紀》對狼筅有較明確的規格要求，全長約4.2公尺，前端裝有鐵鎗頭。狼筅的前段會保留竹枝枒，因此形如掃帚，容易勾住、遮擋敵人的兵器。雖然大多數文獻沒有明說狼筅的長度和重量，但基本上可確定這種兵器既長又重，難以靈活施展，但是很耐砍、耐撞，主要用於擋下敵人的攻擊，以利隊友還擊。在伍長跟狼筅手後面有三位長鎗手（陣形見圖2.1）。《武編》說明持長挨牌的伍長只許面對左邊，而狼筅手只許面對右邊，這兩種兵器一短一長，都是防禦性的武器，互相保護對方背後空際與後方隊友，在擋下敵人第一波攻擊的空檔時，三位長鎗手會繞出這兩人身後還擊。〔註22〕

〔註19〕解文超，《明代兵書研究》（天津：天津人民出版社，2010），59。
〔註20〕戚國祚著；李克、郝教蘇點校，《戚少保年譜耆編》，407〜410。
〔註21〕范中義，〈《紀効新書》十四卷本成書時間與內容〉，收入閻崇年主編《戚繼光研究論集》（北京：知識出版社，1990），368〜385。
〔註22〕唐順之，《武編》，前集卷4，〈陣〉，收入《中國兵書集成》第13冊（北京：解放軍出版社；瀋陽：遼瀋書社，1989，影印萬曆46年徐象橒曼山館刻本），635〜637。

圖 2.1：《武編》「秘戰」隊形配置

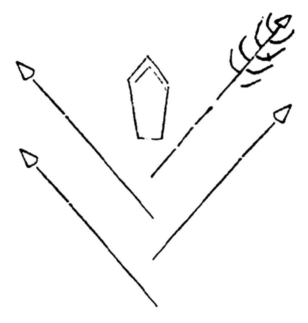

該隊形配置與相關戰術，本文簡稱「秘戰鴛鴦陣」。

資料來源：筆者依《武編》敘述自繪，《武編》敘述參見唐順之，《武編》，前集卷 4，
　　　　〈陣〉，收入《中國兵書集成》第 13 冊（北京：解放軍出版社；瀋陽：遼
　　　　瀋書社，1989，影印萬曆 46 年徐象橒曼山館刻本），635～638。

　　在戚繼光十八卷本《紀效新書》中，鴛鴦陣的規模擴大了。參與戰鬥的
基本單位是十人，稱一「隊」。除了隊長外，剩下十人分左右兩列而立（其實
最後方會有一名火兵，不直接參與戰鬥，僅為同隊成員做飯，所以一隊其實
是十二人）。隊長位於隊伍中，不直接參與肉搏戰，頭前兩個士兵右邊持長挨
牌，左邊持藤牌。藤牌是圓形的藤編盾牌，藤牌手不同於長挨牌手，他會配
備鏢鎗，並於投擲鏢鎗後持腰刀攻擊，較之於長挨牌手更積極進攻，動作也
較機動而多變化。耐人尋思的是長挨牌手被稱為「伍長」，但藤牌手不被如此
稱呼。〔註 23〕在藤牌手和長挨牌手身後各站一名狼筅手，狼筅手身後各站兩
名長鎗手，長鎗手身後各站一名「短兵手」，「短兵」可能是叉、鈀、銳鈀、
棍槍、偃月刀、鉤鐮等兵器（陣形見圖 2.2）。〔註 24〕

〔註 23〕戚繼光，《紀効新書》，卷 2，〈操令篇〉，2/24a。
〔註 24〕戚繼光，《紀効新書》，卷 2，〈操令篇〉，2/24b。

圖 2.2：十八卷本《紀効新書》鴛鴦陣陣圖

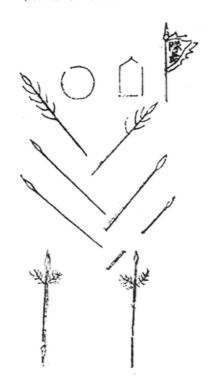

該隊形配置與相關戰術，本文簡稱「抗倭鴛鴦陣」。

資料來源：戚繼光，《紀効新書》，卷 2，〈操令篇〉（臺北：國家圖書館藏明嘉靖間定
　　遠東牟戚氏家刊本），2～24b。

　　《練兵實紀》的成書時間雖較《紀効新書》十四卷本早，但比較《紀効
新書》十八卷本、《練兵實紀》，和《紀効新書》十四卷本等三份文獻中的鴛
鴦陣，會發現《練兵實紀》所反映的薊鎮鴛鴦陣，和兩部《紀効新書》的配
置差異較大，最晚成書的《紀効新書》十四卷本，其鴛鴦陣成員反而和最早
成書的《紀効新書》十八卷本較像。從《紀効新書》十四卷本的陣圖來看，
鴛鴦陣捨去了長挨牌，全部使用藤牌，在十八卷本中，鴛鴦陣隊長立於右邊
長挨牌手旁邊，但在十四卷本的版本中，隊長立於兩位藤牌手中間（陣形見
圖 2.3）。〔註 25〕究竟盾牌配置，和隊長位置的變化，有沒有什麼意義？本文
將逐步討論。

〔註 25〕戚繼光，《紀効新書》，卷 7〈營陣篇〉，（臺北：國家圖書館藏明萬曆李承勛刻
　　　本），7/22b（十四卷本）。

圖 2.3：十四卷本《紀効新書》鴛鴦陣陣圖

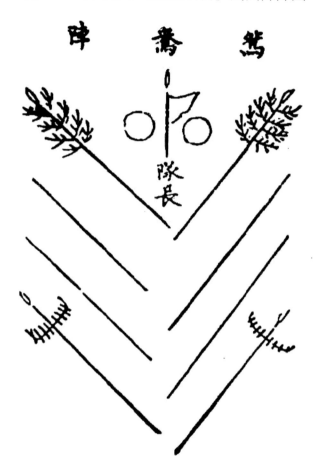

該隊形配置與相關戰術，本文簡稱「廣東鴛鴦陣」。

資料來源：戚繼光，《紀効新書》，卷 7，〈營陣篇〉（臺北：國家圖書館藏明萬曆李承勛刊本），7/22b。

　　《練兵實紀》中類似鴛鴦陣編制的有步隊、馬隊，和車營中的奇兵隊，本文簡稱「薊鎮鴛鴦陣」。步、馬二種軍隊編制皆以十二人為一隊，皆為隊總、火兵加上參與肉搏的十人，但兩者武器配置不太一樣；車營奇兵隊則十人一隊，為隊總、火兵加上八名士兵。《練兵實紀》中同一軍種的「鴛鴦陣」配置，在同書不同章節中，略有差異。現存《練兵實紀》文獻包含《練兵實紀》九卷和《練兵實紀雜集》六卷，在這兩者中記載的軍隊配置略有不同。依《練兵實紀》卷一〈練伍法〉記載，步隊的十名士兵分為二伍，兩兩並列而立，列陣時隊總

持軍旗、配弓箭、腰刀，十名士兵中前排是兩個伍長，持鳥銃，配雙手長刀。第二排是兩個長柄快鎗手，長柄快鎗是一種棍狀的火鎗，可以在發射彈丸後當棍棒使用，長柄快鎗手同時配備腰刀。第三排是兩個藤牌手，但藤牌手除了腰刀外已不配備鏢鎗，改配六塊投擲用的「好水光拳石」。〔註26〕第四排是兩個狼筅手。第五排是兩個鋭鈀手，同時配火箭30支。鋭鈀長7尺（約224公分），頭部形狀像「三叉戟」，即中央一根鎗頭，鎗頭左右各一根往上彎的利刃，彎刃底部接在鎗頭根部。火箭一根長3至4尺（約96至128公分），重2斤（約1.18公斤），形如箭矢、尾帶羽翼，但箭頭底端綁有類似今天沖天炮的火箭紙桶，架在鋭鈀上點燃引信即會飛射而出。以上是列陣時的隊形，若騎兵來襲，則鳥銃手、長柄快鎗手和鋭鈀手先發射火器，然後伍長（鳥銃手）、長柄快鎗手退到後兩排，形成短兵相接時的陣形。《練兵實紀》將平行的兩人稱為「一層」，在此稱呼下步隊發射火器時的陣形，第一層是鳥銃手伍長，第二層是快鎗手，第三層是藤牌手，第四層是狼筅手，第五層是發射火箭的鋭鈀手；發射完火器後步隊會變換成短兵相接隊形：第一層是藤牌手，第二層是狼筅手，第三層是鋭鈀手，第四層是以長柄快鎗為短棍的快鎗手，第五層是換拿雙手長刀的伍長（鳥銃手），火兵則不進行戰鬥。

　　但在《練兵實紀雜集・步營解》中，步營中持火器的士兵手跟持冷兵器者是分開編組的，分為「火器手」和「殺手」。火器手一樣每隊含隊長、火兵共十二人，但十名士兵皆為鳥銃手。殺手則每隊十二人中除隊長、火兵外，十名士兵分兩列，共五層。第一層為圓牌腰刀手（圓牌可能是藤、木或皮革等材質），第二層為狼筅手，第三層為長鎗手，兼配弓箭，第四層為鋭鈀手，兼配火箭，第五層為大棒手，兼配弓箭，大棒是一種長8尺（2.56公尺）、最粗處達2寸（6.4公分）的木棍。〔註27〕我們可以注意到這兩種步兵陣形，差異在於鳥銃配置方法、快鎗有無、長鎗有無、大棒有無，以及是否須要中途轉換隊形上。例如在《練兵實紀・練伍法》的版本中，第一、二層的鳥銃手和快鎗手會在射擊完後退到後面，換成圓牌手跟狼筅手在前鋒。但它們的相同之處在於肉搏戰隊形的前鋒，都是藤牌和狼筅的組合（陣形見圖2.4）。

〔註26〕戚繼光，《練兵實紀》，卷1，〈練伍法〉（臺北：國家圖書館藏明萬曆25年薊遼總督刑玠刊本），1/28a。

〔註27〕戚繼光（1528～1588），《練兵實紀》，收入《中國兵書集成》第19冊，70～75。

圖 2.4：《練兵實紀雜集‧步營解》步隊圖

資料來源：戚繼光，《練兵實紀雜集》，卷 6，〈步營解〉，收入《中國兵書集成》第 19
　　　　冊（北京：解放軍出版社；瀋陽：遼瀋書屋，1994，影印軍事科學院藏清
　　　　代京都琉璃廠擺板本），723。

　　馬隊在《練兵實紀‧練伍法》中分多種編制，除了純粹配備鳥銃的火器手
外，配備冷兵器參與肉搏戰的馬隊分兩種。第一種沒有特定名稱，其十名士兵
兩兩並立為五層，第一層是鳥銃手兼配雙手長刀，第二層是快鎗手兼配腰刀，
第三層是銳鈀手兼配火箭，第四層是夾刀棍手兼配弓箭，夾刀棍是「大棒」尖
端再加上 5 寸（16 公分）長的短刀，第五層是大棒手兼配弓箭。第二種被稱為
「輕騎殺手」，其十名士兵一樣分兩列五層，前兩層是弓箭手兼配腰刀，第三、
四層是弓箭手兼配鉤鎗（鉤鎗可能是指「鉤鐮」，也可能是鉤鐮跟長鎗並稱的叫
法，鉤鐮為一種鎗頭下帶有數把小鐮刀的長鎗），第五層是銳鈀手兼配火箭。但
《練兵實紀雜集‧馬營解》中沒有提及「火器手」和「輕騎殺手」，只剩下前述
由鳥銃長刀、快鎗腰刀、火箭銳鈀、弓箭夾刀棍、弓箭大棒組成的隊伍編制（陣
形見圖 2.5）。跟步兵、馬兵相比，車營奇兵隊在文獻敘述上歧異較小，在《練
兵實紀‧練伍法》和《練兵實紀雜集‧車營解》中的其編制相同，一隊十人，
除了隊長和火兵外，八名士兵頭四位為鳥銃手，兼拿雙手長刀；再來兩位是藤
牌腰刀手，兼配石塊；後兩位是銳鈀手，兼配火箭。

圖 2.5：《練兵實紀雜集・馬營解》馬隊圖

資料來源：戚繼光，《練兵實紀雜集》，卷 6，〈馬營解〉，收入《中國兵書集成》第 19
　　　冊，709。

　　以上各種鴛鴦陣的形貌，這裡稍微以表格的形式整理，以便讀者快速理
解其配置。由於隊長（或稱隊總）和火兵變化比較小，同時隊長跟火兵在戰
場是不直接和敵人肉搏的，因此表格僅呈現參與肉搏戰的士兵。見表 2.1 至表
2.6。

表 2.1：唐順之《武編・秘戰》陣形示意

	（僅一列）
第一位	挨牌手（伍長）
第二位	狼筅手
第三位	長鎗手
第四位	長鎗手
第五位	長鎗手

表 2.2：戚繼光十八卷本《紀效新書》鴛鴦陣示意

	左列	右列
第一位	藤牌手	挨牌手（伍長）
第二位	狼筅手	狼筅手
第三位	長鎗手	長鎗手
第四位	長鎗手	長鎗手
第五位	短兵手	短兵手

附註：僅呈現隊長、火兵以外的士兵

表2.3：戚繼光十四卷本《紀効新書》鴛鴦陣示意

	左列	右列
第一位	藤牌手	藤牌手
第二位	狼筅手	狼筅手
第三位	長鎗手	長鎗手
第四位	長鎗手	長鎗手
第五位	短兵手	短兵手

附註：僅呈現隊長、火兵以外的士兵

表2.4：戚繼光《練兵實紀》馬兵、馬隊陣形示意

	《練兵實紀·練伍法》馬兵				《練兵實紀雜集·馬營解》馬隊	
	馬兵一般隊伍		輕騎殺手			
	左伍	右伍	左列	左列	左列	左列
第一層	鳥銃長刀手（伍長）	鳥銃長刀手（伍長）	腰刀手	腰刀手	鳥銃長刀手	鳥銃長刀手
第二層	快鎗手	快鎗手	腰刀手	腰刀手	快鎗手	快鎗手
第三層	鏡鈀手	鏡鈀手	鉤鎗手	鉤鎗手	鏡鈀手	鏡鈀手
第四層	夾刀棍手	夾刀棍手	鉤鎗手	鉤鎗手	夾刀棍手	夾刀棍手
第五層	大棒手	大棒手	鏡鈀手	鏡鈀手	大棒手	大棒手

附註：未標示火器手隊，每隊僅呈現隊長、火兵以外的士兵

表2.5：戚繼光《練兵實紀》步兵、步隊陣形示意

	《練兵實紀·練伍法》步兵（短兵相接陣形）		《練兵實紀雜集·步營解》步隊	
	左伍	右伍	左列	右列
第一層	藤牌手	藤牌手	圓牌手	圓牌手
第二層	狼筅手	狼筅手	狼筅手	狼筅手
第三層	鏡鈀手	鏡鈀手	長鎗手	長鎗手
第四層	快鎗手	快鎗手	鏡鈀手	鏡鈀手
第五層	鳥銃長刀手（伍長）	鳥銃長刀手（伍長）	大棒手	大棒手

附註：僅呈現隊長、火兵以外的士兵

表 2.6：戚繼光《練兵實紀》車營奇兵隊陣形示意

	左列	右列
第一層	鳥銃長刀手	鳥銃長刀手
第二層	鳥銃長刀手	鳥銃長刀手
第三層	藤牌手	藤牌手
第四層	銳鈀手	銳鈀手

附註：僅呈現隊長、火兵以外的士兵

　　概括性地看，唐順之「秘戰」鴛鴦陣和戚繼光《紀効新書》十八卷本鴛鴦陣的獨特之處，就是都有一位拿長挨牌的伍長。伍長拿長挨牌不見於其他版本的鴛鴦陣，同時「伍長」一職也不見於《紀効新書》十四卷本對此陣法的討論，雖然兩種《紀効新書》的鴛鴦陣乍看之下很相似，但「伍長」這樣的身份應不能簡單和一般士兵等而視之，長挨牌手伍長的消失或許能告訴我們某些演變痕跡。「伍長」一職在《練兵實紀》的鴛鴦陣敘述中偶爾出現，在《練兵實紀・練伍法》中，騎兵和步兵編制皆以「隊」為基本單位，一隊中實際參與戰鬥的士兵有十人，但其實每隊可以再分為二伍，變成「左右二伍」，一伍五人。在《練兵實紀》的例子中，伍長都是鳥銃長刀手，而且一隊以下是相同、對稱的兩伍，分別擁有一位伍長，但《紀効新書》十八卷本鴛鴦陣的「兩伍」卻是不對稱的，而且只有右伍的長挨牌手被稱為伍長，左伍的藤牌手似乎不是伍長。兩種《紀効新書》描述鴛鴦陣時雖提及較豐富的陣形變化，但似乎都沒提到「層」這個觀念。相反地在《練兵實紀》的鴛鴦陣描述中，「層」被廣泛地用於討論鴛鴦陣的陣形跟功能，幾乎所有《練兵實紀》的鴛鴦陣的士兵配置，都可以理解為直列兩伍，個別使用對稱的兩組兵器，同時又能理解為橫排四層或五層，每層的兩人使用相同的兵器，但分屬不同伍。

　　從時間上排序來看，唐順之《武編》記載的「秘戰」，和戚繼光《紀効新書》十八卷本記載的鴛鴦陣時間不晚於嘉靖 39 年。稍晚出現的文獻是隆慶年間的《練兵實紀》，裡面出現了用於步、騎、車三種軍隊的鴛鴦陣配置，其中步兵和騎兵的鴛鴦陣又有數種版本，似乎反映某種時代間的延革。而最晚出現的文本是《紀効新書》十四卷本，出版於萬曆年間，但考量兩種《紀効新書》內容頗具延續關係，《紀効新書》十四卷本所記載的構想很可能在更早的時代就已經成型。值得注意的是長挨牌手在《練兵實紀》中已經消失，換言

之隆慶年間至萬曆 10 年，近十五年的時間內，薊鎮鴛鴦陣已不再配置長挨牌。鴛鴦陣中伍長職位和各士兵武器配置的變遷很值得討論，但這要須要進一步討論鴛鴦陣的運作與功能才能說得清楚，本文將專章討論，本章先大致勾勒從唐順之到戚繼光，數種鴛鴦陣的樣貌及變遷概貌。

二、鴛鴦陣兵學知識形成的背景

鴛鴦陣中的戰術元素，很多可以在文獻中找到更早的使用例子，或是同時期相似的存在。本章節將舉出這些例子來比較，以求提供讀者一個視野，來看一種戰爭文化形成的背景。對於這些例子本章將先不細緻討論每種戰術的運作細節，僅概略指出其異同。在比較這些例子時本文將盡可能排除「過度詮釋」造成的強加比附狀況，也將考量文本形成時間和文本描述對象的存在時間，中間可能存在差異，並試圖求取較周延的論述。由於《武編》、《紀效新書》的「抗倭」鴛鴦陣和《練兵實紀》中用於薊鎮的「抗虜」鴛鴦陣，本身差異較大，同時形成時間也較早，本章節先只討論「抗倭鴛鴦陣」的形成背景，稍後章節再以本章為基礎進一步討論。「抗倭鴛鴦陣」的兵器配置中，「狼筅」和「鏢鎗盾牌」較具特色，本章將以這兩種兵器為主要切入點，為鴛鴦陣溯源

狼筅在唐順之的《武編》中沒有關於製法的描述，在討論「秘戰」時唐順之僅提及使用狼筅的戰術。但是唐順之在討論長鎗時，提到「處州人使狼銑，右腳、右手在前，陰陽手」，這句話收錄在《武編前集・鎗》這章節中。〔註 28〕該章節除了介紹唐順之自己的習鎗心得，也泛論當時多種流派鎗法的特色。由於唐順之泛論各種鎗法時，多先提及該鎗法流行的地區，因此從這句「處州人使狼銑」來看，狼筅極可能跟處州府（含今浙江省麗水市與金華市武義縣）這地區有密切關連。關於「狼銑」和「狼筅」用字不完全符合這一點，在萬曆 46 年（1618）徐象樗曼山館刻本《武編》中，常出現同一名詞混用同義字的現象，例如在討論同一套鎗法時，刻本會混用「鎗」字和「槍」字，所以這裡認為「狼銑」和「狼筅」應為同一種東西。

在鄭若曾（1503～1570）的《籌海圖編》中有狼筅製法的記載。鄭若曾是生員，無功名，長期擔任胡宗憲的幕僚，參與抗倭戰爭。《籌海圖編》是鄭若曾因應倭寇所編纂的兵書，該書廣泛收錄當時有助於抗倭的資訊，有時加

〔註28〕唐順之，《武編》，前集卷 5，〈鎗〉，收入《中國兵書集成》第 13 冊，796。

上鄭若曾本人的評論與建議。其內容包含軍事地理資料、倭寇事件紀錄、倭寇戰術整理、日本情報與日本中國間航海路線資訊，抗倭經驗、對策彙編。關於「抗倭經驗、對策」的討論，鄭若曾蒐集了大量時人與前人的議論、可靠的戰術經驗、好用的兵器資料。這部分有介紹到狼筅，除了一張狼筅形制圖（見圖 2.6）外，文字敘述可分為兩部分，第一部分提到：

> 狼筅必獵戶能使。製筅之法，用毛竹長而多篠者。末銳，包鐵，
> 如小鎗。兩傍多留長刺，其刺每雙，用火熨之，一直一鉤，其直者
> 如戟，鉤者如矛，然後以熟桐油灌之，數以毒藥，利難犯。〔註29〕

第二部分則是引述《紀効新書》中戚繼光對狼筅戰術的描述，並在引文前加上「參將戚繼光云」六字。引用戚繼光的部分這裡先不討論，但由此可理解鄭若曾編纂這段狼筅敘述時，戚繼光《紀効新書》的鴛鴦陣戰術已然形成，但是第一部分鄭若曾對狼筅製法的討論，不見於《紀効新書》，也比《練兵實紀》的討論更詳細，有其史料價值。

圖 2.6：《籌海圖編》狼筅圖

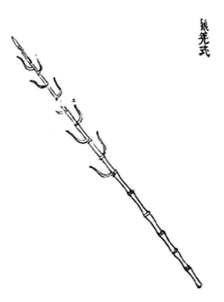

資料來源：鄭若曾，《籌海圖編》，卷 13，〈兵器〉，收入《中國兵書集成》第 15 冊，1320。

〔註29〕鄭若曾，《籌海圖編》，卷 13，〈兵器〉，收入《中國兵書集成》第 15 冊（北京市：解放軍出版社，瀋陽：遼瀋書社，1990，影印嘉靖 41 年胡宗憲刻本），1321。

在清代編纂的《處州府志》〈戎事〉一章中，記載了明代正統 14 年（1449）
處州府城在對抗葉宗留（？～1448）事件之流賊攻城時，使用了一種被稱為
「龍銃」的兵器：

> （流賊）二萬餘眾復攻郡城，分屯六門。造呂公車，約高三
> 丈、廣丈餘，其形如櫃，其中有梯，匿強壯以軸推至城下，期搭
> 堞頭，蟻附而登，攻「巖泉」、「望京」二門。李俊選壯丁巡守城
> 堞，無分雨夜。計定旬日，取市肆盛油籠，實以薪草，燃擲賊車，
> 火烈車爇，賊出奔城中，強弩射之，無不中者。又用巨竹叢，削
> 翦出鋒芒，煮以沸油，甚為堅利，名曰「龍銃」，用之開陣，濟以
> 銃砲。〔註30〕

從這段文獻的描述來看，這種「龍銃」和鄭若曾描述的「狼筅」製法相當類
似，都是以保留枝椏叢的大竹子為材料，將枝椏削尖以後用油浸泡或塗布，
都要做出「堅固」跟「銳利」等品質，兩者從名稱看起來關連性也相當高。
在《處州府志・戎事》的描述中，「龍銃」似乎用於城守戰。從文獻的語意上
來看，龍銃似乎被用在城池內部的防守戰中，用來阻擋那些透過攻城車越過
城牆的敵軍，看起來比較像是防守、等待的打法。文句說龍銃被用來「開陣」，
所以應該是由一群人集體裝備龍銃，且這些人有著特定隊伍排法。文中沒有
提到這些龍銃兵是否有「長挨牌」、「長鎗」之類兵器的搭配，但是提到龍銃
兵跟火器（含銃跟炮）協同作戰。

在唐順之《武編》的描述中，秘戰鴛鴦陣由狼筅搭配長挨牌跟長鎗組成，
而這一伍一伍的軍隊也是跟火器手協同作戰的。根據《武編》的敘述：

> 惟牌兵專視一面，而既護筅兵之脊，筅兵亦專一面，而護牌兵
> 之後，鎗、射、銃手，俱立牌後六七尺，則正面矢石已不能及，而
> 復左右皆救矣。再如賊眾道平，我則通將牌齊列，雖有萬賊進，不
> 能與我相交刃，退後有所逼而不敢，必生延望相持，稍久，而我之
> 奇伏相機遣出，又張聲勢，兩翼漸逼，賊必分兵四禦，我則開牌縫
> 而出甲士尾之，賊技窮矣。〔註31〕

〔註30〕潘紹詒、周榮椿，《處州府志》，卷 12，〈戎事〉，收入《中國方志叢書》華
　　　　中地方第 193 號（臺北：成文出版社，1975，影印光緒 3 年刊本），364～
　　　　365。
〔註31〕唐順之，《武編》，前集卷 4，〈陣〉，收入《中國兵書集成》第 13 冊，636～637。

從這段文字中可以看到好幾種戰術設計，以長挨牌跟狼筅排在隊伍最前方，這種排法是有一定法則的，牌、筅二兵兩兩一組，各分管左、右一面。按照每伍編制，每組牌筅背後都會分配到三名長鎗手，但是唐順之又描述為「鎗、射、銃手，俱立牌後六七尺」，因此看起來每一伍後面的長鎗手，其實和弓箭手、鳥銃手在某些情形下會站得很近，共享「六七尺」（約 2 公尺）前長挨牌和狼筅的掩護，達到正面不怕矢石攻擊、左右兩邊又能照應的效果。雖然不同組的牌、筅二兵屬於不同伍，但他們仍能搭配地形，互相緊密連接成一道能走路的「盾牆」，並在適合的時機在牌筅接縫上打開空隙，放出自己的士兵來戰鬥或追擊。

《武編》秘戰將牌筅交錯站在陣線前面，而鎗、射、銃手戰在後方的戰術，和《處州府志・戎事》龍銃被用來開陣、濟以銃炮的戰術，打法非常接近。兩者都具備一種先守住自己陣線，再求反擊敵人的概念。因此這裡可以推斷「龍銃」和「狼筅」應為同一種武器，但礙於《處州府志・戎事》對龍銃如何使用的描述不夠多，無法藉此確定正統年間是否已發展出小隊分工，符合唐順之「秘戰」描述的戰術。另外一點是部分學者認為狼筅由戚繼光所發明，此說法應為誤解。

關於士兵手持藤牌、腰刀、鏢鎗，戰鬥時先投擲鏢鎗，再一手持藤牌，一手持腰刀肉搏的戰術，其淵源相當複雜，以下慢慢列舉說明之。唐順之《武編》和鄭若曾《籌海圖編》皆有專章介紹兵器與武術，這部分收集了許多時人或古代著作對各類兵器形制、戰術的討論，其中羅拱辰的《牌論》一書唐、鄭二人皆有引用。羅拱辰生卒年不詳，為嘉靖年間舉人，曾任浙江松陽縣（今浙江省麗水市松陽縣）知縣，嘉靖 32 年（1553）組織兵、民抵抗倭寇，被升為浙江巡察司僉事，並於嘉靖 35 年（1556）任海防同知。采九德（生卒年不詳，親身經歷嘉靖 30 年代的浙江倭亂）《倭變事略》（嘉靖 37 年（1558）成書）提到羅拱辰是廣西人，有膂力，能投擲鏢鎗刺殺數十步外的敵人，這個記錄暗示了羅拱辰與廣西狼兵應有密切關係。〔註 32〕在《牌論》的記載中，羅拱辰認為盾牌分為兩種，一種是長挨牌，一種是燕尾牌。燕尾牌又稱為手牌，形狀類似細長的長挨牌，但末端像燕子尾巴一樣開杈，且比起挨牌更為輕巧。在持拿、使用的方法上，長挨牌有兩條繩子，一條掛在使用者脖子上，

〔註 32〕采九德，《倭變事略》，收入鄭樑生編，《明代倭寇史料》第 7 冊（臺北：文史哲出版社，2005，點校、排印明天啟三年海鹽刊本），2729～2730。

另一條上有一個木握把，稱為「木橄欖」，這個把手要以左手中指夾住，同時挨牌手兩手還握著一支長鎗，右手在後，左手與左半邊身體掛著長挨牌在前，左手同時握住盾牌把手跟鎗桿前段。燕尾牌則有兩個繩圈，以左手臂穿過其中一個，再握住另一個，讓長5尺7寸（約1.8公尺）、寬1尺（約32公分）的狹長燕尾牌與左手臂結合在一起，形成像一片鳥翼般的外觀，接著左手持手牌，右手持刀肉搏。在唐順之《武編》引述的羅拱辰〈牌論〉文句中，其對盾牌戰術的論述如下：

> 羅拱辰〈牌論〉曰：若敵在百步之外，我兵必先用弓弩及邊銃以制其鋒。及至來近，短兵相接，尚在三十步內外，必須用鏢鎗以飛擊之，敵人見鏢必避之，中鏢者必倒，我兵必乘其勢，各持便器而入。各兵衝進，又必列牌於隊前，以蔽矢石。而牌乃陣中第一，器所不可少者。〔註33〕

這段論述展現了一種戰鬥節奏，以敵我距離為動作核心。關於戰鬥節奏本章先不細究，在之後討論戰爭文化的章節將專門討論之。先注意羅拱辰已經在推廣一種先投擲鏢鎗，再手持盾牌與兵器肉搏的戰術了，這種戰術和戚繼光《紀効新書》中藤牌手的戰術是非常相似的。〈牌論〉在這段文字後，緊接著這段論述：

> 陸戰之法，大率以十人為一隊，每隊以一人為隊長，就將原熟竿子鎗上，縛一號旗，以便擺陣用。內牌手三人，執牌在前，謹蔽敵鋒，用手牌者，執鏢一、二枝，以備飛擊。鏢既發矣，而隨用腰刀，其用挨牌者，手持長鎗，一以護眾、一以旋刺，而腰刀又隨身，可用則用也。次鎗手四人，傍牌而行，避身牌後，亦各兼帶鏢鎗一枝。次又或弓、或弩、或銃者共三人，又藏身於鎗手之後。居中立者，其面向前；左右立者，以背相向。臨敵則先發弓、弩、銃；賊近則牌手、竿子手所執飛鏢齊發；鏢發則牌手與弓、弩、銃等兵乘勢并進，長短相間，彼此相護，斯能取勝。〔註34〕

這段論述中就出現一種小隊戰術了，這個隊伍的基本單位是十人的「隊」，含隊長在內有十一人，隊長在自己的長鎗上裝旗子以便指揮。隊伍最前面是三個盾牌手，可能持長挨牌或燕尾牌，持長挨牌者配長鎗和腰刀，以腰刀為備

〔註33〕唐順之，《武編》，前集卷5，〈牌〉，收入《中國兵書集成》第13冊，711～712。
〔註34〕唐順之，《武編》，前集卷5，〈牌〉，收入《中國兵書集成》第13冊，712。

用武器；持燕尾牌者配腰刀和一兩支鏢鎗，投擲完鏢鎗後以腰刀肉搏。在三名牌手後面有四名長鎗手，各配一支鏢鎗。在四名長鎗手後面是三名「射手」，可能是弓箭手、弩手或銃手。這三人原則上排成橫列，左右兩名面朝外，互相背對，中間者面朝前。以下用表格呈現隊形，見表2.7。關於挨牌與燕尾牌戰鬥的樣貌，見圖2.7、2.8。

表2.7：羅拱辰〈牌論〉陸戰隊形示意

前排	牌手	牌手	牌手
中間	長鎗手、長鎗手、長鎗手、長鎗手		
後排	射手	射手	射手

附註：僅呈現隊長以外的士兵

圖2.7：《武編》挨牌兵與燕尾牌兵

右邊為挨牌手，雙手持長鎗，挨牌掛於左肩前；左邊第二位為燕尾牌手，右手持腰刀，左手持燕尾牌，正以該盾牌抵擋攻擊。最左邊雙手持刀者，應為持倭刀之倭寇。

資料來源：唐順之，《武編》，前集卷5，〈牌〉，收入《中國兵書集成》第13冊，716。

圖 2.8：《武編》燕尾牌兵的鏢鎗與腰刀

上圖的燕尾牌手正在投擲鏢鎗，其腰刀已出鞘，拿在左手上。插圖畫出了露在盾牌外的腰刀刀身，這把腰刀會在牌手丟出鏢鎗後，被右手接過來使用；下圖燕尾牌手正在側身閃躲長鎗，其右手持腰刀，左手持燕尾牌。

資料來源：唐順之，《武編》，前集卷 5，〈牌〉，收入《中國兵書集成》第 13 冊，716。

　　這個陸戰隊形相當發人深省，該隊形呈現了前、中、後三層次的結構，前排是排成一橫列的牌手，後排是排成橫列的射手，中間的長鎗手如何排列內文未說明清楚，但從「傍牌而行，避身牌後」這句話來看，應是同時靠牌手保護之餘，又以長兵器保護牌手，所以應該不會離牌手太遠。如果將羅拱辰的陸戰隊形，和戚繼光《紀效新書》的抗倭鴛鴦陣相比較，會發現該鴛鴦陣也分為三層次，前排是盾牌和狼筅，中間是長鎗，後面是短兵。兩者每隊實際參與戰鬥的人數也相同，但不同之處在戚繼光鴛鴦陣都是排成兩伍，幾乎都是相互對稱的，但羅拱辰的陸戰隊伍卻無法分成直列兩伍、同時戚繼光鴛鴦陣的「射擊型」兵器只有藤牌手的鏢鎗、短兵手的火箭，其配備弓、弩、鳥銃的隊伍是另組一隊的。鏢鎗在戚繼光鴛鴦陣中也沒那麼普遍裝備，僅藤牌手配兩支。值得注意的是羅拱辰的陸戰隊伍沒有狼筅，而狼筅這個兵器頗具地方特色，應是溯源鴛鴦陣的重要線索。唐順之的秘戰法，就剛好出現了狼筅，但沒有搭配鏢鎗和腰刀盾牌，反之鏢鎗和腰刀盾牌是羅拱辰陸戰隊伍的重要兵器。而有趣的點在於，戚繼光鴛鴦陣的組成中，既有狼筅手，又有配鏢鎗的腰刀盾牌手。

　　鄭若曾在《籌海圖編》中引述茅坤（1512～1601）的話，指出燕尾牌是狼兵的武器，茅坤曾於嘉靖30年（1551）鎮壓廣西「猺獞」，於廣西陽朔（今廣西壯族自治區桂林市陽朔縣）大破之，官拜兵備副使，嘉靖 36 年（1557）協助胡宗憲抗倭，因此他對廣西土兵的印象應有一定可靠性。《籌海圖編》引述道：

> 　　副使茅坤云：海寇之兵，恃強在舞刀，每輕我兵不能射久，其所輕，莫急於習弓弩，而破其所疆，莫急於倣狼兵燕尾牌之制。近日東南之牌，皆沈重而不利進退，獨粵中燕尾牌，以桐木、柂木為之，其長如人之身，其廣不滿尺，其背如鯽魚然，故側身前逼，雖當利刃，而不能斷其體。輕，故運如鳥翼，而一切矢石皆可蔽。廣中狼柳之兵善舞牌者，其臨陣如鷙鳥而進，不必盔甲，而賊皆牆立不能敗，此廣中所最尚者。欲訪置在浙中，惟溫州桐木、柂木為多，可易辨也。〔註35〕

這段論述中，茅坤讚美狼兵燕尾牌的優點，並強烈建議地方政府仿製燕尾牌，裝備於在地軍隊。同時他指出燕尾牌跟「東南地區」傳統盾牌的差異，

〔註35〕鄭若曾，《籌海圖編》，卷 13，〈兵器〉，收入《中國兵書集成》第 15 冊，1250。

這點主要在重量跟靈活度上。茅坤批評傳統盾牌過於笨重，並讚美狼兵的燕尾牌輕便，大小形狀又適中，其狹長的形狀既擋得住人身，又夠靈巧。同時燕尾牌雖用輕軟的木材製作，但形狀設計讓它仍具有充足的防護力。茅坤用鳥翼、鷺鳥的形象來比喻這種輕巧細長盾牌，在戰場上搭配武器上揮舞的樣子。

　　有趣的是鄭若曾《籌海圖編》中已經找不到茅坤所批判的笨重盾牌了，反而找得到一種材質、形狀跟大小跟燕尾牌相似的「挨牌」。《籌海圖編》關於挨牌的插圖與介紹，在書中收錄順序安排上，緊鄰在「燕尾牌」之後。排序在前的「燕尾牌」插圖中，文字提及「此手牌亦名燕尾牌，直用白楊木或輕鬆木為之，取其輕而堅也。」〔註36〕緊接在後的挨牌插圖，其附註文字又提到「此挨牌亦用白楊木為之」。〔註37〕從這兩段文字看，挨牌的形制似乎有相當程度參考了燕尾牌，或許這種挨牌原先很笨重，就如同茅坤所指出的現象，但在《籌海圖編》成書的時代，挨牌已經做了某種程度的改良，而挨牌搭配長鎗的戰法，很可能是挨牌改良後才出現的，這種戰法又被收入羅拱辰的〈牌論〉中。關於燕尾牌與長挨牌的形制，見圖2.9與圖2.10。另一點值得提及的是，《籌海圖編》在討論挨牌時，文末有「挨牌上銳而長，步兵所用，失（按：疑為「朱」字）漆金字，長可蔽身，內施鎗木，倚立於地」一段描述。〔註38〕其中「上銳而長」這點跟插圖中四面皆平的挨牌形制有出入，反而戚繼光《紀効新書》十八卷本鴛鴦陣的長挨牌是尖頂的（見圖2.2），另外《紀効新書》十八卷本有收錄一個祭祀盾牌的儀式，其插圖中的盾牌不但尖頂，下方還做出類似燕尾牌的開杈形狀，同時能以木棍支撐背面而立於地面，反而比《籌海圖編》自己的插圖還符合文字敘述（見圖5.7）。多種文本在圖文間交錯性地矛盾、相符，似乎暗示我們這類戰爭、兵器知識是很廣泛傳播於將領、地方官之間的。

〔註36〕鄭若曾，《籌海圖編》，卷13，〈兵器〉，收入《中國兵書集成》第15冊，1248。
〔註37〕鄭若曾，《籌海圖編》，卷13，〈兵器〉，收入《中國兵書集成》第15冊，1251。
〔註38〕鄭若曾，《籌海圖編》，卷13，〈兵器〉，收入《中國兵書集成》第15冊，1252。

圖 2.9：《籌海圖編》燕尾牌

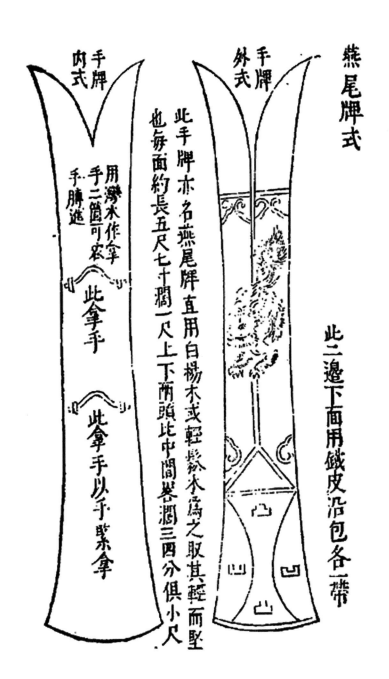

資料來源：鄭若曾，《籌海圖編》，卷 13，〈兵器〉，收入《中國兵書集成》第 15 冊，
　　　　1248。

圖 2.10：《籌海圖編》挨牌

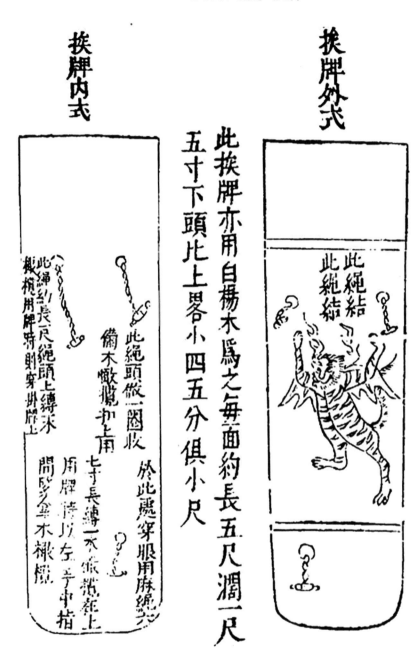

資料來源：鄭若曾，《籌海圖編》，卷 13，〈兵器〉，收入《中國兵書集成》第 15 冊，
　　　1251。

　　嘉靖年間任職御史的徐栻（生卒年不詳），曾討論廣西狼兵雖抗倭有力，但桀驁不馴，時常殺掠平民的問題。他建議中央政府除了責成沿海地方官安置這些客兵，使其駐防地和平民居住地區隔開，並增加犒賞拉攏土官以外，也讓地方上的傳統民兵，模仿狼兵或土兵的戰術和軍隊編制，重新訓練本地鄉兵：

> 　　為今之計，臣愚以為處之有道焉。將各兵分派各沿海府、州、縣，住劄有司為之，崇其犒賞，恤其勞苦，以深結各該土官頭目之歡心，俾有所統屬，而不得肆。又于本處應募民兵中，擇其最驍勇者，各照狼兵、土兵法，編為隊伍、結為營陣、象其衣甲、演其技藝、習其勁捷、隨其動止、飲食。以一教十，以十教百，推而上之，日漸月染，若與俱化，斯隱然□。狼、土兵之長技在我，又足以分其勢，制其悍氣，而資吾實用。積之月日，兩兵相為表裡，無分主客，然後漸次查照發回，以遠客兵之害，省養兵之費，其或制客兵之要乎？〔註39〕

在這段描述中，可以看到徐栻建議選拔民壯中較為驍勇者，用狼兵或土兵的軍制去訓練。徐栻主張的模仿計劃，其程度似乎相當徹底，除了隊伍編制、營陣配置、軍器形制、武藝戰術外，甚至連「進止」、「飲食」這類生活細節，都要依樣畫葫蘆操作。徐栻甚至預計這個過程會延續很長一段時間，而且要從社會基層做起。他也指出最終目的是把這批原生在地人，轉變為和狼兵分不出差異的一批人，然後把原先狼兵漸進、緩和地調回原籍，改以戰鬥力跟運作方式相同的在地民兵駐守。這段描述把客兵和土著間的緊張感，展現得相當深刻，徐栻主張逐步從基層去學習狼兵，不但要以最後能取而代之為目標，過程中還要能培養出堪戰的本地軍隊，以制衡狼兵。從羅拱辰、茅坤提倡學習燕尾牌，到徐栻進一步主張連狼兵軍制整套學習看來，這三個例子應可證明嘉靖 32 年後，浙江地方官或軍隊為了抗倭，曾積極學習堪用的戰術，因此吸收了來自廣西的狼兵軍事文化。

　　羅拱辰的〈牌論〉未提及圓形盾牌，「圓盾牌」和燕尾牌似乎分屬不同文化脈絡。《武編》和《籌海圖編》關於盾牌的討論中，都有討論到圓形的團牌或藤牌。《武編》引述的《提綱》稱「團牌」，即圓型盾牌：

> 　　《提綱》曰：團牌者，櫓盾之屬，用以遮蔽矢石也。若雜於五

〔註39〕鄭若曾，《籌海圖編》，卷 11，〈慎募調〉，收入《中國兵書集成》第 15 冊，950。

兵，互相捍衛，可以拒剿敵，可以過奔冲；若獨用，可以護身殺敵，可以攔路塞門，遇溪河可以浮人渡水。執斯器者，須會大七星、閃馬牌等法，習熟為能。凡操牌俱攢一處，二十五人一行，令通曉跳牌，官旗教演，聽鑼聲，為節制鑼嚮一聲，習牌一路，如有進退合度、覽牌如壁、閃牌如電、起伏得宜、翻身不露身、滾牌不露足、張牌能殺其敵、斂牌能蔽其身，是謂能矣。用之以拒剿敵，以衛短兵。

〈大七星歌〉曰：牌嚮覽牌扠刀，上步再牌嚮扠刀，背擎刀紋絲步同，撒花蓋頂，收了出牌，見力翻身上，小跳翻身下，出牌截刀上，小跳翻身下。

〈閃馬牌歌〉曰：截牌，再截牌，坎一刀，復一刀，再坎一刀，再復一刀，翻身上，小跳翻身下，又坎一刀，又復一刀，又坎一刀，又復一刀，翻身上，小跳翻身下。〔註40〕

《提綱》這段敘述內容可分為三部分，第一部分討論團牌的優點，第二部分討論團牌戰術的訓練要求，第三部分收錄兩套類似「武術套路」的團牌操動作口訣。從三段文字的描述看來，《提綱》認為團牌的功能包含在戰陣中遮擋拋射性的武器（如箭矢和石塊）、和其它種類的兵器混合編隊，以達到掩護功能。用於陣法中又可以擋下攻勢猛烈、衝鋒突擊的敵軍。士兵單獨使用時，除了方便自己肉搏戰時保護自身外，還可以依據建築物或地形，當作阻擋敵人的設備（即所謂「攔路塞門」），甚至可利用藤、木質輕，圓盾形狀扁平又帶弧線的特質，在渡水時當助人漂浮的工具。

第二部分討論團牌使用要訣時，《提綱》提到「進退合度、覽牌如壁、閃牌如電、起伏得宜、翻身不露身、滾牌不露足、張牌能殺其敵、斂牌能蔽其身」等八個指標。其中除了「進退合度」一條討論隊伍前進、後退的默契，跟盾牌動作較無直接關連外、其它幾個都和武術動作有關，如要求身體在各種跳躍、翻滾的動作中，能跟盾牌搭配協調。《提綱》透露了一種以二十五人為一基本單位的編制，被用於藤牌軍的演練中，這種編制也可能被用於實戰。同時演練的訊號是以鑼聲傳達，這似乎和兵家傳統上「鳴鼓作戰，鳴金收兵」的作法存在差異。有趣的一點是，從〈大七星歌〉和〈閃馬牌歌〉來看，團牌在這裡只用到腰刀作為攻擊兵器，並沒有看到鏢鎗的記載跟操作。

〔註40〕唐順之，《武編》，前集卷5，〈牌〉，收入《中國兵書集成》第13冊，719～720。

　　《籌海圖編》討論藤牌時，其資料有兩段，第一段引用自俞大猷（1503〜1579）的討論，第二段引用戚繼光《紀効新書》十八卷本的藤牌敍述，在第二段後面引用了戚繼光的「試牌舊法」，這個舊法剛好就是前引《提綱》中「覽牌如壁、閃牌如電、起伏得宜、翻身不露身、滾牌不露足」的描述。俞大猷的描述，裡面包含了相當豐富的資訊，以下整段引述：

> 　　總兵俞大猷云：錯以步戰，乃中國之長技。今鈎刀、虎叉二手，隨時校閱充用。惟藤牌手出在福建漳州府龍溪縣土名、海倉、許林、崧嶼、長嶼、赤石、玷尾、月港、澳頭、沙坂等地方。此各地方山川風氣，生人剛勇善鬥、重義輕生。若責其本府縣官，用心選募，約得三千人，每名月給工食銀一兩五錢、行糧四斗五升，俱自家起行之月為始，人每名另給衣裝、器械、養妻子共銀二十兩；若至軍病死，給棺木銀六兩；陣亡，給埋葬銀一十二兩。
>
> 　　今欲募之，先將銀兩解發該府，坐委本府佐二官一員、知縣一員。先募的當頭目，六十人，每月各加工食錢伍錢。責其每人各募前項地方壯兵五十人，每十人編為一甲，每一甲各領一十人，千百戶一十五員，各分領二百人，仍差前項府佐、知縣兼理錢糧，各至軍前聽用，其各兵在途行糧、水路船隻、陸路挑行李夫、各官合用衣裝、行糧，俱要議處。此兵可以禦北虜，而吾廣產藤，宜依其製，以代挨牌。若征海寇，伺其登陸用之。〔註41〕

這段論述中，俞大猷提倡一種招募步兵的方案，一開始他提到了三種常用的步戰兵器，「鈎刀」、「虎叉」與「藤牌」。其中鈎刀、虎叉似乎常用常見，而藤牌不常見，因此俞大猷主要著墨於討論後者。依據本段中間的文句，俞大猷為藤牌的起源地，提供了一條相當明確的線索，即福建漳州府龍溪縣的土名、海倉、許林、崧嶼、長嶼、赤石、玷尾、月港、澳頭、沙坂等十個地方（均屬今福建省漳州市龍海縣）。俞大猷表示該縣民風剽悍，重義輕生，並進一步提倡招募該地居民為兵，並提出一套募兵政策。文末俞大猷指出由於藤條容易取得，因此藤牌是十分值得採納的武器，並建議用這種出自龍溪縣民間的圓形藤牌，來取代傳統的挨牌。關於藤牌的形制，見圖2.11。

〔註41〕鄭若曾，《籌海圖編》，卷13，〈兵器〉，收入《中國兵書集成》第15冊，1254〜1255。

圖 2.11：《籌海圖編》藤牌

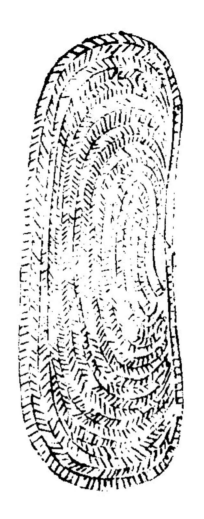

資料來源：鄭若曾，《籌海圖編》，收入《中國兵書集成》第 15 冊，1253。

　　俞大猷的募兵政策值得注意，因為這套募兵制度有一點跟戚繼光用以籌建其鴛鴦陣士兵的募兵制相同，就是先募得一批士兵後，以其為各隊隊長，並責成他們募齊自己隊下的士兵。換言之每一隊的隊員都由隊長親自募得，隊內一開始就會有某種向心力。俞大猷的基本編制也是十人，稱一甲，兵力人數也跟戚繼光最初成軍的「義烏兵」相近，為三千人。但跟戚繼光不同的是，俞大猷每一甲中的士兵是否有特定的武器組合？是否混用「鉤刀」、「虎叉」與「藤牌」，還是只用藤牌？光憑這段資料尚難判斷。有趣的是戚繼光《紀效新書》十八卷本在討論鴛鴦陣變化的章節，未提及「甲長」，僅提到「伍長」、

「隊長」而已，但在討論臨陣連坐的軍法時，《紀効新書》卻出現了關於「甲長」的討論。究竟「甲長」和戚繼光的十二人鴛鴦陣有何關連，本文將留待後面討論鴛鴦陣功能的章節一併處理。

在戚繼光《紀効新書》十八卷本中，出現了藤牌和鏢鎗搭配在一起的戰法：

> 干，古有圓、長二色，其來尚矣，主衛而不主刺，國初本加以革，重而不利步。以藤為牌，近出福建，銃子雖不能革，而矢、石、鎗、刀皆可蔽，所以代甲冑之用，在南方田塍泥雨中，頗稱極便。其體須「輕」、「堅」、「密」，務使遮蔽一身上下、四旁，無所不備。用牌之間，復有所謂「標」者，所以奪人之目，而為我之疑兵所賴以勝人者也，牌無標，能禦而不能殺。將欲進步，然後起標，勿輕發以敗其事。「腰刀」用於發標之後以殺敵，非「長」、「利」、「輕泛」則不能接遠。〔註42〕

戚繼光指出藤牌是「近期出自福建」的兵器，同時他提及了一種使用藤牌搭配鏢鎗跟腰刀的戰術。跟茅坤、俞大猷一樣，戚繼光似乎也不喜歡東南沿海地區的傳統盾牌，主張以更輕巧的盾牌替換之。戚繼光對藤牌戰術的介紹如下：

> 一習藤牌：人牌一面……每面隨牌標鎗二枝、腰刀一把。其兵執牌，作勢向敵，以標執在右手，腰刀橫在牌裡，挽手之上，以腕抵住。待敵長鎗將及身，擲標刺之。中與不中，敵必用鎗顧撥，我即乘隙徑進，急取刀在右手，隨牌砍殺。一入鎗身之內，則鎗為棄物，我必勝彼矣。但擲標後而倉皇不及取刀，是一大病。其遇短兵更易。〔註43〕

這個戰術跟羅拱辰〈牌論〉中的狼兵燕尾牌戰術，反而較為相近，兩者描述幾乎如出一轍，僅細部有差異。收入於《武編》的〈牌論〉如此描述左手持燕尾牌，右手先擲鏢鎗後用腰刀的戰術：

> 用手牌便於用刀，先以鏢鎗飛擊，先挫賊鋒，然後用刀則前、後、左、右，隔賊技器，施我刀法，此手牌之利也。左手執牌，大指橫挽刀一把，裏又帶鏢一枝，右手擎鏢一枝。與賊相近三十步內外，先用右手鏢飛擊，次取牌裏鏢又飛擊，然後用刀瞷賊〔註44〕

〔註42〕戚繼光，《紀効新書》，卷11，〈牌筅篇〉，11/20a〜b。
〔註43〕戚繼光，《紀効新書》，卷11，〈牌筅篇〉，11/20b〜21a。
〔註44〕唐順之，《武編》，前集卷5，〈牌〉，收入《中國兵書集成》第13冊，713。

這兩種戰術的順序，對敵時一開始牌手都是右手執鏢鎗，左手執盾牌，鏢鎗都是一人兩支。對敵時腰刀都已經拔出刀鞘，橫在左手上、盾牌後備用。擲鏢前左手拿腰刀的手法，都是橫在左手腕上，但是羅拱辰的說法是以大拇指挽住，而戚繼光則是以手腕抵住，但以腰刀在左手牌後的空間位置來看，這兩種說法其實差異不大，簡單來說就是要做到橫在左手等待右手來拿。關於擲鏢鎗的時機，羅拱辰說法是從距敵三十步開始，連擲兩次把鏢鎗丟完，然後就右手抓刀開始進入肉搏戰；戚繼光則是從長鎗「將及身」開始算，所以應該是比三十步更短的距離，因此以攻擊的時機來看，戚繼光擲鏢鎗更晚，更強調緊湊。

　　戚繼光《紀効新書》討論「試牌」，及測驗牌手能力時，收錄了所謂的「舊法」，這個舊法即《提綱》中團牌的試牌法，並收錄「大七星歌」和「閃馬牌歌」，不同之處在於戚繼光未提及試牌時以二十五人一行，這點可能跟鴛鴦陣改採十二人一隊，裡面只有一名藤牌手有關。〔註45〕試牌舊法讓我們可以把戚繼光的藤牌戰術和《提綱》的團牌戰術，牽出一條延續的脈絡。而「以藤為牌，近出福建」一句描述，又讓我們可以把戚繼光的藤牌，和俞大猷的藤牌找出關連。有趣的是《提綱》的團牌資料，和羅拱辰〈牌論〉的燕尾牌資料，同時收錄於唐順之的《武編》中，這告訴我們，至晚於嘉靖 39 年，燕尾牌、團牌的戰術資訊，已經在江南一些曉兵士人間流傳了。提綱的團牌操練未提及鏢鎗，但從〈牌論〉跟《紀効新書》的描述來看，鏢鎗腰刀並用是很精細的戰術，關於距離時機的拿捏、盾、鏢、刀三種兵器的拿法、武器換手時的動作順序，這些資訊複雜的程度，讓人很難相信《提綱》的團牌戰術如果有使用鏢鎗，能夠完全不提及。從這幾份文獻來看，團牌、藤牌搭配腰刀和擲鏢鎗的盾牌腰刀戰術，極可能來自迴異的武術來源，藤牌來自福建漳州，鏢鎗則來自廣西狼兵，若再參照來自浙江處州的狼筅，我們可以注意到戚繼光的《紀効新書》十八卷本，充滿了博採和重組的痕跡。

〔註45〕關於兩種牌操，《紀効新書》晚期刻本多寫作大「士」星牌歌，但臺北國家圖書館藏「嘉靖東牟戚氏家刊本」作「大七星牌歌」。同時《武編》作「翻身不露身、滾牌不露足」，但《紀効新書》作「翻身下露身、滾牌下露足」，由於戚繼光要求藤牌要「務使遮蔽一身上下、四旁，無所不備」，所以「不露身、足」應才是本意。參見戚繼光，《紀効新書》，卷 11，〈牌筅篇〉，11/26b。唐順之，《武編》，前集卷 5，〈牌〉，收入《中國兵書集成》第 719。

三、抗倭戰爭中明人對兵學知識的整合

僅以唐順之和戚繼光的鴛鴦陣為起點，將鴛鴦陣拆解，並在文獻中往上追溯，即可發現這套戰術開展出一套複雜而多元的明中期戰爭文化圖像。其中狼筅來自處州府，最晚正統 14 年（1449）即存在。狼兵的燕尾牌戰術，影響東南地區發展出先投擲鏢鎗，再取刀攻擊的鏢、牌、刀戰術。其實戚繼光《紀効新書》十八卷本中，還有一些軍制可能也是狼兵激發，因而發展出來的。一類是一系列嚴苛的軍制，例如戰鬥中隊長若陣亡，全隊處斬，以及戰鬥中遇到錢財散落於戰場，撿拾者處斬。戚繼光的鴛鴦陣小隊在嘉靖 39 年（1560）成軍後奉行此制度，但從鄭若曾《籌海圖編》來看，狼兵在初到浙江剿倭時，就以實施類似這樣的制度：

> 狼兵能以少擊眾、十出而九勝何者？三州土官之兵，大畧如昔秦人，以首虜為上功。其部屬法：將千人者，得以軍令臨百人之將；將百人者，得以軍令臨十人之將。凡一人赴敵，則左右人呼而夾擊，而一伍爭救之，否則一人戰沒，而左右不夾擊者，臨陣即斬其一伍之眾，必論罪以差，甚者截耳矣。凡一伍赴敵，則左右呼而夾擊，而一隊皆爭救之，否則一伍戰沒，而左右伍不夾擊者，臨陣即斬其一隊之眾，必論罪以差，甚者截耳矣。不如令者斬，退縮者斬，走者斬，言恐眾者斬，敵人衝而亂者斬。敵既敗走，佯以金帛遺地，或爭取而不追躡者斬。〔註46〕

這段論述中尤以「割耳」這個刑罰頗引人注意。戚繼光《紀効新書》十八卷本卷三〈臨陣連坐軍法篇〉記載「凡臨陣退縮，許甲長割兵耳，隊長割甲長耳，哨官哨長割隊長耳，把總割哨官哨長耳。回兵，查無耳者，斬。」〔註47〕這個連坐體制的執行，關鍵是在戰場上透過軍隊的科層，由上而下即時明確地割下違規士兵或下階軍官的耳朵，以作為收兵後處分的依據。

另一種是戰鬥中將殺敵跟割取首級分工處理的制度，以上兩點學者李吉遠已注意到。戚繼光在抗倭戰爭中，其步兵並非只有鴛鴦陣編制的隊伍，鴛鴦陣步兵隊伍幾乎都會跟弓弩隊或鳥銃隊協同作戰，兩者除互相掩護外，鳥銃隊或弓弩隊也負責割取敵人的首級，而鴛鴦陣隊伍是不被允許割首級的，

〔註46〕鄭若曾，《籌海圖編》，卷 11，〈客兵〉，收入《中國兵書集成》第 15 冊，963
　　　～964。
〔註47〕戚繼光，《紀効新書》，卷 3，〈陣令篇〉，3/30b。

只准往前衝鋒殺敵。學者多有注意到此制度增加了步兵的效率，減少戰場上發生爭奪功勞的機會。〔註48〕但同樣地，《籌海圖編》討論狼兵善戰的原因時，歸類出的幾點原因中有這一點：

> 岑氏家法：七人為伍，每伍自相為命。四人專主擊刺，三人專主割首。所獲首級，七人共分之。割首之人，雖有照護主擊刺者之責，然不必其武藝精絕也。〔註49〕

戚繼光將殺敵與割首的分工化，和肉搏兵器、拋射兵器分隊分空間部署的戰術編隊，結合在同一套制度下，這固然有其創意，但狼兵更早將殺敵與割首分工處理應無疑問。相較下狼兵的殺敵、割首分工體制較為簡單，在一伍七人內解決，而戚繼光的分工方法就較為複雜了，由鴛鴦陣隊伍和弓弩鳥銃隊伍分開執行。戚繼光用於嘉靖39年以後的義烏兵編制，步兵常用四進位，四隊為一哨，四哨為一官，編制科層上要到「官」級才會設鳥銃火器的隊伍。這些火器隊伍周圍，便有4哨，即16隊的鴛鴦陣小隊、共192人分四方護衛。〔註50〕即使戚繼光在設伏之類的特殊戰術中，會讓鴛鴦陣隊伍和火器隊伍以小隊的形式部署，但從科層上來看其冷、熱、遠、近兵器的隊伍部屬，仍然是較為複雜的。但考量狼兵調來浙江地區抗倭的時間早於戚繼光籌建義烏軍，同時唐順之、鄭若曾的著作透露狼兵的軍制頗受當時地方官的重視，我們仍可猜測戚繼光的軍制可能受狼兵啟發。狼兵和戚繼光軍隊的軍制在賞罰基準這個課題上，都做到將隊伍單位內的士兵「有條件地同賞同罰」，而增進士兵的合作默契，進而提升作戰效率。

關於戚繼光和廣西狼兵在軍制上的相似性，李吉遠曾以〈明代壯族「狼兵」抗倭武藝考述〉專文討論。〔註51〕該文討論廣西狼兵自嘉靖34年（1555）入浙剿倭以來，在武術、兵法、醫藥方面對東南地區的貢獻。其中武術的部分該文主要著墨於田州（今廣西壯族自治區田陽縣）瓦氏夫人（1496～1555）的雙刀技法。兵法的部分該文指出《籌海圖編》論述的連坐、割耳和殺敵、斬首分工等制度，和戚繼光的軍事思想應屬同源，這點本文非常同意。但是

〔註48〕鄭樑生，〈靖倭將軍戚繼光〉，收入氏著《中日關係史研究論集》第14冊（臺北：文史哲出版社，2009），47～48。

〔註49〕鄭若曾，《籌海圖編》，卷11，〈客兵〉，收入《中國兵書集成》第15冊，965。

〔註50〕戚繼光，《紀効新書》，卷1，〈束伍篇〉，1/10a。

〔註51〕李吉遠，〈明代壯族「狼兵」抗倭武藝考述〉，《體育學刊》，19：1（廣州，2012.1）：114～119。

李吉遠討論狼兵一伍七人分工時，將這種制度和戚繼光鴛鴦陣的長短相衛觀念比附在一起，就有其牽強之處，而且忽略了處州狼筅、羅拱辰鏢鎗戰術、俞大猷藤牌手的影響因素。

　　從各種文獻來看鴛鴦陣所牽涉的兵學淵源，可看到來自浙江處州府的狼筅、廣西狼兵的鏢鎗腰刀燕尾牌、浙江本地的挨牌（還經改良成為輕挨牌並加上遮蔽效果較好的尖頂）、來自福建漳州府龍溪縣藤牌腰刀，被整合到了戚繼光的鴛鴦陣裡。在戚繼光的鴛鴦陣中，丟鏢鎗的腰刀燕尾牌，和藤牌腰刀兩種武術被擷取、整合，這一過程中燕尾牌被藤牌取代，牌刀戰鬥的訓練法戚繼光選擇了藤牌的模式，但是鏢鎗被保留了下來，變成了藤牌鏢鎗腰刀手，同時這個「又福建又廣西」的藤牌手，在陣法中要和來自處州府的狼筅武術密切合作、長短相衛。相較之下，較簡單的唐順之秘戰鴛鴦陣，則不包含鏢鎗盾牌和團牌戰術，僅含狼筅、挨牌與長鎗。這些兵學知識的匯集跟模仿，線索又可追溯到《武編》、《籌海圖編》這兩部為重振武備所編纂的兵書。這兩部書除了透露了地方官和武官對東南武備廢弛的焦慮，也呈現了這些將、官對「堪戰兵法」的學習動力和統整、重組的創意，許多新穎的戰術就是在這樣「博採」、「重組」的思潮下誕生的。

　　在嘉靖 39 年後，戚繼光「義烏軍」藉由新設計過的鴛鴦陣，大破倭寇，但同一時期其他地區的抗倭活動中，官兵一樣操作著較早就發展出來的小隊作戰戰術，這個現象一直延續到嘉靖以後。萬曆元年（1573）刊刻的《漳州府志》，在〈兵防制〉一章的〈軍器〉一節，討論抗倭前後軍備狀況的改變，這裡呈現了一種浙兵、閩兵、狼兵戰術資源，多元混雜的樣貌。〈軍器〉首先列舉了每年製造兵器的數額、金額，然後如此評論：

　　　　按：此解京器，非今所用戰陣之器，且其所造，不過盔、甲、
　　　弓、刀之類，以為觀美之具而已。若今之所用，有長、短刀、有鏢、
　　　鎗、杈、筅、藤牌、銃、弩之類，不一而足。查得本府（按：漳州
　　　府）同知羅拱辰，近議戰守圖策，有陸戰、水戰及守城等器械，皆
　　　已試之，具鑿鑿可行，具載其略，如左。〔註52〕

這段文本產生的時間約為隆慶 4 年（1570），因為文中所提及的，羅拱辰「近議」的〈戰守圖策〉就寫作於隆慶 4 年，也就是上面引述史料中「具載其略，

〔註52〕羅青霄等修，《漳州府志》，卷 7，〈軍器〉，收入吳相湘主編《明代方志選》第
　　　　3 冊（臺北：臺灣學生書局，1965，影印萬曆元年刻本），147～148。

如左」的部分。隆慶 4 年時，戚繼光剛結束其抗倭於浙江、福建的生涯，已經被調往北方了，這是他開始防守薊鎮的第二年，這個時間點他應該正忙著改善薊鎮的軍備、軍制。《漳州府志‧軍器》透露，在軍事戰術變遷的情況下，地方政府著重生產的軍器已和「祖宗舊制」不同，但文中似乎也透露舊的軍器生產尚未廢除，而和新的軍器生產活動，疊床架屋地並存著。有趣的是，新的兵器內容甚為豐富，有長、短刀（長刀是長柄大刀還是倭刀尚難判定）、有鏢、鎗、杋、筅、藤牌、銃、弩，看得出來這樣子的組合有戚繼光鴛鴦陣的影子。這點並不令人意外，因為戚繼光曾於嘉靖 41（1562）支援福建抗倭，更於隔年冬季升任總兵，同時鎮守浙江和福建，並留下一支浙兵駐防於福建。但是〈軍器〉一節引述了羅拱辰「戰守圖策」的內容，卻告訴我們情況其實更複雜。「戰守圖策」在〈軍器〉一節中附在後面，稱為〈軍器議〉，其內容分為陸戰器械、水戰器械、守城器械三部分，其中和鴛鴦陣相關的僅陸戰部分，內容如下：

> 隆慶四年，本府同知羅拱辰議呈戰守事宜內：
>
> 一陸戰器械：今邊海惟鳥銃、弓矢、鎗、筅、藤牌，均為利器也。但鳥銃放發不快，必須銃手眾多，更番迭進，罔有間歇，敵若衝逼，眾技相維，乃能制勝，此惟平原曠野為利。若崎嶇碐狹之地，又莫便於鏢鎗手牌、短鎗挨牌。至如射疏、遠，中微，制大弓與弩也。弓手則令其兼習邊箭，蓋長箭去遲而易見，敵能閃避，且得拾取還射；邊箭去疾而難窺，非惟不能閃避，且又不能回射。賊在二百步外，則射邊箭，在一百步內外，則射長箭，隨其遠近以量發也。材官蹶張毒發巧中，弩之為用，最為便利，弓、弩、鳥銃，相兼並用，百步之威不可當矣。每兵一隊用藥弩手四人、弓箭手四人、手牌鏢刀四人、挨牌短鎗四人、鎗筅扒叉四人，各兵仍各執鏢鎗一枝，平時習慣。賊在百步之外，先發鳥銃、弓矢；百步之內，繼發勁弩藥箭；三十、二十步之內，各兵一齊放發鏢鎗，飛擊如雨，中傷必多。〔註53〕

羅拱辰將「鳥銃、弓矢、鎗、筅、藤牌」一起列舉，這樣的兵器組合讓人聯想到戚繼光的鴛鴦陣。但是羅拱辰想要細講的似乎不是戚繼光鴛鴦陣，而是

〔註53〕羅青霄等修，《漳州府志》，卷7，〈軍器〉，收入吳相湘主編《明代方志選》第3冊，148。

一套他自己的軍隊配置法。他認為在崎嶇狹隘的地形上，「鏢鎗手牌、短鎗挨牌」才是最便利的戰術，這是他當初收入〈牌論〉的東西。羅拱辰提出一個將弓、弩、鳥銃手等遠距離拋射軍種，和手牌鏢刀手、挨牌短鎗手、鎗手、狼筅手、杷手、叉手等近距離肉搏軍種混合編制，以用於戰鬥的陣形。他在〈軍器議〉中未細談隊形排法，但相當著墨攻擊時抓距離的時機，這種注重距離時機的論述方式，和〈牌論〉的風格很一致，內容也相近。

羅拱辰主張這個混合隊伍在遭遇戰時，根據敵我距離發動一波波不同的攻擊。首先當敵人在二百步外時，弓箭手發射「邊箭」，而當敵人進入到一百步內外時，弓箭手則發射「長箭」，同時弩手發射藥弩（上毒藥的弩箭），鳥銃手也開始射擊。從文意來推論，「邊箭」跟「長箭」的差異應該在重量跟質料堅固程度上，「邊箭」應該較輕、質地也較為脆弱，因此射起來速度快，在長距離的狀況下敵人較難閃避，同時如果沒射中敵人，邊箭也會在撞擊中損壞，讓敵人無法撿拾、回射；相反地「長箭」應該較重較長，質地也較為堅固，因此它射擊時速度較慢，或箭矢隨距離減慢的情形較為嚴重，使長距離射擊時敵人較容易避開，沒射中時也不易撞損，容易遭敵方撿拾回射，但是近距離射擊時，較重、較硬的箭身會帶來較強的殺傷力，這可能就是羅拱辰主張「邊箭」、「長箭」並用的原因。「長箭」發射之時，藥弩和鳥銃同時也發射，從文意上來看，弓箭手、藥弩手和肉搏戰的士兵應該是編在同一隊裡的，但鳥銃手似乎自成一隊，這可能跟鳥銃手需要多人輪番射擊跟裝填，方能擁有持續火力有關，因此鳥銃手可能較適合專業編隊。以上是敵人從兩百步外進到一百步時的狀況，當敵人進到三、二十步的距離時，弓弩手和肉搏戰士兵的隊伍中，全部隊員會擲出鏢鎗，接著應該就是進入肉搏戰的階段了。

羅拱辰此處的肉搏戰隊伍人數，比〈牌論〉的記載多很多，〈牌論〉的小隊如表七所示，為十人分三層。〈軍器議〉的編制卻達到二十人，但有趣的是組成成員是類似的，即使〈軍器議〉沒提到三層編制，但從文意來看組成成員，其手牌腰刀手、挨牌短鎗手應該還是排前面，弓弩手也應該是排在後排。唯一差別是〈牌論〉小隊中間那一層的成員是四名長鎗手，但〈軍器議〉卻包含鎗筅扒叉四種兵器，看到了狼筅、長鎗跟「短兵」（在《紀效新書》的分類中鈀、叉、鏜鈀、偃月刀都算短兵）組合在一起的情形。這個狀況應該能解釋為羅拱辰受了戚繼光鴛鴦陣的啟發，但有趣的是羅拱辰似乎對燕尾牌頗

為鍾情，因此沒用藤牌取代燕尾牌。另外值得注意的是，〈軍器議〉肉搏部隊的編制比起〈牌論〉的小隊，手牌腰刀手、挨牌短鎗手和弓弩手所佔的比例變高了。《漳州府志・軍器》的記載讓我們意識到，明中葉中國東南地區因應抗倭活動，地方的軍事改革其實非常有活力，也非常多元化。文武官員可能共享了一堆傳播迅速的軍事經驗，但不同人會發展出不同的打法，也會組織出不同的軍隊編制。其中戚繼光固然特別亮眼，但他並非獨一無二的改革者。

在范中義、王兆春、張文才、馮東禮合著的《明代軍事史》中，作者對明代軍事發展提出了四階段的觀點，該論點很有啟發性。第一是朱元璋起事至宣德年間（1352～1435）的「開創和強盛時期」，第二是正統至正德年間（1436～1521）的「停滯和削弱時期」，第三是嘉靖至萬曆年間（1522～1620）的「變革和發展時期」，第四是天啟至崇禎年間（1621～1644）的「衰弱和敗亡時期」。作者認為第三階段的發展特色有幾點，一個是武器裝備由冷兵器為主轉向以火器為主。第二則是士兵來源由世襲衛所兵為主，轉變為以招募的士兵和僉派的民壯為主。第三形成由邊防、海防三大防區組成的「九邊重鎮」，取代早期衛所分小區塊設防的結構。第四是在東南抗倭、北方抗虜的戰爭中取得優勢。第五是軍事思想產生較大發展，大量兵書湧現。〔註54〕以上是較為宏觀視野下的明代軍事體制發展過程，而以鴛鴦陣的淵源來看，它除了大至符合上述「第三階段」的大趨勢外，還能進一步透露大環境的變遷，如何透過地區性的人在細節上的操作而推動。我們可以從茅坤、鄭若曾、俞大猷、唐順之等人的著作中，看到廣西狼兵、福建藤牌手、處州狼筅等軍事知識，如何因抗倭戰爭而匯集，又如何在官方與民間推動鄉兵革新的運動下，各地兵學知識被整合成新戰術，並透過訓練鄉兵而在地化。形成未來戚繼光鴛鴦陣誕生的背景。

四、小結：「博採」與「重組」的時代風潮

本章的考證跟整理，反映了嘉靖30年代中國東南因應倭亂，地方官、將領、讀書人在見識到本地官兵（含衛所兵、民兵、弓兵、募兵）不堪戰鬥，只好一邊調請多路客兵剿倭，一邊在地方文化中找尋可用的軍事資源。客兵堪戰但擾民，因此地方官主動去學習、模仿客兵之戰技與軍制，以重整本地

〔註54〕范中義、王兆春、張文才、馮東禮，《明代軍事史》，收入中國軍事科學院主編《中國軍事通史》第15卷下冊（北京：軍事科學出版社，1998），2～4。

軍事力量。這個「習仿」的過程其實經過了經過博採與重組，同時在軍事將領、幕僚的高度交流下，大量軍事經驗被傳抄或出版。故這個時代誕生了一些元素是舊的，但經重新組合的戰術，鴛鴦陣就是如此。鴛鴦陣的新，在於組成方式跟訓練、運作體制上，反而不在學者所說的「小隊作戰」上。俞大猷、羅拱辰所使用的戰術即是小隊作戰；這套打法狼兵甚至可能行之有年，也有可能是羅拱辰或俞大猷所發展出來的戰術。我們也可看到羅拱辰的鏢鎗腰刀燕尾牌、短鎗挨牌陣法，和戚繼光鴛鴦陣並行於世。這告訴我們戚繼光長短相衛、小隊作戰的鴛鴦陣，固然很具某種時空特色，但它其實沒那麼「獨特」。

　　隨著地方官蒐集練兵方法、重新訓練民兵，這些來自不同地區的軍事技術，被傳播、混合在一起。輕便足以和短鎗並用的挨牌，或是擲鏢鎗的藤牌手，或是搭配藤牌手的狼筅手，這類新戰術焉而誕生。後兩者應該是戚繼光將當時的軍事經驗，重新組合出來的成果。關於鴛鴦陣演變過程的細節，由於牽涉陣法運作的功能設計，因此本文將於接下來的章節中，藉由釐清鴛鴦陣的運作細節，將其演變過程說明清楚。

第三章　抗倭鴛鴦陣與古陣文化

一、既有鴛鴦陣研究的一些問題

　　學界對鴛鴦陣的討論成果很豐碩，大部分學者皆注意到鴛鴦陣利用長、短兵器相互協助，以及善用小隊作戰提升機動性等特質，但大多未能提供一個較全面的鴛鴦陣運作樣貌。范中義是少數能夠將戚繼光各時期鴛鴦陣整合討論的學者，他認為戚繼光的鴛鴦陣符合中國古典八陣的精神。但若參考李訓詳對中國古代八陣思想演變的研究，卻會發現范中義對中國兵家知識中「八陣」思想的複雜度，理解上有不足之處。本文希望能重新探討鴛鴦陣跟八陣思想之間的關連，究竟是相關？無關？還是能看出新的比較關係？以下兩章將重新檢視鴛鴦陣運作的細節，並與前述兩位學者的觀點做比較。

　　抗倭時期的鴛鴦陣（本文簡稱「抗倭鴛鴦陣」）有數種精巧的隊形轉換方式，也能適應不同人數規模的戰鬥。這套隊形變換的方式似乎是抗倭時期特有的，戚繼光鎮守薊鎮時採用的鴛鴦陣（本文簡稱「薊鎮鴛鴦陣」），以及晚年調任廣東時期操演的鴛鴦陣（本文簡稱「廣東鴛鴦陣」），其形貌、運作方式都與抗倭鴛鴦陣差異很大。三個時期的鴛鴦陣，其陣法設計上應有各自的需求，故若混在一起論述，容易造成讀者混淆，本章擬先討論抗倭鴛鴦陣。在更後面的章節中會逐步探討薊鎮鴛鴦陣和廣東鴛鴦陣。

　　要分析鴛鴦陣的運作細節，必須先從編制討論，因為鴛鴦陣的兵器、武術、戰術分工方式，包含在各科層的編制設計中。先釐清編制，才能理解各種戰術如何在編制的設計下運作，也就是所謂的「分合」之法。再進一步去看配合編制而調度的戰術，以便較全面地理解其戰術、戰鬥程序甚至節奏。有了上述理解，就能比較其戰術型態跟中國八陣文化的關聯性。

（一）回到「編隊體系」去看戰術

「編隊體系」在戚繼光的著作中稱為「束伍」或「練伍」，束伍二字有「約束行伍」之意，討論的是編制、科層等課題。「伍」字在宋代以來作為兵學經典的「武經七書」中，即常用來指基本的軍隊編制。兩部《紀効新書》皆以〈束伍篇〉為首卷，而《練兵實紀》則以〈練伍法〉為首篇，內容形式相近，顯示戚繼光對「伍法」的重視。抗倭鴛鴦陣的「束伍」觀念，呈現的是一套精心設計的科層、分工系統，它讓各級軍隊在運作時能保持一定自主性，以配合戰場狀況變化，同時各單位間又能依上級指示相互協助，以符合特定戰術需求。這種系統讓主將能透過有限的號令讓軍隊有效率地行動。抗倭時期的義烏兵，在科層上分為「隊」、「哨」、「官」、「總」四個層級。其科層間的部署關係，就《紀効新書》卷一〈束伍篇〉來看，容易產生菱形隊形四進位的理解，但實際上軍隊運作時不一定是這樣，以下先將〈束伍篇〉的概念引述出來，然後於討論陣法戰術時，重新檢視字面敘述跟實際運作的差異。

依〈束伍篇〉的描述：「隊」為步兵編制的基本單位，一隊共 12 人，包含 10 名戰鬥人員和隊長、火兵，一隊就組成一個鴛鴦陣。在「隊」之上的層級是「哨」，一哨由四隊組成，四隊分別布於一哨的前、後、左、右四方位，形成一個中空的菱形隊形，「哨長」位於中央的空位指揮四組鴛鴦陣，一共是 49 人，含 40 名持冷兵器士兵。在哨以上的層級是「官」，組成更為複雜，除了由四個哨按先前方式排成菱形隊形，「哨官」居其中以外，中央空位還安置了鳥銃、火器手的隊伍，呈現一種由冷兵器士兵圍在熱兵器士兵周圍的編制，兩者分別編隊。人數上先不論中央的熱兵器隊伍，一官的周圍就有 160 名持冷兵器的士兵，加上他們的火兵、隊長、哨長，共 196 人。在官以上的層級是「總」，外圍由前後左右四官組成菱形隊形，中央設「把總」為指揮官，把總配有「五方旗」一付、「高招」一付、「巡視旗」四件、「掌號」一名、「金鼓」十二名等指揮人員。關於熱兵器的編組，戚繼光只提到「砲手另聚為伍，四人給砲四管」、「鳥銃還是單人自放乃便」等操作相關論述，未提及員額規定，可以推測銃手、炮手人數比較不固定。〔註1〕示意圖見圖 3.1。

〔註1〕戚繼光，《紀効新書》，卷 1，〈束伍篇〉(臺北：國家圖書館藏明嘉靖間定遠東牟戚氏家刊本)，1/10a～b。

圖 3.1：《束伍篇》描述的四進位菱形編制

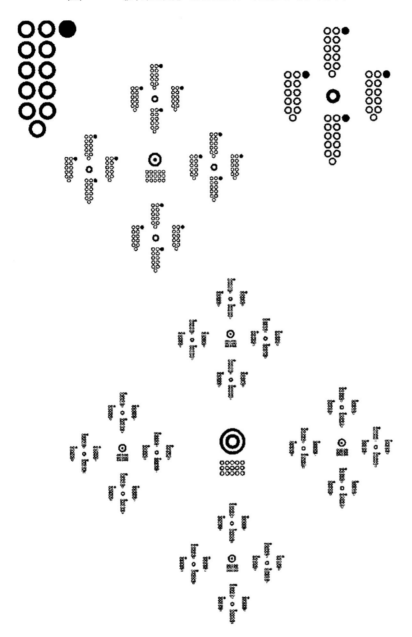

筆者自繪，上排左右分別為「隊」和「哨」，中間為「官」，下面為「總」，空心圓
圈表示士兵，淡色空心圓圈表示火兵，實心圓圈與同心圓圈表示各級長官。「官」
中心的拋射武器隊伍及「總」中心的金鼓旗號人員，其人數跟隊形較不固定，圖
中矩形排列者僅約略示意。

從兵力、武器配置來看戰術分工，會發現隊、哨兩個較基礎的層級只配置冷兵器，要到官這一級才開始設立銃手跟炮手，從這裡可以判定，火器手的調度是以官為單位，因此官可能在鴛鴦陣的運作上有某個特定地位。而再往上到總的層級時，則中央位置的配置上已不再強調戰鬥人員，而是指揮人員，但其實戚繼光另指出中軍有部署「遊兵」，專門用來「防備」、「設疑」、「補缺」，這表示「總」的中軍仍部署著戰鬥人員，但用途非常靈活，員額可能也不固定。〔註2〕單一的總可能原則上獨自運作，抗倭鴛鴦陣只討論隊到總的配置，不同的總在戰術上如何協助，戚繼光沒有說明。一個總的步兵基礎是 64 組的鴛鴦陣，共 768 人，此外還包含火器、鳥銃手、弓、弩、火箭、拋石塊的「石礮」等「拋射型武器」，這些可能都是在「官」這一層級操作的，其詳細人數較難判斷，但我們至少可以確認一總中以鴛鴦陣配置的冷兵器士兵是 640 人。從科層分工來看其功能，可以發現一個總是以上述「五方旗」、「高招」、「巡視旗」、「掌號」、「金鼓」等工具、人員，來指揮四個有「拋射武器」配置於中心的官，每官的外圍則以四個哨組成，每哨含四隊，每個隊就是一個鴛鴦陣。

隊跟哨在功能上相對單純，就是以鴛鴦陣戰術操作冷兵器進行肉搏戰。戚繼光甚至把隊稱為「小隊」，把哨稱為「大隊」，透露隊跟哨的性質極為相近：「今定每十人為一小隊，即伍也，置立木腰牌各一面，四伍一哨，即大隊也，腰牌一面。」〔註3〕可以藉此推測四組鴛鴦陣一起行動的編組可能常被使用，但每一組鴛鴦陣又有自己的獨立性，以致於「哨」跟「隊」這兩種最基礎的科層和戰術編制會被合稱為「大隊」跟「小隊」。但這邊又可發現「隊」又被稱為「伍」。傳統上「什」、「伍」跟「十」、「五」在字面意思上是有關聯的，因此討論鴛鴦陣時容易對其「不精確」的描述感到困擾，例如李訓詳就認為《紀効新書》中的「伍」其實是「什」。〔註4〕

這點須特別說明，因為戚繼光的命名習慣，似乎常常在字面意思和實際情形間有落差，例如《紀効新書・正行伍說》也有「百人之長、千人之總」一說，但 100 人其實大約兩哨，或說接近半個官的人數，在科層上沒意義，而一總中鴛鴦陣士兵 700 餘人，雖加上人數不固定的銃、炮、弓、弩手可能

〔註2〕戚繼光，《紀効新書》，卷首，〈或問〉，首/29a。
〔註3〕戚繼光，《紀効新書》，卷首，〈或問〉，首/17a。
〔註4〕李訓詳，〈古陣新探──新出史料與古代陣法研究〉，46。

接近千人，但「千人」應該只是個約略數字。〔註5〕這點並不難理解，鴛鴦陣的士兵雖是 10 人，但科層間是「四進位」的，中間又有夾雜「拋射武器」的隊伍，自然不一定跟「十進位」的名稱能緊密契合。不過本文主張戚繼光「隊」、「伍」兩個名稱混用的現象其實反映了鴛鴦陣演變的痕跡，而非僅是名詞的誤用，這點將在下面討論伍長的小節中論證。

（二）古陣研究的啟發

從隊、哨、官、總的編制來看，各個層級皆被描述為以「前後左右」四小陣分置，組合為「菱形」的大陣。這套看起來極為機械化的規則，以往常被拿來跟中國所謂「八陣」思想做比較。范中義認為這種特質符合「內外相維」、「大小相包」、「四面如一」、「觸處為首」的特質，並以此主張鴛鴦陣符合中國「古陣」精神。〔註6〕不過前述范中義所舉的「古陣特質」，引用自明代趙本學（1478～1544）、俞大猷（1503～1579）《續武經總要》的陣法論述，這套論述展現的即為具「九宮」、「握奇」特質的八陣圖。〔註7〕這種特質的八陣圖在空間配置上像組九宮格，以八個陣環繞包住中央的中軍，中軍幾乎不動，整個八陣架構是以外圍的小陣來應對接觸到的敵軍，故稱「四面如一」。「握奇」二字，「握」有時通「幄」，指的是八陣在九宮圖的配置上，外環的八個陣中四個陣是正兵，四個陣是奇兵，奇、正二者互相交錯配置，互相協助，而中軍則是最後一個奇兵，稱為「餘奇」，「握」於大將之「帷幄」中，用於特殊目的的調遣。〔註8〕這種陣形還有個特色是「營陣合一」，中央除了是中軍大將所居，營寨往往也包在陣中，故以八陣的中軍為「老營」。每個小陣之間有時會有更小單位的隊伍來呼應、協助，有時則搭配高台、拒馬等阻隔設施來區隔空間，製造迷宮般的防禦效果。

戚繼光用「一頭、兩翼、一尾、中軍為心」、「握奇心運四肢」等觀念來形容他的菱形陣法，因此范中義以「一頭兩翼一尾陣」來稱呼這種編制。〔註9〕這個命名很容易幫助讀者記憶，也點出戚繼光戰術的某些特色，例如菱形配

〔註5〕戚繼光，《紀効新書》，卷首，〈或問〉，首/17b。
〔註6〕范中義，《戚繼光評傳》，283。
〔註7〕俞大猷、趙本學，《續武經總要》，卷 1，〈師卦陣記〉，收入《中國兵書集成》第 17 冊（北京：解放軍出版社；瀋陽：遼瀋書社，1994，影印北京大學圖書館藏萬曆刊本），21。
〔註8〕李訓詳，〈古陣新探──新出史料與古代陣法研究〉，181。
〔註9〕戚繼光，《紀効新書》，卷8，〈操練篇〉，8/28a～b。

置確實可以在突然遇敵時，以先接觸的單位為先鋒，但「菱形隊形」並非抗倭駕鴦陣運作時常態性維持的配置。同時我們注意外圍四支隊伍組成的菱形「外殼」之餘，也不能忽略菱形「中心」之角色，例如官級編制中的火器隊、遊兵、塘報（即偵察兵），以及貫串陣法的號令系統，這些人員跟設備都配置於中軍，換言之討論「一頭兩翼一尾」時，也不能忽略「為心的中軍」。

　　李訓詳在〈古陣新探——新出史料與古代陣法研究〉博士論文中，指出唐代以前陣法很少具備「四面如一」的性質，反而常出現「用陣三分」或「前後二分」的設計。「用陣三分」是指一個陣形以中軍跟左、右兩翼組成，橫向展開包抄敵人，這種隊形縱向的厚度不大，但兩翼可以展得很開，透過寬廣的陣面增加接敵面積，並方便繞到敵人較脆弱的側面。〔註10〕「用陣三分」的陣形則由前、後兩陣組成，其配置方法有時以「選鋒」為前陣，即挑選過的精兵（又稱「篡卒」，類似「選卒」的意思），用來突破敵軍防線，而後陣是較弱的士兵（又稱「眾卒」），用來協助部分任務，非戰鬥主力；有時則前陣持長兵器，用以殺敵，而後陣持短兵器，用來「督軍」，威嚇前陣士兵防止其退縮。〔註11〕無論用陣三分或前後二分，這種陣形皆具備很明確的方向性，各部分的功能也不同，就像刀子的刀身有分刀刃、刀面、刀背一樣，不會用非刀刃的地方切東西，這點自然不符合「四面如一」的性質。李訓詳對先秦陣法的整理中，具備「四面如一」性質的陣法仍有幾種，例如「函箱陣」，但這種陣形不用於戰鬥，而是車駕夜宿於野外時，夜間守衛隊圍繞中央主車時擺的陣形，是一種被動、警戒時擺的隊伍。〔註12〕另一種是輕車、騎兵所使用的「鸛陣」，這個陣名可能取自鸛鳥「旋飛為鸛井」的習性，在配置上可能是圓陣或方陣，李訓詳認為這種陣形適用於機動性較高的輕型馬車或騎兵，戰術守中帶攻，可以盤成圓形旋繞，也可變為四方陣形四面防禦，甚至每面士兵可見機分為四組，朝四個方向四散衝鋒，突圍後再重新集合，以擺脫被包圍的局面，其「鳥散」跟「雲集」兩種性質兼具的特色，為機動性高的車、騎兵種所長。〔註13〕「函箱陣」、「鸛陣」雖然具備「四面如一」

〔註10〕李訓詳，〈古陣新探——新出史料與古代陣法研究〉，49～54。關於「用陣三分」跟「四面如一」的隊形比較，見頁143～144。

〔註11〕李訓詳，〈古陣新探——新出史料與古代陣法研究〉，76～77。

〔註12〕李訓詳，〈古陣新探——新出史料與古代陣法研究〉，58～59。關於函箱陣的運動方式，見頁68。

〔註13〕李訓詳，〈古陣新探——新出史料與古代陣法研究〉，127。

性質，但僅用於特定情況，不被視為陣法的根本規則，這跟宋代以來兵書所推想的，那套具備「九宮」、「握奇」空間觀念的「古典」八陣相比，差距很大。

〈古陣新探〉論點主軸之一，是推翻宋明以來，兵家主張古八陣是「八種或多種小陣組成一個大陣」的說法，而主張其為八種或多種用於不同情境的陣法，同時，說明「大陣包小陣」、「四面如一」的九宮八陣典範是唐代以後的兵家所建構出來的。〔註 14〕該文指出晚唐以後中國士人對古陣法的記憶很模糊，但又在重建、推演的過程中產生了許多新產物，各種觀念彼此疊床架屋的情形下，使得古陣愈加難以理解。以「八陣」為例，傳統文獻上唐代以前的古陣圖皆已亡佚或難以考證，但北宋《武經總要》（1044 年成書）卻收錄了很多古陣圖，其中「八陣圖」即包含多種具「九宮」、「握奇」性質者，如「本朝八陣」，但也收錄了八種陣形分別獨立的「裴子法」。「裴子法」可能源自《裴緒新令》，原書亡佚但《新唐書・藝文志》有存目。李訓詳藉由出土史料和傳統文獻間的比較考證，以《銀雀山漢簡》所載《孫臏兵法》，和《上孫家寨漢簡》中的陣法描述，以及秦兵馬俑坑的隊形配置，對照《左傳》、《國語》、《史記》、《漢書》等傳統文獻中的戰爭描述，認為秦漢時期的「八陣」跟北宋《武經總要》所收錄的多種版本「八陣」中，「裴子法」保留了較多秦漢古陣的特質。同時，李訓詳指出古八陣的個別陣形是獨立的，雖可搭配組合，但沒有嚴格的九宮配置觀念。〔註 15〕

偏偏在明代嘉靖年間陣法大家趙本學、俞大猷的論述中，「裴子法」被批為「妖言」、「兒童之戲」，被視為偽託古人之作。俞大猷所主張的古陣精神，是「握奇為本、八陣為宗」，要「有靜有動」。趙本學、俞大猷主張裴緒的八種陣形，每變換一種全體部隊都要移動，是相當危險的作法，故認為「裴子法」不可取。〔註 16〕李訓詳認為趙、俞二人的觀點，以及八陣從各陣獨立使用，發展為八陣合一、九宮握奇、營陣合一的模式變遷，除了反映了中國陣法思想從崇尚輕疾剽悍，走向崇尚穩重保守外，從用動物、物品來取陣名（如箱、鸛、鳥、雲），轉變用九宮、八卦、星象、遁甲、六壬等經學數術概念來詮釋陣法，也反映了兵學知識典範的轉移。有趣的是晚明「鴛鴦陣」在這樣

〔註 14〕李訓詳，〈古陣新探──新出史料與古代陣法研究〉，179。
〔註 15〕李訓詳，〈古陣新探──新出史料與古代陣法研究〉，17。
〔註 16〕趙本學、俞大猷，《續武經總要》，卷 5，〈孫武子八陣辯〉，495～497。

的時代下，用了動物作為陣法之名。

因此范中義的論點，相當於主張戚繼光的鴛鴦陣，符合同時代俞大猷的陣法精神。且這邊仍有許多待商榷之處，因為戚繼光的陣法在實際操作的變化中，有非常多的轉換過程，並非每個階段都具備「四面如一」、「大小相包」的精神。此外從李訓詳的論述來看，俞大猷所推崇的「握奇」八陣與唐代以前流行的八陣不同，而是稍晚發展出來的陣法思想。范中義沒有論述八陣內涵的複雜性，可推知並無關注這個發展脈絡。陣法知識的典範轉移是一個複雜的課題，很難簡單交代清楚，但我們至少先知道俞大猷、戚繼光等人在討論陣法知識時，有這麼一個複雜的學術背景，就不至於拿明人兵書中的說法，去跟明人想像的古陣典範套在一起，自己證明自己。

李訓詳指出宋、明時期的兵家論述陣法時，常有一種「同一率」的傾向，認為大陣是由相同形狀的小陣組合而成。〔註17〕這種同一率跟九宮、握奇的觀念配合，再加上「營陣合一」的布陣傾向，就成為明人觀念中的八陣典範。十八卷本《紀効新書》裡，隊（伍、小隊）、哨（大隊）、官、總在空間組合規則上，反映了很強烈的「同一率」傾向；四進位環形包裹的配置，有點類似九宮八陣的空間觀，而火器居於「官」的中軍，金鼓、旗號、遊兵居於「總」的中軍，反映了「握奇」的觀念。這或許對明朝人而言是某種「古法典範」，但恐怕沒有古到唐代以前。李訓詳考證古陣運作有其成果，若我們以古陣法的知識來理解冷兵器戰爭，則回頭檢視明代的鴛鴦陣史料時，又會有新的認識。

既有鴛鴦陣戰術研究，大部分僅分析鴛鴦陣自身戰術邏輯，有些則進一步注意到火器發展造成的戰爭型態演變。〔註18〕較少部分的學者，能將鴛鴦陣跟中國古代陣法文化去比較，范中義即為當中討論最深刻者。但是范中義對中國古陣的認知，在李訓詳的古陣研究中，幾乎被徹底解構了。本文認為鴛鴦陣的設計，不可能完全不受既有陣法文化的影響，故希望在現有古陣研究的基礎上，重新討論晚明的鴛鴦陣跟中國長期以來的陣法文化，究竟處於何種關係？

〔註17〕李訓詳，〈古陣新探——新出史料與古代陣法研究〉，44。
〔註18〕關於火器發展造成的戰爭型態演變，本文將放在第四章論述，相關學者的研究成果也將在那邊一併討論。

二、持續演變的抗倭鴛鴦陣戰術

（一）鴛鴦陣的「伍長」

從陣圖和戚繼光的敘述來看，鴛鴦陣的運作分為兩個層次，第一個是每隊單個鴛鴦陣的運作、變化及內部成員合作方法，第二個是哨級以上，多組鴛鴦陣、多組隊伍間的分合變化方法，也包含冷兵器和拋射兵器間的協同戰術。戚繼光在卷二〈號令篇〉中先概述單個鴛鴦陣的運作方式：

> 凡鴛鴦陣，乃殺賊必勝屢効者，此是緊要束伍第一戰法。今開
> 式於後：二牌平列，狼筅各跟一牌，以防拿牌人後身；長鎗每二枝，
> 各分管一牌、一筅；短兵防長鎗進的老了，即便殺上；伍長執挨牌
> 在前，餘兵照鴛鴦陣緊隨牌後，其挨牌手低頭執牌前進。如聞皷聲
> 而遲疑不進，即以軍法斬首。其餘兵，仗牌、刀遮抵，于後緊隨牌
> 進。交鋒，筅以救牌，長鎗救筅，短兵救長鎗。牌手陣凵，伍下兵
> 通斬，要依此法，無不勝矣。〔註19〕

這段論述包含三個重點：隊形排列時的要領、衝鋒的要求、交鋒的要求。〈號令篇〉是對士兵的教令，基層士兵在晚間需跟隨識字之人，以隊為單位集體朗誦條列式的軍規，並以定期抽考背誦和折抵懲罰，來確保軍令的記誦與推行。〔註20〕由於固定每天晚間誦讀軍規，平日抽考，故可推論《紀効新書》的內容在義烏兵中應有確實執行。

從鴛鴦陣交戰時的軍規看來，「伍長」、「牌手」似乎相較於其他士兵，帶有更特殊的身份。伍長就是「執牌在前」者，這位牌手必須「低頭執牌前進」，其他隊員則是採緊密的鴛鴦陣形，躲在盾牌後，且牌手陣亡的話「伍」下的兵要連坐通斬。在抗倭鴛鴦陣中，配備盾牌的有二人，分別為挨牌手和藤牌手。從卷六〈賞罰篇〉中關於武器例行查驗的標準來看，兩種盾牌的型制跟功能是有差別的：

> 凡立牌，要高、濶，遮得後面持鎗之人。每人利、長腰刀一把。
> 凡藤牌，要堅、大、輕，遮一身。每人長刀一把、棄鎗三枝。
> 藤牌無棄鎗，如無牌同，蓋長、短勢絕，急不能入，須用棄鎗誘之，

〔註19〕戚繼光，《紀効新書》，卷2，〈操令篇〉，2/23b～24a。
〔註20〕平日抽考，一句背不出打一板，平日犯小錯，背一條抵掉一板。戚繼光，《紀効新書》，卷2，〈操令篇〉，2/20a～b。

使彼一顧，則藤牌乘隙徑入矣。〔註21〕

立牌的型制要求是能遮得住後面長鎗手，而藤牌只要求遮得住藤牌手一人而已，因此我們可以推斷，低頭執牌前進，同時負責遮蔽後方士兵的應該只有挨牌手。同時也可注意到只有藤牌有特別要求要「輕」，並配備在這裡稱為「棄鎗」的鏢鎗。

從選兵的素質要求上，也可看出兩種牌手差異甚大，卷一〈束伍篇〉條列了新募士兵的選才標準：

> ……乃將本隊長帶過十二名兵內，先擇年力老大一人，付以長
> 牌。長牌無甚花法，只欲有膽、有力，賴之遮蔽其後兵前進耳。
> 次將年少、便捷、手足未硬一名，為藤牌。藤牌如前說之謂也。
> 次將年力健大、老成二人，為狼筅。狼筅枝幹繁重，足以蔽身
> 而壯膽，故用法明直易習，便于老成、手足已硬之人。〔註22〕

藤牌部分提及的「如前說之謂」，其省略的部分是一段藤牌跟挨牌、狼筅兵器性質的比較，戚繼光認為藤牌手若給年近四旬、「筋力已成」的人擔任，則難以手持直徑二尺（約64公分）的圓藤牌，做出「跪伏」、「委曲」、「蛇行」、「龜息」、「伸縮」、「進退」等動作，以神出鬼沒之姿縱橫於兵刃之間。而長挨牌跟狼筅若授予「少年健兒」，則他們會因為「筋力未成」而無法「負大執重」、「老老成成」、「立于前行以為三軍之領袖、翼蔽」。〔註23〕

因此我們可以確認只有挨牌手被賦予了遮蔽隊友的職責，這是一個老成、持重、防守性質的角色，相較於藤牌手的輕疾、搶攻，兩種牌手的性質相當迴異。若從年齡來看，藤牌手為年少，長鎗手、短兵手為三十上下，挨牌手和狼筅手則為「年力老大者」，從文意看這個「年老」、「力大」應該就是士兵中年紀最大者，應為四十歲上下。從年少健兒難以擔任領袖的說法來看，藤牌手雖立於陣前，但不像挨牌手一樣擔任伍長。所以雖然戚繼光在形容「隊」的隊形時，採用「直之為二伍」的說法，但其實這二伍中只有一個伍長而已，這邊的「二伍」只是形容「兩直排」的人而已，而非指科層編制上的「伍」。〔註24〕十八卷本《紀効新書》中的抗倭鴛鴦陣，其實並不是完全由左右對稱

〔註21〕戚繼光，《紀効新書》，卷6，〈比較篇〉，6/49a。
〔註22〕戚繼光，《紀効新書》，卷1，〈束伍篇〉，1/7a～b。
〔註23〕戚繼光，《紀効新書》，卷1，〈束伍篇〉，1/4b～5a。
〔註24〕戚繼光，《紀効新書》，卷1，〈束伍篇〉，1/10a。

的兩伍構成的，陣面上挨牌跟藤牌並非對稱的配置，挨牌也常常居於正中央。

以往研究對挨牌（立牌、長牌）跟藤牌間的關係，並無多加著墨，但戚繼光各時期的鴛鴦陣中，這兩種盾牌的角色關係呈現微妙變化，嘉靖三十年代的抗倭鴛鴦陣採用一挨牌、一藤牌，以挨牌手為伍長，而隆慶年間至萬曆前期的薊鎮鴛鴦陣只採用藤牌，以鳥銃長刀手為伍長，而萬曆中期的廣東鴛鴦陣只採用藤牌，伍長則消失了，直接以隊長統管士兵，但廣東鴛鴦陣的編制比起薊鎮鴛鴦陣，又更像早期的抗倭鴛鴦陣，這個演變內涵是複雜的，本文將逐一討論之。

從義烏兵平時考試的內容，可看出鴛鴦陣戰術基本概念跟打鬥方式，關於藤牌手的考試內容是：

> 試藤牌：先令自舞，試其遮蔽、活動之法，務要藏身不見，及雖藏閉而目猶向外視敵，又能管腳下為妙。次，以長鎗對較，令牌持標一枝，近敵打去，乘彼顧搖，便抽刀殺進，使人不及反手為精。

> 試標鎗，立銀錢三箇，小三十步內命中，或上、或中、或下，不差為熟。〔註25〕

考試分為自舞、擲鏢鎗抽刀對戰、鏢鎗投擲三部分，從其項目跟要求看來，藤牌考試重視單人格鬥技巧，包含活動時的敏捷度、盾牌掩護牌手的完整度、擲鏢鎗的準度、以及一套先擲鏢鎗再抽刀格鬥的武術，考驗其是否熟練。相較下挨牌的考試完全是另一種模式：

> 試挨牌：每一人執牌面左、一人執狼筅面右，俱牌後遮嚴，分面立定，鎗等雜藝，俱照鴛鴦陣立定。前設長鎗一人為敵，俱鑼響坐定。聽吹哱囉，起身；點鼓，兩處俱進；擂鼓、吹天鵝聲喇叭，納喊一聲，敵兵執長鎗，以鎗高處戳入，牌身高起閣槍頭，上過，陣內長鎗伸出，殺敵，即復原伍。次，敵兵長鎗戳腳下，牌兵用牌坐落，陣內長鎗出殺敵，急復原伍。次，敵兵長鎗由左戳進，期傷牌兵之臀，左面狼筅拿鎗，長鎗出殺，左面短兵即隨鎗以出，防長鎗進老故，短以救之，急收原伍。次，敵槍戳右，欲傷右邊後二箇鎗手，牌兵即以右手所持腰刀砍其鎗，右面長鎗出殺，短兵隨出，

〔註25〕戚繼光，《紀効新書》，卷6，〈比較篇〉，6/52b～53a。

同左邊之例。〔註26〕

比起藤牌手僅個人接受檢驗，「試挨牌」的流程簡直是在考驗整個鴛鴦陣的運作。戚繼光對挨牌考試的描述非常細膩，整場考試分為兩階段，首先考驗如何面對單一持長鎗敵人，這部分依序考驗敵人長鎗從挨牌手的上、下、左、右四個方向攻入時，整個鴛鴦陣應對的方法。四個交鋒皆以鈸、天鵝喇叭的聲音為號令，連續做完，而四個方向的反擊方式皆有成法，考驗的是隊員整體的熟練度。

若把第一階段的考試流程跟唐順之的「秘戰」相比較，會發現驚人的相似性。「秘戰」的戰術描述是：

> 秘戰者，即新名鴛鴦陣之謂也。每衝鋒，五人為伍，用長挨牌一面，伍長選身長力大者一名，在前執牌，面左，止許顧左，不許顧右。後身第二名執狼筅，面右，以筅出牌右五尺，緊緊靠牌。其鎗手在筅之後三步，平執鎗。伍長執牌徑進，餘各緊緊依法隨行。敵決不敢以鎗戳牌，如將鎗由牌頂戳來，伍長用牌一起，即將鎗高閣，急待收鎗，我之鎗兵出而戳敵矣。如左面戳來，必欲中傷執狼筅兵之後脊，鎗須由牌兵面前過三尺餘，牌兵可以手握其鎗，後之鎗手出矣。如敵兵將鎗由右來，欲傷牌兵之臀，筅兵以用筅按其鎗鋒，而後行鎗手又出矣。〔註27〕

這兩者的陣面極為相似，都是挨牌、狼筅手分守左右兩邊，同時在應敵的觀念及描述上，語句非常接近。對於從挨牌上方刺來的敵鎗，皆是挨牌手將牌上舉，格開敵鎗，己方長鎗手趁空檔繞出殺敵。對於從左方刺來者，秘戰鴛鴦陣要求挨牌手以手握住鎗桿，長鎗手趁空檔繞出殺敵，而抗倭鴛鴦陣則因為左邊多一名狼筅手，故用狼筅架住敵鎗，製造空檔。對於從挨牌右方刺來的長鎗，秘戰是以狼筅「按住」敵鎗製造空檔，而戚繼光鴛鴦陣則要求挨牌手以右手腰刀砍開鎗桿，但其實那個位置上還有一名面朝右的狼筅手，所以應該也不難做到秘戰的防禦方式。唐、戚二人的挨牌手，差別是前者只配備長挨牌，而後者多配一把腰刀，所以有分用手抓敵鎗跟用刀砍敵鎗的差異。但挨牌面左、狼筅面右的陣面形狀，以及討論戰術觀念時的各方位模擬，以及使用「欲傷我兵後臀」等用語習慣，都顯示戚繼光鴛鴦陣跟秘戰鴛鴦陣間強烈的關連性。

〔註26〕戚繼光，《紀効新書》，卷6，〈比較篇〉，6/51b～52b。
〔註27〕唐順之，《武編》，前集卷4，〈陣〉，收入《中國兵書集成》第13冊，635～636。

　　抗倭鴛鴦陣「試挨牌」的流程尚有第二階段，考驗的是面對多名敵人的方法，這時牌手會以左右狼筅掩護側面，居中執牌前進。在這種戰術下挨牌手的動作更為保守，僅維持鴛鴦陣隊形的穩定性而已。防守工作則由左右直列分別負責一邊，陣面上以兩位狼筅手接敵，長鎗手四人則分左右兩邊，掩護左右狼筅手，短兵手二人一樣分左右兩邊，掩護左右長鎗手，短兵手和長鎗手是同進同出的，兩邊三人（二鎗一短兵）進退節奏同步。藤牌手則穿梭在陣前狼筅的掩護範圍中，「滾進滾出」、「以殺為務」，動作最為機動。第二階段考試完全符合〈操令篇〉中「伍長執挨牌在前，餘兵照鴛鴦陣緊隨牌後，其挨牌手低頭執牌前進」的描述，考核的應該就是鴛鴦陣基本戰術了。

　　范中義認為秘戰可能影響了戚繼光的鴛鴦陣，他主要在強調戚繼光的獨創性。〔註 28〕但從「試挨牌」跟「秘戰」的相關描述來看，這兩種鴛鴦陣應該是系出同源的，而且抗倭鴛鴦陣跟秘戰共有一部份的戰術。秘戰鴛鴦陣的概念較為簡單，但是像它一樣的戰術，被吸收進了戚繼光的版本中，形成訓練、考核時分兩種模式的特色。從唐順之的年譜來看，他自嘉靖 37 年（1558）起即以北兵部員外郎身份，協助胡宗憲規劃抗倭之事，至嘉靖 39 年（1590）去世前，都在參與抗倭戰爭。〔註 29〕在他去世的同一年，戚繼光的義烏兵才剛成軍，在唐順之抗倭的兩年中，其書信透露他會和戚繼光交流最新的抗倭戰術。〔註 30〕因此文獻上戚繼光鴛鴦陣包含秘戰戰術，而秘戰不包含戚繼光戰術的情形，應可推定戚繼光吸收了秘戰的東西，因此不只是「戚繼光可能受秘戰啟發」而已，這個傳承的軌跡應該是可以確定的。最早的狼筅戰術難以考證，從第二章的討論只知道可能是發源於浙江處州、搭配某種陣形的戰術，但秘戰鴛鴦陣極可能是浙兵繼承處州狼筅發展出來的戰術技巧。唐順之記載了一種使用挨牌、狼筅、長鎗的新戰術，而戚繼光則在秘戰的基礎上將狼筅手、長鎗手擴增為兩排，加入短兵手，並加入藤牌手使陣面變成四人。但即便人數擴充，一隊之中仍只有挨牌手是伍長。

　　「試挨牌」的流程相當特別，因為整個鴛鴦陣中，只有在測驗挨牌手時會整隊士兵上場，其他兵器僅單人應試而已，這暗示我們挨牌手的動作，會牽涉整個陣法的活動，所以檢驗挨牌手等於在檢驗全隊的合作能力。抗倭鴛

〔註 28〕范中義，《戚繼光評傳》，279。
〔註 29〕唐鼎元，《明唐荊川先生年譜》，收入《宋明理學家年譜續編》第 4 冊，591。
〔註 30〕唐鼎元，《明唐荊川先生年譜》，收入《宋明理學家年譜續編》第 5 冊，23。

鴛陣的陣圖很容易讓人理解成陣面上兩名牌手左右對稱，但其實戰鬥時陣面是以一名挨牌手為中堅，左右各設一名狼筅手的三人結構。而兩名狼筅手之後，才各有一排長鎗、短兵手。左右狼筅手簇擁挨牌手形成了防禦敵人的「牆」，而左右兩排長鎗手、短兵手則形成「主殺」的部分。只有狼筅、長鎗、短兵是左右對稱的，盾牌手並無這種關係。藤牌手的角色是在挨牌手跟兩名狼筅手的掩護範圍內機動殺敵，從「蛇行」、「縱橫」等用語來看，他不一定只如陣圖所示地待在左邊，進入交鋒階段時應是靈活竄動的，大概整個陣面都是他的活動範圍，所以戰鬥時他不屬於任何一排，但是每當一個交鋒程序做完，整隊都得迅速回復原先隊形，這時藤牌手會待在挨牌手左邊待命。也因為藤牌手的活動方式是在狼筅間出入，所以他「跪」、「伏」等低姿勢動作多，選兵時的體格要求也注重靈活、不求高壯。戚繼光「試挨牌」的流程中，第一階段與秘戰戰術極為相似，可能就是延續秘戰的傳統，第二接段則是戚繼光特有的編制，但兩階段的編組中，挨牌手都是中堅、中軍、正兵，而藤牌手是奇兵。

唐、戚二人的戰術間，最重要的共通性之一就是挨牌手即伍長。在秘戰中他是這個五人鴛鴦陣的一伍之長，但在抗倭鴛鴦陣中，他處於隊長之下、眾兵之上的位階，雖然以十二人組成的「隊」也叫「伍」，但隊長跟挨牌手其實是不同的人，且一隊之下似乎也只有一伍而已，看起來在人員科層上，伍長和隊長似乎沒什麼差別。要解答伍長跟隊長的功能差異，可以從戰術功能跟管理功能來看。在《紀効新書・陣令篇》中還有一種「甲長」的稱法：

> 凡臨陣退縮，許甲長割兵耳，隊長割甲長耳，哨官、哨長割隊
> 長耳，把總割哨官、哨長耳，回兵查無耳者，斬。若各故縱，明視
> 退縮，不肯割耳者，罪坐不肯割耳之人，退縮之犯不究。〔註31〕

「甲」是一個頻繁出現在〈陣令篇〉裡的用法，但在其它篇中幾乎見不到，這些細節由於用語不固定，頗為費解，但仔細比對可以看出很多陣法運作的線索。

首先試著理解「甲」的大小，〈陣令篇〉另有一條軍規寫著：「凡每甲，一人當先，八人不救，致令陣亡者，八人俱斬。」〔註32〕從字面看來，每甲

〔註31〕戚繼光，《紀効新書》，卷3，〈陣令篇〉，3/30b。
〔註32〕戚繼光，《紀効新書》，卷3，〈陣令篇〉，3/31a。

確定至少會有九人，但再進一步思考，可以推論每甲可能是十人，而且就是指一個鴛鴦陣。從前述的概念來看，戰鬥中挨牌手採取穩重、老成的姿態前進，左右以狼筅跟長短兵器掩護，原則上挨牌手就是「中軍」，從「筅以救牌，長鎗救筅，短兵救長鎗。」等描述來看，挨牌手的移動方向就是整隊士兵的移動方向。這也就是為什麼伍長會是挨牌手，因為在戰術上，挨牌手會自然而然成為整隊運作時的動作核心，他往哪移動後面的九名隊員、隊長就會跟著移動到哪，一起被挨牌掩護，因此原則上挨牌手不會「脫隊」，也多半會是「當先」的那個人。〈陣令篇〉篇的九人連坐軍規，應該是針對挨牌手以外的九個士兵訂立的，它所形容的情境可能是：交鋒時挨牌手照例低頭持牌前進，而這時其他九名士兵中有人當先、接觸敵兵開始交戰，這時其它八名士兵就要立刻上前掩護的，但這個掩護工作是簇擁著挨牌手，整隊一起行動的，挨牌手正是這個掩護工作的指揮者。若挨牌手、伍長、甲長都是指同一人，那前引有關割耳的督軍制度就說得通，因為在戰鬥中甲長必須同時領兵跟監督士兵，而隊長可能只在整隊後方督戰，這樣不把甲長跟其他九名士兵中的怯戰行為連坐處罰就不奇怪了。〈陣令篇〉也規定若士兵退縮而甲長陣亡，士兵斬首，全甲退縮而隊長陣亡，全甲斬首。卷八〈操練篇〉中交戰時「如不上前，隊長、牌兵之責；隊長、牌兵被害，伍下償命」的記載亦可相互印證。〔註33〕這些論述皆跟卷二〈操令篇〉的規範相通，所謂執挨牌的伍長陣亡時，伍下士兵要連坐通斬，其實是指同一件事。「甲」應該就是「伍」，甲長就是伍長，他在戰鬥中執挨牌，擔任戰術上的動作指揮，在陣法位置上為交鋒陣線的核心，同時他身兼甲長，在督軍體制中負責管控鴛鴦陣成員，所以挨牌手上對隊長負責，下則監督九名士兵。

在十八卷本《紀效新書》中，尚記載一套不同於義烏兵十二人小隊編制的戰鬥單位。這套編制附於卷八〈操練篇〉卷末，被戚繼光稱為「寧、紹操練生兵陣圖」（本文簡稱「寧、紹操練法」），所以這應該是浙兵中寧波、紹興一帶鄉兵習用的編制。它也是以五人構成伍，成員是一名伍長、四名士兵，並以伍為軍隊基本編制，科層往上則五伍二十五人編成一「隊」，另設一隊長，這個編制跟同屬浙兵的義烏兵大不相同，也和唐順之記載的「秘戰」不一樣，《明書》跟《明史》皆記載浙兵有諸多體系，而「義烏」跟「寧波」、「紹興」

〔註33〕戚繼光，《紀效新書》，卷8，〈操練篇〉，8/23b。

皆為其中一種。在配置上「寧、紹操練法」有好幾種方式，〈操練篇〉卷末的陣圖顯示四名士兵分持狼筅、長鎗、銳鈀、圓牌，伍長僅畫一支旗子，沒有註明兵器。其中一種隊形是「結攢法」，具有很強烈的「同一律」傾向，該法單獨一伍時，四兵會以伍長為中心分立於前、後、左、右，稱為「結伍法」，而一隊集結時，五伍會同樣的形狀，四伍分前後左右包成菱形隊形，稱為「結隊法」，而隊與隊相結時，會環形相接，由四個隊形成一個「井」字形的大陣，稱為「攢」，另設一攢長（見圖 3.2）。

圖 3.2：「寧、紹操練法」的伍、隊、攢

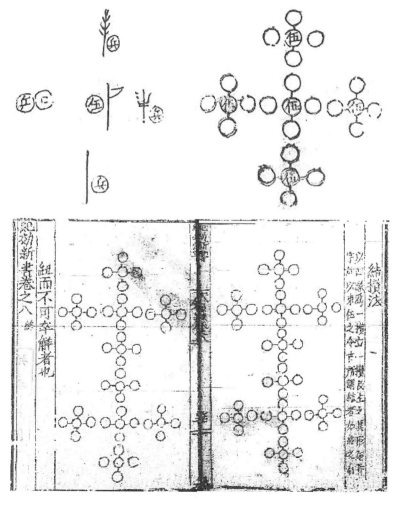

資料來源：戚繼光，《紀効新書》，卷 8，〈操練篇〉，8/45b～47b。

　　這個相對工整的集結方式，可能是用於集合、待命，或防守場合的，因為環形包裹的伍、隊看不出特定攻擊方向，在〈操練篇〉中間收錄了一個「伍操圖」，這個陣圖可能才是「寧、紹操練法」交鋒時會採用的陣形（見圖3.3）。「伍操圖」的武器配備和「結伍法」的陣圖略有不同，圖中的「伍」相較於卷末編制多了一個挨牌，且一鎗一鈀變成了兩支長鎗，二者雖有出入，但交互比較下這個編制還是比較接近「寧、紹操練法」。義烏兵的十人鴛鴦陣雖可變成「二伍」或「三才陣」與「小三才陣」，但變二伍時會義烏兵小隊會拆開挨牌手跟藤牌手，各立於兩伍的陣面，「二伍」可以再各自變成一個「小三才陣」，但一個五人的小三才陣不會同時擁有兩個牌手。（見圖3.4）在三才陣的隊形中，兩名狼筅手跟短兵手都會留在中軍保護隊長，四名長鎗手則兩兩分開，分別跟兩名牌手組成三個人的小陣，張開兩翼包抄敵人，因此在「三才陣」中牌、筅是分開的（見圖3.5）。以上附圖中，空心圓圈示意士兵所站位置，實心圓圈示意隊長，由於隊長角色是督軍，不直接參與戰鬥，因此交鋒時應該不會站在陣面上挨刀，故本文在「變二伍」、「變小三才陣」的示意圖中，主張士兵變完隊形後會前進殺敵，將隊長留在陣面後，文獻陣圖將隊長置於陣前，可能是平時操演學習時的示意方式。

圖 3.3：伍操圖

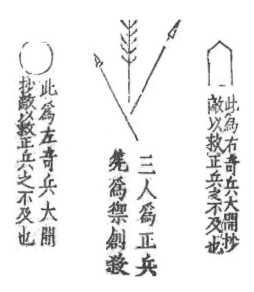

資料來源：戚繼光，《紀効新書》，卷 8，〈操練篇〉，8/30a。

圖 3.4：鴛鴦陣變二伍、二伍變小三才陣圖

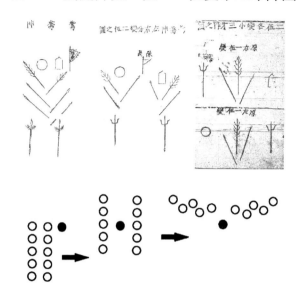

下半部示意圖為筆者自繪。

資料來源：戚繼光，《紀効新書》，卷 2，〈操令篇〉，2/24b～25b。

圖 3.5：鴛鴦陣變三才陣圖

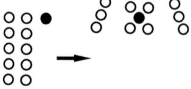

下半部示意圖為筆者自繪。

資料來源：戚繼光，《紀効新書》，卷 2，〈操令篇〉，2/24b～26a。

「伍操圖」的兩牌、一筅、兩鎗編制，顯然跟義烏兵的戰術格格不入，但是若假設「寧、紹操練法」的伍長其實有拿挨牌，則這個矛盾感會輕微許多。從唐順之跟戚繼光的戰術看來，「伍長執挨牌」似乎是浙兵習慣，而戚繼光在「試挨牌」的戰術中，也展現長鎗跟鈀往往相互合作、同進同出，所以假設「兩鎗」或「一鎗一鈀」這兩種編制，視情形可以權宜替換，似乎不違反戚繼光的觀念。「伍操圖」是否為寧波、紹興地區的戰術，需更多資料佐證才能下定論，但無論是「祕戰」還是「寧、紹操練法」，都是以五人組成伍來構成軍隊基本單位。戚繼光義烏兵的「伍」雖有十人，但測驗挨牌手的流程透露它極可能是「祕戰」擴充發展出來的陣形，在此脈絡下義烏兵的「隊」又被稱為「伍」也就不難理解了，因為這應該就是「擴充」發展過程所留下的痕跡。

挨牌和藤牌間的差異，指引我們發現「鴛鴦陣」發展上的淵源。藤牌本為嶺南武術文化，但在抗倭戰爭中已經和江南處州的狼筅結合為一套戰法，而從「寧、紹操練法」來看，藤牌和狼筅兼用的編制似乎在戚繼光操練義烏兵之前就有了，而且在「伍操圖」中兩翼奇兵是挨牌手跟藤牌手，中堅正軍則是狼筅手，另成一個系統，這顯示「浙兵」使用狼筅的方式可能相當多元。抗倭鴛鴦陣則以祕戰鴛鴦陣為基礎擴編，但是仍保留了原本的戰術習慣，這應該就是為何戚繼光雖然打破了「五人為伍」的慣例，但仍稱其小隊為「伍」，因為抗倭鴛鴦陣仍延續了祕戰戰術上，以一個伍長為中心的習慣。

（二）埋伏與包抄：抗倭戰場與戰術應變

圖 3.1 的菱形隊形結構，是范中義論述「一頭兩翼一尾陣」，說明其「內外相維、大小相包」、「四面如一」、「觸處為首」的基礎。范中義認為菱形的一總，四面四官亦為菱形，四官以下四哨也是菱形，這符合「內外相維、大小相包」的原則。〔註34〕同時四面沒有一定的差異，誰先遇到敵兵，誰就是「頭」，其兩側的單位即為「翼」，離最遠的隊伍是策應的「尾」。這個概括的說法，部分對部分錯，我們不妨把各階層作戰的程序拿出來看。《紀效新書》多在第八、九卷中討論作戰跟行軍程序，卷八〈操練篇〉非常詳細地記載各種陣法變化，義烏兵無論總、官、哨、隊，每個層級都有專屬的陣法調度方式，本文分別簡稱為「單總作戰」、「單官作戰」、「單哨作戰」、「單隊作戰」來討論。這邊值得一提的是〈操練篇〉統一把官稱為「營」，以作為調度陣法

〔註34〕范中義，《戚繼光評傳》，283。

的語彙，本文第五章討論軍事文化時會針對這點加以解釋。

　　從義烏兵行軍的隊形來看，可發現隊、哨、官都不採用菱形的姿態行動。戰爭中士兵行軍的時間恐不少於交戰，而且在發現敵軍的前一刻，部隊往往不是處於紮營，就是移動中的狀態，因此討論行軍隊形也有其重要性。義烏兵行軍是以總為單位的，《紀効新書·出征篇》提及前、後、左、右、中五個總，加上中軍形成六個部分。〔註35〕一總約一千人，《戚少保年譜耆編》記載義烏兵新募時僅四千多人，因此這五總一中軍，可能就是義烏兵早期的規模。〔註36〕這六部分行軍時有分一路、二路、三路、四路等方式（見圖 3.6）。五個總雖以「五方」為名，但以路線圖來看，實際上不會排成菱形，即使在開闊的空間行軍，也是採四個總平列於前，中總跟中軍藏於後的配置。《紀効新書》沒有提過總與總之間的互動方式，可見抗倭戰場的陣法調度，最高就是以總為單位，總跟總之間只由中軍大將（應該就是戚繼光）指示信地。

圖 3.6：行軍圖

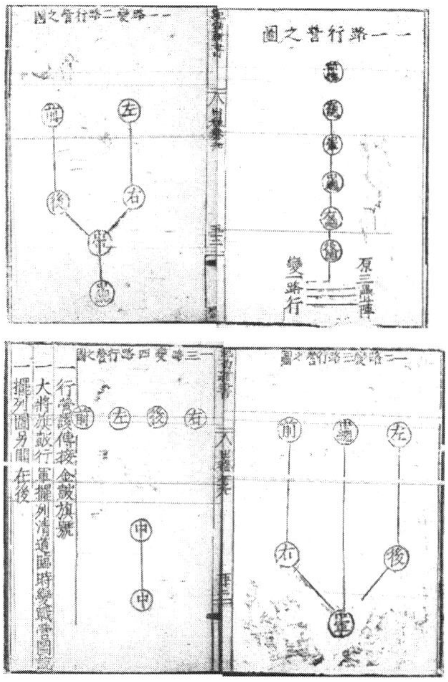

右上為六單位打一路取道、左上為二路取道、右下三路、左下四路。

資料來源：戚繼光，《紀効新書》，卷 9，〈出征篇〉，9/52a～53b。

〔註35〕戚繼光，《紀効新書》，卷 9，〈出征篇〉，9/52a～53b。
〔註36〕戚國祚，《戚少保年譜耆編》，31。

　　一個總在行軍時，前、左、右三個官會分別取道而進，形成「前營正路、左營由左取路、右營即由右取路」的行跡。〔註37〕三路相對位置雖有呼應，但不會太硬性地對齊在一起，而後營跟中軍則跟前營同路線。〔註38〕各官內部會適度配合地形調整隊伍，在道路較寬時，一哨四隊一字排開，整排向前走，因此一官中的四哨會變成四層橫排；而道路狹窄時，每哨四隊會逐次排成一直列，挨隊而行，一營兵就會拉的很長，形成更多「層」。行軍節奏原則上是以金鼓為指揮，臨時有警則放鳥銃叫士兵原地待命，行軍除了重視各排的整齊度，也重視「各層」間是否分得清楚工整。戚繼光會用「四隊平行」、「挨隊」、「層層立定」等用語來描述行軍的要領。而且〈操練篇〉中「隊」很少單獨被派遣，往往「一哨四隊」才是為調度的基本單位，行軍隊形見圖3.7。這裡是指在敵境中的行軍，隨時可能發生遭遇戰，一旦前方「塘報」（偵察兵）發現敵蹤，則會放銃示警，部隊則要立即停步，原地等待號令，或是在敵人出現時直接應戰。整體而言行軍時只有「總」才有類似菱形的構造，自官以下，則以一層層的橫隊排列隊伍。但是「總」的菱形又是很零散的，寬闊地帶三路隊伍才可能對得齊，在狹窄地形挨隊行軍時三路只會拉得更長，不可能呈現菱形隊伍，也不可能發揮「觸處為首」的功能。

　　這可能就是抗倭鴛鴦陣設計成單總、單官、單哨、單隊皆可作戰的原因，因為地形對作戰規模的影響非常大。〈操練篇〉對單總作戰的程序描述最複雜，包含部署待敵、交戰、追擊敵兵、圍攻敵巢，直到殲滅敵人後，退兵回到中軍老營紮營的流程。單總作戰應該適用於較開闊的地形，以及雙方人數較多的戰鬥，例如大軍會戰或圍攻敵軍根據地等情況。單官作戰可能用於較小規模的遭遇戰，單哨、單隊作戰則可能用於極為零星突發的遭遇戰、小空間的搜索戰或埋伏戰。如果對照前述的「行軍隊形」，我們可以發現以菱形隊伍四進位，具有同一律、四面如一的「總」，其實是〈束伍篇〉在概論編制時建構出來的抽象概念，實際在戰場上不會擺出這種層層相包的隊形。因此范中義「內外相維」、「大小相包」的說法，並不會出現在行軍隊伍的配置上。那實戰的情形呢？

〔註37〕戚繼光，《紀効新書》，卷8，〈操練篇〉，8/5a。

〔註38〕戚繼光，《紀効新書》，卷8，〈操練篇〉，8/3b。

圖 3.7：行軍時「總」的隊形

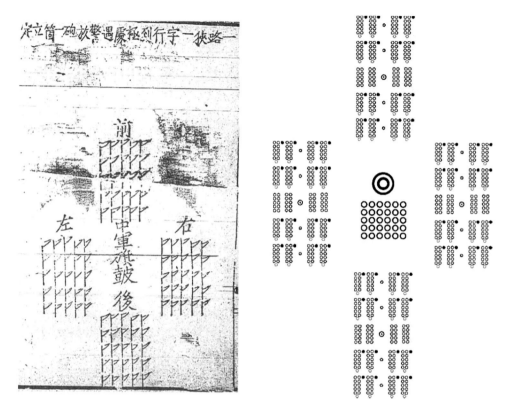

右半部示意圖為筆者自繪。圖中應指路寬時的行軍法，故每總前後左右四個官，其轄下四個哨分四層，每隊一字橫列，哨長居中，而非逐隊魚貫行軍。火器、射手隊伍應有各自隊長，但由於人數、配置不明，故不詳細表示。在《紀効新書》陣圖中，隊長、哨長、哨官常以一支旗子標示，引伸以一支旗子表示「一小隊」或「一個哨官」、「一個哨長」，由於哨官跟拋射武器隊伍應該居於每官的中央，故本圖將其畫為中間的橫列，這樣推測也比較容易解釋，為何戚繼光將一官畫成五排、二十五支旗子。

資料來源：戚繼光，《紀効新書》，卷 8，〈操練篇〉，8/4b。

　　單總作戰在運作上是一個兩側設伏、中央誘敵進攻，再包圍敵軍的「U字形」陣法。前、後、左、右四個官和中軍遊兵都會被調度，行成三路「大兵」跟「伏兵」，中軍遊兵跟各隊火兵在後方一段距離外布置老營，這個老營

叫「方營」，前方軍隊交戰完便會退回老營休息吃飯。〔註39〕抗倭鴛鴦陣非常注重埋伏戰。單總作戰、單官作戰皆會調動後官、後哨組成伏兵。單總作戰有兩種伏兵戰術，一種是兩組伏兵先向前潛行，埋伏於敵人行軍路徑的兩側，而左、中、右三官組成的主力「大兵」則在中間等待敵人；第二種方式是兩組伏兵埋伏在大兵後方兩側，交戰後大兵若無法直接殲滅敵人，則佯敗後退，引誘敵人進入兩組伏兵中間。湯稼清把這第一種埋伏法稱為「待伏」，第二種稱為「誘伏」，非常傳神地點出兩種埋伏法的差異。〔註40〕關於單總作戰的「誘伏法」，見圖3.8。

圖3.8：大兵、伏兵合圍陣圖

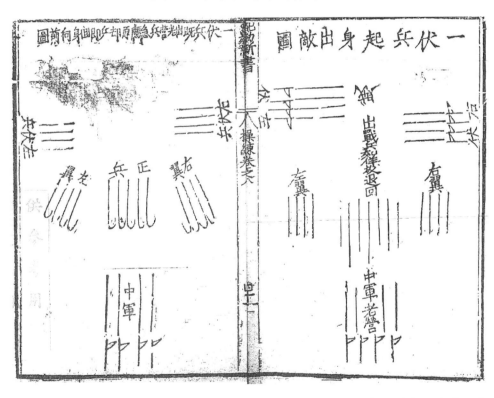

右圖表示大兵先佯退誘敵，接著伏兵由兩側殺出攻敵側面；左圖則表示伏兵殺出後，正兵就要立即折回、圍攻。

資料來源：戚繼光，《紀効新書》，卷8，〈操練篇〉，8/40a～b。

〔註39〕戚繼光，《紀効新書》，卷8，〈操練篇〉，8/3b～15a。
〔註40〕湯稼清，〈戚繼光兵學思想之研究〉，（桃園：國防大學戰略研究所碩士論文，2011）116～117。

　　戚繼光認為伏兵於三路大兵之前的戰術風險較大，須在敵軍不知情或迎頭起來時，就先調遣好伏兵，由於此要件較難達成，因此「不大成，則大敗」。相較下伏兵於大兵後方則較不易敗露形跡，但要嚴防前鋒大兵膽怯。〔註41〕兩種戰術在校場訓練時，會乾脆將後官拆成兩組，同時訓練兩種埋伏法，因此〈操練篇〉的陣圖會出現四組伏兵（見圖3.9）。

　　在〈操練篇〉中官被稱為營，因此大兵由「左營」、「前營」、「右營」擔任。每官前、後兩個哨的八隊鴛鴦陣，採用橫隊組成兩層正兵，左、右兩哨也分別組成兩層，變成前後各兩隊的結構。鳥銃等拋射武器手在這邊確切部署位置沒有說明，但應該仍待在本官之中，所以無論大兵的三官或是伏兵的後官，隊伍中應該都有拋射武器手。關於「單總作戰」的變化過程，見圖3.10和3.11。

圖3.9：「單總作戰」陣圖

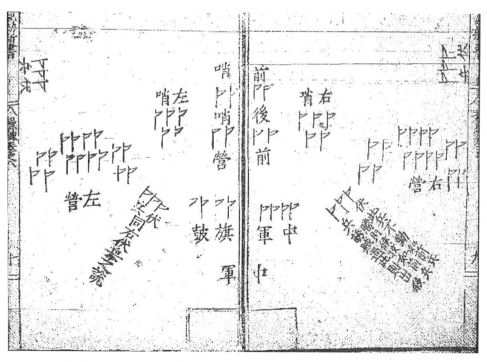

資料來源：戚繼光，《紀効新書》，卷8，〈操練篇〉，8/9b～10a。

〔註41〕戚繼光，《紀効新書》，卷8，〈操練篇〉，8/6a～b。

圖 3.10：「單總作戰」陣形變換示意圖

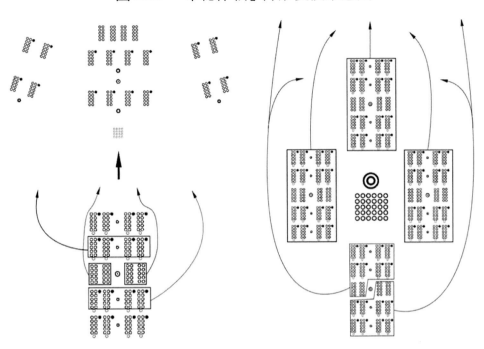

筆者自繪，左圖為一官特寫，右圖為全總調度，描述其由行軍隊形變作戰隊形的方法。火兵不上前線，留在老營做飯，右圖之所以圈選整營，只是為了避免示意圖過於複雜，而非指火兵隨鴛鴦陣小隊一同衝鋒。拋射武器在交戰一開始會配置在陣前，但可能會隨地形、戰況，配合三部分軍隊調度，但為了避免示意圖過於複雜，本圖一律將拋射武器配置在中軍前方。

資料來源：戚繼光，《紀効新書》，卷8，〈操練篇〉，8/9b～10a。

圖 3.11：「單總作戰」陣形示意圖

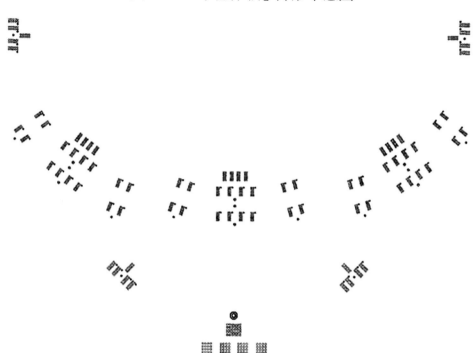

筆者自繪，此圖由圖 3.10 變成，同時也是圖 3.9 的示意圖，圖中四支伏兵會隨地形配置，而非採取硬性規定的隊形，本圖排列僅為示意。

資料來源：戚繼光，《紀効新書》，卷 8，〈操練篇〉，8/9b～10a。

　　單官作戰時，前哨跟後哨會合併，組成前後兩層、每層四隊的橫列，而兩翼則不再跟中軍對齊，而是拉開距離配合地形，「旁抄小路」繞開。其規則是不可離太遠到「聲勢不相救應」的地步。中軍兩哨當敵，繞開的兩翼各自又拆成兩部分，兩隊留在正兵前方約三十步處埋伏，另外兩隊則繞到敵軍後方攻擊，因此敵兵側面、背後還有來自兩翼的八個隊，如此便成合圍之勢。〔註42〕單官作戰的陣形變化見圖 3.12 和 3.13。

〔註42〕戚繼光，《紀効新書》，卷 8，〈操練篇〉，8/33b～34b。

圖 3.12：「單官作戰」陣圖

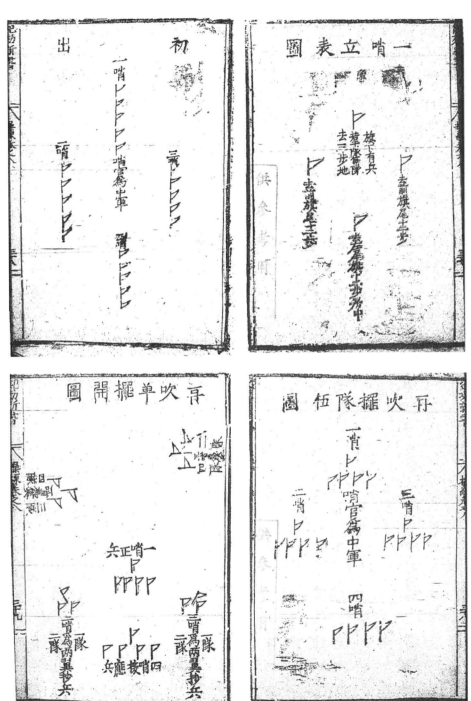

資料來源：戚繼光，《紀効新書》，卷 8，〈操練篇〉，8/37b～39a。

圖 3.13：「單官作戰」陣形變換示意圖

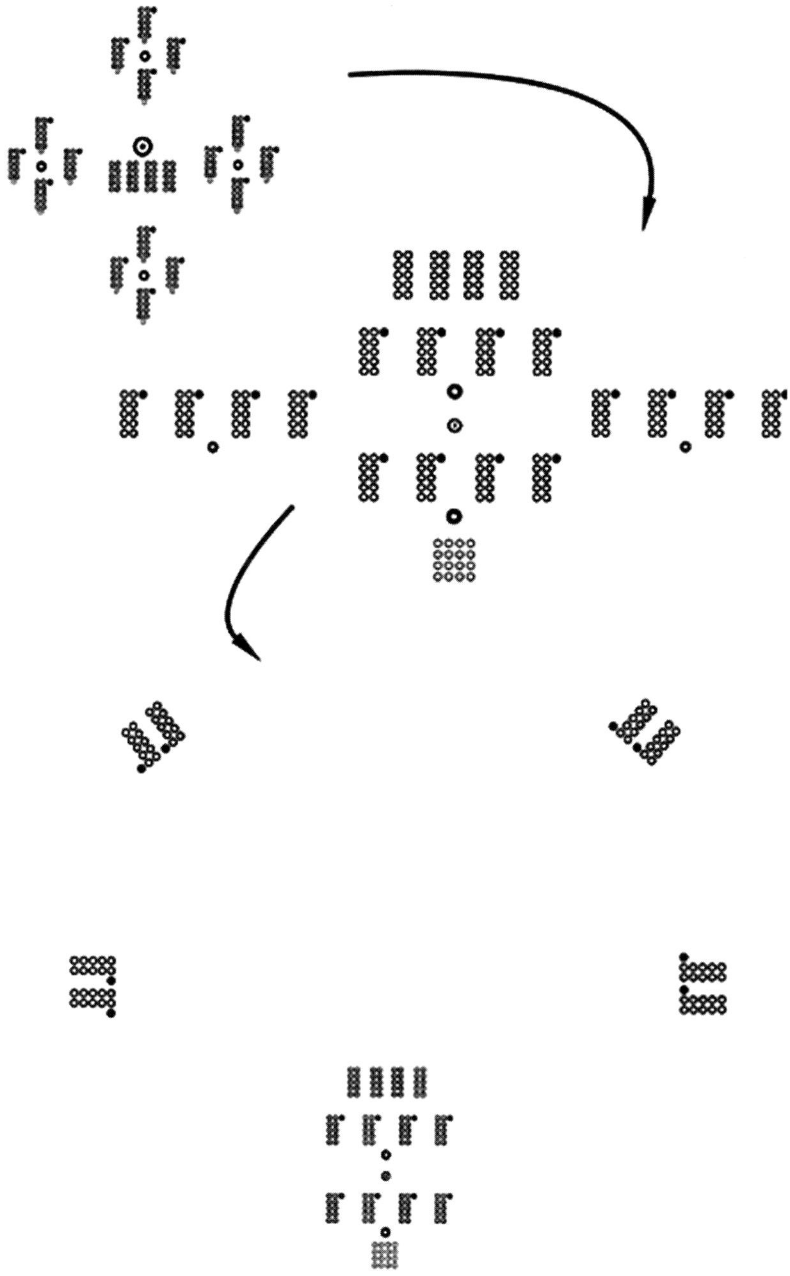

筆者自繪，此為圖 3.12 的示意圖。火器手可能也會視情況配合兩翼伏兵，但本圖為求清晰，只畫在中軍。

資料來源：戚繼光，《紀効新書》，卷 8，〈操練篇〉，8/37b～39a。

　　我們可以在單官作戰的陣圖中看到菱形陣形，但這個將一官四哨先變成菱形，才變成作戰隊形的程序，其實是平日操練隊伍時的演練流程，而非戰場上實際作戰方法。圖 3.12 中第一張是「立表」，這是用來標記隊伍位置的，立完表一官才依據立表的位置排成菱形，然後聽號令轉變成戰鬥時的隊形。在圖 3.12 中，四個哨各自排成一橫列，而一哨四隊排成橫列本來就是行軍隊形，因此如果在行軍當下遭遇敵人，官應該會直接從行軍隊形轉換成戰鬥隊形，不會等中軍親兵來立表標示位置。在行軍中途發生偶然遭遇戰時，每官（文獻中稱「營」）的哨官須自主作戰：

> 況兵列既長，緩急之變，賊勢叵測，苟或遇出於此格之外，偶有警急，豈能候中軍號令？若遇未及照令施行之中，忽有前變，則前營把總即自主號令，先以備戰。左營、右營各聽當前把總之號，即如中軍號令一般，則後營伏兵，即當于前哨之後左、右，或遇山、渠，或林木、人家，或街巷灣曲可以潛躲身形之處，偃旗斂跡、啣枚充為伏兵，以備前哨萬一却回，俟其走盡追過我伏來，聽在後老營兵砲响，即便突起截衝賊中，或出賊之後，如此必轉以為功。後營兵一面在後太遠處據險為家，阻拒扼塞，豎立營壁，管三營火兵做飯備守。〔註43〕

這段論述中的「營」其實是官，故「把總」應指哨官，因為戚繼光稱官為營，一總之下共有五營，不太可能在行軍隊伍拖得很長時，一個營還會有一個把總。這段描述中的各營的戰術總體來看與單總作戰相近，採用的是伏兵在大兵後方的埋伏法，但是這裡描述的是偶然遇警的狀態，因此各官採自主作戰，中間沒有緊密的協調號令。前官先自主交戰，左、右官則聽各自哨官調遣，後官除了調派伏兵協助外，還要守衛中軍、協助紮營。從這段描述來看，當前的前官應該會比較傾向直接採用單官作戰的戰術，而非等待左、右、後官來組成單總作戰的陣形。而左、右、後三官的調遣，比較像是機動協助，並攔截突破防線的敵兵。

　　單官作戰的埋伏法有點像單總作戰伏兵於前的作法，但又不太一樣。單總作戰時，伏兵於前是等待敵方落入陷阱的作法，故湯稼清以「守株待兔」形容之，取名為「待伏法」。但是單官作戰的伏兵側翼，是直接繞開抄小路往前，並又分裂成兩隊一組，共四組的偷襲隊伍，這種埋伏方式更為積極，除了伏兵於前大兵前，還多調遣了四支小隊主動偷襲敵兵後方，所以跟單總作

〔註43〕戚繼光，《紀效新書》，卷 8，〈操練篇〉，8/15b～16a。

戰的「待伏法」不同。單官作戰即便是從方營中調出，也不會先排成具有同一律的菱形陣法，從「出戰初變立定圖」可看出，原先屬於方營中駐守一邊的官，在出老營備戰時，便擺出左、中、右三分的橫陣了（見圖3.14）。這段論述還可以看出一些地理空間的線索，戚繼光要求尋找埋伏點的位置是山丘、水道溝渠，樹林、房舍，或是街道巷弄，這個戰場的空間相當類似山路、田地或是聚落巷戰，可見戰場跟聚落不遠。

圖3.14：出戰初變立定圖

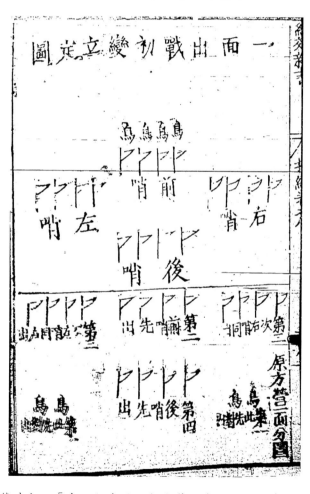

下圖表示紮方營時由一「官」組成的一個方營防守面，上圖表示一個「官」出方營後擺的隊形，在營中時鳥銃在後，出營擺陣時鳥銃在前。關於整個方營的結構，可參照圖3.20。

資料來源：戚繼光，《紀効新書》，卷8，〈操練篇〉，8/40a～b。

　　義烏兵編制中，火器手以官為單位配置，戚繼光又要求偶遇敵兵時，各官自主作戰，這透露「官」這個單位具有某種獨特性甚至獨立性。「官」可能特別適用於江南抗倭戰場，一官由 160 名冷兵器士兵加上銃炮弓弩手構成，以其中 80 多人為陣面（兩哨加上數量不一定的拋射武器手）擋住敵兵，再由另外 80 多人分散成四組，以機動戰術包圍敵兵側邊、後方。以人數推估，單官作戰就是一套以約 200 名士兵，包圍人數不多於己方的敵兵，用於非開闊地形的戰術型態，這或許就是官兵追剿小股流竄倭寇常見的戰場樣貌，相較之下一次須動員近千人的單總作戰，使用頻率可能較低。

　　吳大昕討論倭寇的形象，認為在嘉靖 34 年（1555）「王江涇大捷」官兵擊敗倭寇後，隨著江南地方州縣治所逐步蓋起城牆，以及俞大猷與戚繼光的鄉兵逐漸訓練出規模，所謂的倭寇活動已逐漸轉型為「就食於民間」的流竄型盜匪，而非上岸後掠奪大量財富再出海的海寇。〔註44〕「就食於民間」意味著倭寇活動離不開市鎮聚落。汪榮祖論述明、清帝國的政治、經濟空間架構，認為明成祖時期（1402～1424）雖遷都北京，但明帝國仍於正統 6 年（1441）設金陵為陪都，因此包含淮海、贛江的「江南省」地域空間，便藉助南京的政治、軍事地位，逐漸形成大型聚落了。江南地區在中晚明之際，發展出密集的、網狀分布的商業市鎮，無論平原、山區都受到開發，人口密集，也有著豐厚的糧食、紡織、手工業基礎。〔註45〕

　　范毅軍對江南商業市鎮的空間分布，有深刻的分析，他主張江南市鎮隨著發展先後及產業上的分工，發展出類似「地理中心論」（Central Place Theory）提及的城鎮網絡，不同產業等級的城鎮星羅棋布，各自有著服務的市場圈跟經濟互動關係。〔註46〕這些江南地區的城鎮，在產業種類上相當多元，也各自位居不同的地理空間，無論棉業、蠶桑業、稻米、茶葉、手工業都有各自的位置、地形、氣候、交通需求。〔註47〕因此江南的聚落、財富、人口，是零散分佈在城市、鄉鎮，包含平原、水道沿線及山區的。樊樹志亦認為江南

〔註44〕吳大昕，〈海商、海盜、倭：明代嘉靖大倭寇的形象〉（南投：國立暨南國際大學歷史學研究所碩士論文，2002），51～52。

〔註45〕汪榮祖，〈明清帝國的空間〉，收入陳永發主編，《明清帝國及其近現代轉型》，（臺北：允晨文化，2011）83～87。

〔註46〕該地理學理論源自德國地理學家瓦爾特・克里斯塔勒（Walter Christaller，1893～1969），他於 1933 年出版的《地圖的中心說》中提出該理論。

〔註47〕范毅軍，《傳統市鎮與區域發展》，（臺北：聯經出版社，2005）16～78。

市鎮的空間發展，是以產業複雜化、多元化、分工化為動力，諸多產業間分工極為緊密，除了相關連的產業在商品交流的動線上形成各自聚落，一地過剩的人口也會分布到核心大城市的周圍成立聚落，形成市鎮的擴張。〔註48〕同時也因江南農村的作物很大比例是棉、桑蠶等「經濟作物」，故即便農村也有的市鎮的工業角色。〔註49〕

　　倭寇的劫掠活動正是倚靠江南的經濟基礎，也因此其劫掠動線、盤據地點都倚賴有開發基礎的市鎮或山區。在這種社會背景下，抗倭戰爭中官兵常需要進行市鎮巷戰，或交鋒於山路之間，除非攻打盤據於「賊巢」的敵軍或少數規模較大的會戰，大部分的戰鬥都是在狹隘地形面對小股、零散的倭寇，而這是有經濟、社會背景的戰爭型態。在世傳仇英（約 1494～1552）所繪的〈倭寇圖卷〉中，可以看到倭寇劫掠聚落，以及官兵行經崎嶇地形的描繪，見圖3.15、3.16。

圖3.15：倭寇劫掠鄉間民宅

資料來源：東京大学史料編纂所編，《描かれた倭寇：「倭寇図卷」と「抗倭図卷」》
　　　　　（東京：東京大学史料編纂所，2014），19。

〔註48〕樊樹志將江南城鎮型態分為眾星拱月的「蘇杭型城市」和群芳爭艷的「新興市鎮型城市」。樊樹志，《江南的城市工業與地方文化（960～1850）》，（北京：清華大學出版社，2004）19～21。
〔註49〕樊樹志，《江南的城市工業與地方文化（960～1850）》，15～16。

圖 3.16：剿倭官兵行經崎嶇地形

資料來源：東京大学史料編纂所編，《描かれた倭寇：「倭寇図卷」と「抗倭図卷」》，
31。

　　陣法的運作，跟地理、環境空間脫離不了關係。大兵在交戰時，每官的
鳥銃手會分成五層立於陣面前，射擊後鴛鴦陣小隊會緩步往前，超越鳥銃手
位置向敵推進。每個鴛鴦陣小隊間會有三大步的間距，方便鳥銃手退到戰線
後。三大步是長鎗、狼筅可以照應的攻擊範圍，所以應該不怕敵人衝進大兵
橫隊上的間隙，這三大步間距也是左右長鎗手、短兵手殺敵、歸隊時進退的
動線所在。無論單總、單官作戰，其大兵都採用這種兩層橫列、每隊間距三
大步的結構。

　　「步」這個字在文獻中解讀起來比較麻煩，有時推敲文意應是指踏步，
但在討論擺陣、交鋒的距離時，「步」應是指特定的長度單位。吳承洛指出「步」
作為距離單位，自先秦時代起是指六尺，自唐代以後改為五尺，同時指出《儀
禮‧鄉射禮》又稱「步」為「弓」，因為弓長六尺。〔註50〕由此來看，明代的
「一步」應該約合 160 公分。「步」、「弓」這兩種距離單位，似乎自古就與射

〔註50〕吳承洛，《中國度量衡史》（北京：商務印書館，1993），95～96。

箭活動密不可分，所謂「百步穿楊」的成語，也跟以「步」論射程的文化脫不了關係。包含射手放箭記載的鴛鴦陣文獻中，「步」字應該作「五尺」解，而第二章引述的羅拱辰戰術，其交戰程序也是以步為基準，百步外（約 160公尺外）放箭、銃，近至三十步內外（約 48 公尺）時射鏢鎗，接著肉搏。抗倭鴛鴦陣發動攻擊的時機，也始於敵軍踏入大兵前一百步時，若伏兵部署在大兵前，則此時敵兵陣面已越過伏兵位置超過半里（250 公尺）了。第一波攻擊來自鳥銃手跟炮手，有分同時射擊跟分批射擊兩種戰術，當敵軍逼近到五十步（約 80 公尺）時，弓、弩、火箭會開始射擊，發動第二波攻擊，接著便進入鴛鴦陣短兵相接的階段。

除了注意敵我交戰空間距離外，也要注意整個陣體的寬度和縱深。以單總作戰而言，伏兵若埋伏在前，則位於大兵前一里多（約 500 公尺出頭）；若埋伏在後，則位於第一波交鋒戰線後方半里處（約 250 公尺），如此可看出這個「U」形的大陣，厚度大約半里到一里出頭間。中軍老營的位置是大兵後面二、三里（約 1 至 1.5 公里）處，依據地形優勢固守老營。所以整個大陣若伏兵在前，則縱深三至四里（約 1.5 至 2 公里）；若伏兵在後，則縱深三里（1.5公里）。至於陣形的寬度，由於伏兵需依附天然地形，因此部署上不拘一格，同時大兵三軍加上伏兵接戰時會包抄、合圍，所以交戰後隨著各營各哨的推進，陣形寬度會愈來愈窄，最後四營合兵一處。

在戰鬥的程序中可看出「用陣三分」的特色，大兵是以中軍和兩翼構成的，伏兵則分兩邊，以空間來看可算是兩翼的延伸。抗倭鴛鴦陣在單總、單官、單哨作戰都會使用一種陣面輪流交戰的技巧，戚繼光稱為「間隊」或「間出」。單總作戰時正兵三營的前後兩層會輪番交戰、推進。這個調度方式是以戰鼓聲節奏的變化為訊號，每次輪替時後排會往前穿插出前排，以隊為單位交錯地「滲」出陣面，其利用的也正是每隊間三大步間距。透過「間出」，戰線上除了會換隊戰鬥，陣面還能再往前推進一些，被隔在陣後的原前哨也能重整隊伍，稍作喘息。左右兩翼也分為二層，也使用間出戰術，而且還跟正兵有配合關係，在單總作戰時當兩翼、中堅包抄敵兵，三個陣面開始拉鋸時，兩翼的後層會看時機突然發起攻擊，這時中軍陣面會轉用較保守，但是更為嚴密的防備姿勢，因此敵兵會突然被迫要去防備新投入的兩翼，在這轉換目標的瞬間，原先陣面上的三支守軍會突然又發動攻擊，這樣便容易消耗敵人

精力，甚至一舉成功，以防止陣線陷入膠著。〔註51〕這種戰鬥節奏可看出戰場一般而言寬度不大，用三個橫列的哨就可以把通路阻塞，形成以緩進為推進節奏的大兵。同時以單官作戰的規模來看，交鋒雙方可能就是各兩三百人而已。以每隊鴛鴦陣間隔三大步來估算，單官作戰一開始時，中間大兵的陣面寬度大約在 30 公尺內，隨著交戰還會愈包愈緊。同時地理空間也是崎嶇、多樹林、山壁或水田的，有時甚至在聚落中進行巷戰，因此分兵埋伏、分兵迂迴繞道偷襲便成為必備的基本戰術。

　　單哨作戰時，四隊以菱形方式排列，哨長居中調度，戰鬥時前後兩隊組成兩層的正兵，左右兩隊則會拉開距離形成左右兩翼（見圖3.17）。戰鬥時正兵兩層一樣是會以戰鼓的節奏為號令，以間隊的方式交換位置，但由於一層只有一隊，所以不是「間隊」穿出，而是前層鴛鴦陣分為左右兩伍，後隊從中央空隙往前推進。兩翼奇兵原本跟整個陣形皆為橫列，但會隨著接戰交鋒，逐步往中間包夾，三個鴛鴦陣就會變成「U」字形。〔註52〕

圖 3.17：「單哨作戰」陣圖與示意圖

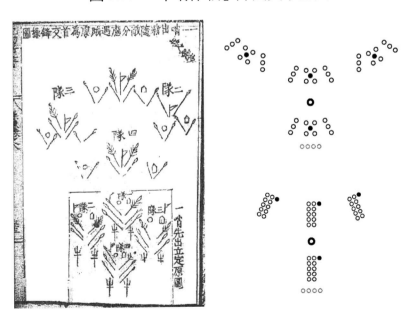

右半部示意圖為筆者自繪。

資料來源：戚繼光，《紀効新書》，卷 8，〈操練篇〉，8/33a。

〔註51〕戚繼光，《紀効新書》，卷 8，〈操練篇〉，8/23b～24a。
〔註52〕戚繼光，《紀効新書》，卷 8，〈操練篇〉，8/31a～33a。

　　單隊作戰就是鴛鴦陣或三才陣的戰術，前者就是「試挨牌」的訓練內容，而後者則以中央五人為正兵（隊長、二名狼筅手、二名短兵手），兩翼各三人為奇兵（挨牌手或藤牌手、二名長鎗手），操演時練習鴛鴦陣、三才陣之間轉換隊形、進退等動作，以及兩翼奇兵和中軍正兵間的協調能力。〔註53〕三才陣相較於鴛鴦陣，陣形更寬更薄，因此單哨作戰時若地形開闊，隊伍也會轉為三才陣，以防止被敵兵繞過。而伏兵殺出時採用的也是三才陣，戚繼光的解釋是伏兵必然是急奔而出，鴛鴦陣一隊人太多，奔跑中整隊十人不易保持完整、緊密，因此一律採用寬而薄的三才陣，一陣三分時個別部分較容易維持隊形。〔註54〕

　　分層間出的戰術，透露單官或單哨的隊形中，前後哨隊其實是一體的，即便單官作戰有四哨參與、單哨作戰有四隊參與，但在隊形上其實只分左、中、右三部分，這並不是菱形的隊形，而是「用陣三分」的結構。湯稼清指出間出的戰術能讓士兵久戰不衰，但他的觀點僅來自范中義。〔註55〕范中義將抗倭鴛鴦陣的間出戰術，跟俞大猷的「三疊勢」、「奪前蛟勢」做比較（見圖3.18），他引述俞大猷的「奇正循環相生」論述，認為前層士兵是「正」，後層士兵是「奇」，並主張這種前後層士兵「循環」的概念就是「奇正相生、如環無端」的一種展現。〔註56〕「奇正循環相生」的概念無誤，但是從戚繼光前後層轉換時的戰術來看，他的間出作戰不單獨只反映「循環」的觀念，而還有在一次前後層的轉換中，便全軍猛然發動攻擊的技術，比起「循環」的概念更為靈活、積極。

　　「間隊」不只用於推進，也用於退兵的程序中。從「定立交鋒圖」與「退兵之圖」，可看出「間隊」的示意方式，戚繼光用交錯的起始點暗示前後排關係，並以長線示意進、退路線，兩圖顯示義烏兵進攻、撤退或收兵時都有「間隊」的操作手法（見圖3.19）。撤退時義烏兵聽鑼聲為號，聽鑼一響時前層間隊退到後層之後，再聽鑼響二聲時，後退中的士兵齊喝一聲立定，義烏兵會不斷重複這流程直到退至中軍大營。〔註57〕而佯退誘敵的情況下，「間隊」而退的士卒在大喝立定時，會回頭舉起兵器做攻擊的姿勢，其過程更具緊張感。〔註58〕

〔註53〕戚繼光，《紀効新書》，卷8，〈操練篇〉，8/29a～b。
〔註54〕戚繼光，《紀効新書》，卷8，〈操練篇〉，8/23a。
〔註55〕湯稼清，〈戚繼光兵學思想之研究〉，115。
〔註56〕范中義主張戚繼光對「奇正循環」的應用優於俞大猷，是因為「四面如一、觸處為首」的陣形中，並擁有長短兵器混編的鴛鴦陣小隊，但對於間出戰術，他只討論「循環」的概念而已。范中義，《戚繼光評傳》，284～287。
〔註57〕戚繼光，《紀効新書》，卷8，〈操練篇〉，8/8a～b。
〔註58〕戚繼光，《紀効新書》，卷8，〈操練篇〉，8/21b。

圖 3.18：俞大猷「三疊勢」、「奪前蛟勢」陣圖

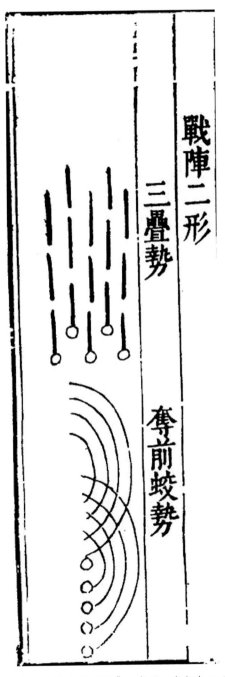

資料來源：趙本學、俞大猷，《續武經總要》，卷 8，〈戰陣二形〉，收入《中國兵書集成》第 17 冊，792。

圖 3.19：交戰、退兵陣圖

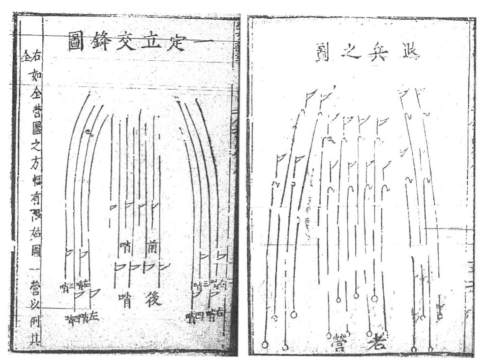

資料來源：戚繼光，《紀効新書》，卷 8，〈操練篇〉，8/10b～12b。

　　關於間隊撤退的用法，李訓詳提出了一些見解，〈古陣新探〉一文雖然不是以明代陣法為主要研究對象，但李訓詳討論先秦兩漢陣法時，注意到了「陣間容陣」跟「抽軍」兩個概念。「陣間容陣」是指大陣中，個別較小的隊伍間有著特定距離的空位，這些位置沒有部署士兵，李訓詳認為這個空間是走道，用於陣形轉換時讓其他隊伍通過，同時李訓詳推測先秦兩漢陣法也存在類似俞大猷三疊陣的運作方式，透過陣間空位讓遞補隊伍通過。〔註 59〕在前面的描述中，鴛鴦陣橫列中，每隊間隔三大步，其實就是「陣間容陣」的概念，其功能正是方便鳥銃手、弓弩手後退，以及後層大兵向前間出時有走道可行。

　　李訓詳引用《通典》收錄的《衛公李靖兵法》，論述「抽軍」是古代士兵撤退時常用的技巧，透過將士兵交錯分兩組，輪流後退完成撤兵。〔註 60〕「抽軍」的目的是防止敵兵追擊，由於撤退往往是敵方進攻追擊的好時機，操作不當撤退方有崩潰之虞。在一些極端例子中，「抽軍」撤退時一組士兵會先後

〔註 59〕李訓詳，〈古陣新探──新出史料與古代陣法研究〉，60～63。
〔註 60〕李訓詳，〈古陣新探──新出史料與古代陣法研究〉，80。

退百步，未後退者先原地擺好防禦姿勢，第一組後退者退後百步即轉身架好弓弩瞄準前方，然後前方未退者再轉身撤退兩百步，接著轉身架起弓弩，如此重複這個過程完成撤兵。由於兩組士兵是一個個交錯的，如同報數時的單雙號，因此抽軍撤退時陣形只會變稀疏而不會變短，一旦敵兵追擊，勢必要遭受一陣箭雨，甚至撤退中的士兵可趁著箭雨剛完，回頭反擊，這樣追擊方就可能得不償失，如此抽軍撤退，便可大大降低撤兵時的風險。戚繼光的「間隊」後撤，應該就是類似「抽軍」的手法，這樣就能確保誘敵撤退的大兵不至於崩潰，或是收兵時軍士不至於混亂。單總作戰伏兵設於大兵後方時，戚繼光強調「防前兵少却」，靠的應該就是「間隊」、「抽軍」方法。

　　江南抗倭戰場的戰鬥環境非常複雜，伏兵躲藏之地常是山丘、水渠，樹林、民宅、彎曲街巷等位置，這些描述相當生動地暗示了抗倭戰場的景色。戰鬥常常發生在樹林邊緣或內部、水路渠道、街道巷弄等場合情境，環境既然方便自己埋伏，那自然也方便敵人埋伏。這種風險正反映在義烏兵的「防伏」訓練上，大多數學者都有注意到戚繼光特別討論其搜索伏兵的技巧。在戚繼光的描述中，倭寇常常躲在只容得下一、二個人「尺木」、「斗壑」裡。因此義烏兵在警戒或追擊敵人時，每當經過可能有伏兵之處時，便會留下一哨或一隊士兵搜索之，其他隊伍則繼續追擊，搜索兵遇伏兵便戰鬥，隨後再跟上隊伍。〔註61〕這段描述透露了許多抗倭戰場可能的樣貌，士兵常常要在崎嶇、視野不夠遼闊的環境下，尋找敵兵及防範埋伏，義烏兵和倭寇正處於互相埋伏對方的關係，而由於伏兵倚賴環境，因此人數往往不多，其真正可怕之處在於偷襲所製造的恐慌、拖慢行軍速度，以及恐慌造成陣勢混亂，為對方帶來的可乘之機。在此情境下，40名戰鬥人員的哨或10人的隊，針對性地搜索少量伏兵便相對佔優勢。由此也可推知，單哨或單隊作戰的用途之一就是搜索伏兵。

　　崎嶇複雜的地形雖會限制軍隊行動，但善加利用也會變成助力，《紀効新書‧總敘》中，戚繼光提到一種利用田埂跟水田的戰術。戚繼光指出江南水田在稻苗茂盛時，田中除了泥濘行動不便外，禾苗高大茂密時也會阻礙行軍，狹窄的田埂約只寬一到五尺（32公分至160公分），往往三到五人行走便阻塞不通，這時即使地勢平坦，很多陣形依舊不易展開。但鴛鴦陣小隊反而可以利用陣面的挨牌、狼筅阻塞田埂，讓敵兵不得不選擇踏進水田以求繞到側邊

〔註61〕戚繼光，《紀効新書》，卷8，〈操練篇〉，8/16a～b。

攻擊，這樣長鎗手、短兵手便可選擇「伸出」隊伍，踏入田中交鋒，或是「縮回」隊伍，在田埂上倚賴陣面牌手、狼筅手的掩護而攻擊，頗為方便。〔註62〕這裡也能歸納出一種戰爭規模傾向，義烏兵可能僅在大型會戰時，調度近千人進行單總作戰，一般遭遇戰、小型會戰可能更常使用約 200 人的單官作戰；在小空間搜索伏兵時使用 40 人的單哨作戰，而在極度狹窄空間搜索或需要快速衝刺的埋伏戰中，使用 10 人的單隊作戰。

　　在交戰完退回老營後，義烏兵要先收成「大四疊」隊形，即四層橫排隊伍，接著才分批移到老營各邊，放好防守器具完成紮營工作。無論是俞大猷的「三疊陣」或是戚繼光的「大四疊」，皆以「疊」表示多層的橫陣。大四疊陣形的四層橫陣即是方營四個邊的組成人員，紮營前由中軍人員視地形、人數立表標示位置，接著四層橫陣聽號令各自移動到四邊，佈置器具完成紮營。戚繼光說明「方營」需要四個邊，所以當下的隊伍未滿四營（官）時，就要拆散部分哨或隊，或是利用中軍遊兵來遞補。〔註63〕而收營起行時，也是先由四個邊排成大四疊，再分批行軍（見圖 3.20）。相較之下，「大四疊」的「疊」只表示層數，而俞大猷的三疊陣其實只有兩層，「三」應是指多次的間出循環，這個「疊」除了表示多層外，又多了「迭」的含意。

　　以上就是抗倭戰場上，義烏兵所使用的大小陣法、營法、戰術。抗倭鴛鴦陣無論單總、單官、單哨、單隊作戰，都符合「用陣三分」的結構。交鋒時，大兵前部跟後部是一體的，以間隊的方式輪流應敵，而大兵兩翼和調遣而出的伏兵，都分為兩組左右開展。中央的大兵常常分成三部分包抄敵人，而加上伏兵就常形成合圍之勢。《紀效新書》經常使用「抄抱」、「抄敵」等用語，這代表陣法結構的設計重點是「U 形」而非「菱形」。

　　抗倭鴛鴦陣的戰術精神，就是「埋伏」跟「包抄」，這種戰術應該是受抗倭戰場的環境影響所造成。崎嶇多變的地貌環境，讓埋伏戰盛行，而不利於奔馳的地貌，使得抗倭鴛鴦陣雖然強調追敵、機動，但戰鬥時仍是採緩進、穩重的姿態，僅伏兵採用衝刺的方式攻擊。抗倭鴛鴦陣緩進的戰術，沿襲自浙兵和秘戰的挨牌、狼筅戰術，戚繼光加入了廣西狼兵的鏢鎗，以及福建藤牌等戰術使其陣面更加有主動攻擊的能力，但其正兵穩重推進的色彩還是很重。穩重推進的正兵，以單隊而言，鴛鴦陣便利用陣面的挨牌、狼筅檔下敵

〔註62〕戚繼光，《紀效新書》，卷首，〈或問〉，首/20a～b。
〔註63〕戚繼光，《紀效新書》，卷8，〈操練篇〉，8/27b～28a。

人，長鎗從左右繞出；三才陣則利用旁出的兩翼殺敵，用陣三分的特徵更明
顯。單哨、單官、單隊則利用大兵緩緩推進或撤退，以進攻或誘敵深入。

圖 3.20：「大四疊」與「方營」陣圖

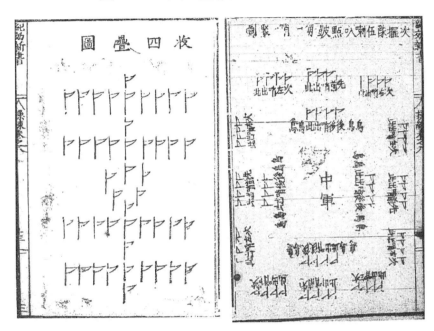

「方營」中的一邊即由一官組成，跟圖 3.14 的「原方營一面分圖」結構一樣。

資料來源：「大四疊」見戚繼光，《紀効新書》，卷 8，〈操練篇〉，8/13a。「方營」見同
　　　　書 8/24b。

三、鴛鴦陣與古典八陣

（一）抗倭鴛鴦陣與裴緒八陣之比較

　　李訓詳注意到歷代相傳的「八陣」，其實分為「三才五行」跟「九宮八卦」
兩種系統，前者特色是帶有八種獨立的陣形，而後者則具備「九宮圖」的結
構，以周圍四正四奇、大將握奇居中為空間配置原則，雖然名叫八陣，但其
實是一個大陣。李訓詳指出宋、明以來的兵家雖有爭論過八陣到底是八個陣
還是一個陣，但大體上唐代以來的兵家因受易理、象數觀念影響，主流看法
是「九宮八卦」的八陣才是正宗。〔註 64〕俞大猷正是此說的繼承者，也因此
主張八陣是獨立八種陣形的「裴子法」，被俞大猷斥為「妖言」、「妄作」。

〔註 64〕李訓詳，〈古陣新探──新出史料與古代陣法研究〉，136。

　　現今傳世的「裴子法」是由宋人蒐集，收入北宋《武經總要》的，其中包含「八陣」和「常山蛇陣」，共九種陣法。這是現今所存古陣圖中，極少數主張八陣為八個獨立陣法者。戚繼光單總作戰的「U」字形陣法，擅長等待或引誘敵人陷入伏兵跟大兵之間的陣形，對應到「裴子法」的八陣，就相當於「牝陣」。牝陣又稱「曲陣」，根據裴緒的說法，牝陣張開左、右翼，兩翼曲出，「利吞」，講的正是一套包抄、陷敵、合圍的戰術。〔註65〕（見圖3.21）

圖3.21：裴緒「牝陣」陣圖

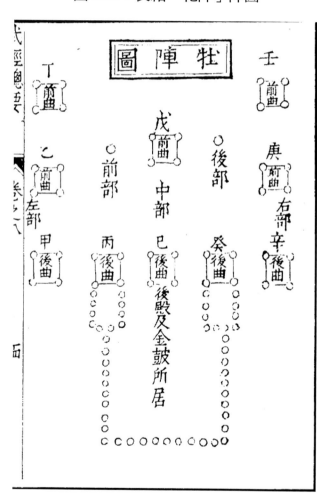

資料來源：曾公亮、丁度，《武經總要》，卷8，〈裴子法〉，收入《中國兵書籍成》第3冊，347。

〔註65〕曾公亮、丁度，《武經總要》，卷8，〈裴子法〉，收入《中國兵書籍成》第3冊（北京：解放軍出版社，1988，影印明金陵書林唐富春刻本），349。

在具備「九宮八卦」性質的北宋「本朝八陣」中也有「牝陣」,但其陣形僅九宮格外圍臨敵的一邊有凹陷,整體還是維持了九宮格的面貌(見圖 3.22)。這兩個陣圖相互比較,便可發現戚繼光單總作戰的隊形,概念上比較接近裴子法牝陣的調度方式。因為裴子法牝陣跟單總作戰的陣形,都沒有保留多少兵力在後方中軍老營,整個陣形是沒有九宮八卦結構的,只有用陣三分的概念。俞大猷對宋神宗「本朝八陣」也不以為然,其批判的點是宋神宗的設計基礎是裴子法,但俞大猷認為裴緒八陣是偽造的,同時也認為宋神宗僅知將隊伍分為九個部分,但內外九軍之間沒有做好奇正分配。俞大猷雖然主張八陣的變化須靈活、不拘泥形式,但仍然認為八陣應具備四奇、四正、中軍的結構,可見其仍受九宮、握奇思想的制約。〔註66〕

抗倭鴛鴦陣跟裴子法的「常山蛇陣」似乎更為相似,相當接近戚繼光愛用的一字橫陣與伏兵部署。俞大猷對裴子法的「常山蛇陣」也有批評,他認為所謂常山蛇陣的首尾相救,是來自士卒連坐的法規,是士兵因共賞、共罰的制度而不得不共奮戰、共生死,而跟陣形無關,他認為若以蛇身為想像,將陣形排成細細的橫陣,則縱深太單薄,一攻就斷,首尾不可能相救。俞大猷認為陣法自古之制就應符合「有前、後、左、右」、「不方則圓」、「中軍居中」、「前、後、左、右環邊中軍」等要件,所以俞大猷認為常山蛇陣應該是「四頭八尾、觸處為首」的。〔註67〕「四頭」指四面的中軍,「八尾」則是指四面的左右翼,因此還是九宮格的結構。換言之俞大猷只將「常山蛇陣」視為形容九宮八陣奇、正相輔,大將居中的描述,而非另外一個陣形,更反對將其理解為士兵一字橫列。但是戚繼光的一字橫陣就是由細細兩層鴛鴦陣構成的,一層厚度僅三大步,但這麼薄的橫陣,仍透過陣面上的盾牌、狼筅、和兩層隊伍「間隊而進」的戰術,保護了自身不被切斷,其兩翼(蛇的首、尾)也確實能透過跟中軍的協調戰術,互相掩護,同時陣後左右設伏兵、老營設遊兵,都可防堵衝過橫陣陣線的敵兵。有趣的是裴子法常山蛇陣,其中央主力部隊的一字橫陣也具有前後兩排的雙層設計,可惜文字敘述沒有直接

〔註66〕俞大猷主張「黃帝、孔明之陣,四奇、四正,併中軍而為九,大將之將得四之一,八陣之眾得四之三,謂之握奇。開闔出入、千變萬化,其道無窮,何形勢之有?」參見趙本學、俞大猷,《續武經總要》,卷7,〈宋神宗皇帝九軍新陣辯〉,收入《中國兵書集成》第 17 冊,653~654。

〔註67〕趙本學、俞大猷,《續武經總要》,卷7,〈孫武子常山蛇陣辯〉,收入《中國兵書集成》第 17 冊,518~519。

提到間出戰術，但兩層的橫陣可以推測，間隊而出極可能是流傳很久的古陣基本戰術。

圖 3.22：宋代官方「牝陣」陣圖

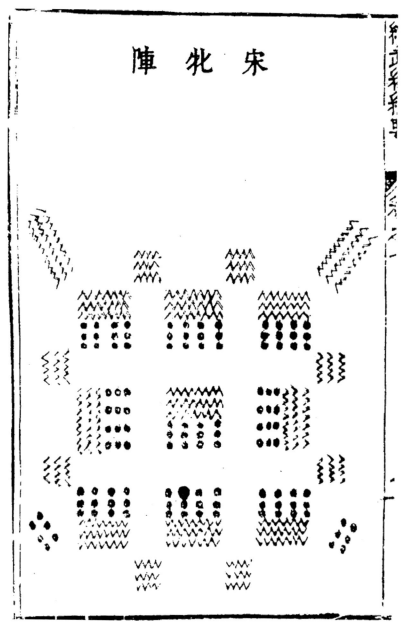

資料來源：趙本學、俞大猷，《續武經總要》，卷 7，〈宋神宗皇帝九軍新陣辯〉，收入《中國兵書集成》第 17 冊，658。

　　《武經總要》裴子法附有兩張常山蛇陣的陣圖，其中第二張橫陣分兩層，陣後跟中軍間的空間內設有伏兵，跟戚繼光設伏於大兵後面兩側的做法如出一轍，反而跟俞大猷「四頭八尾、觸處為首」的「九宮蛇」天差地遠（見圖3.23）。一字橫陣的運用，目的在增寬陣面，增加接敵交戰的接觸面，同時防止敵軍繞過前線包圍自己，所以運用上會強調佔好、佔滿戰場空間，戚繼光要求橫陣中的小隊路窄時擺鴛鴦陣、路寬時則擺三才陣，就是為了在寬闊的戰場上，增寬自己的陣面。

圖 3.23：裴緒「常山蛇陣」陣圖

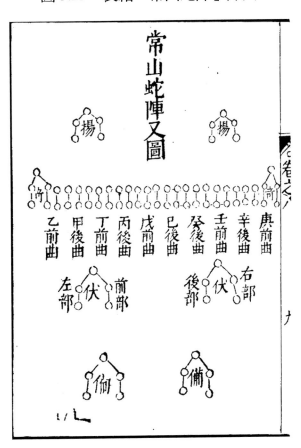

圖中的「揚」可能是由騎兵組成的先遣部隊，用來干擾敵軍製造空隙，後方的「備」極可能是遊兵，戰術調度靈活，其雙層橫陣、後方左右設伏兵的配置與戚繼光單總作戰極為相似，圖中的小圓圈應為軍隊中基層的小隊。

資料來源：曾公亮、丁度，《武經總要》，卷8，〈裴子法〉，收入《中國兵書籍成》第3冊，338。

抗倭鴛鴦陣「一頭、兩翼、一尾、中軍為心」的操練法，其實比較像是一個抽象概念，而非明確、常態性的隊形擺法，這觀念的建立是為了讓士卒「通曉分合之法」，讓各單位的士兵，隨時都懂得如何在遇敵後的應變隊形中，知道自己接下來要去哪個位置上。其重點應是號令跟變換陣形的運作順不順暢、穩不穩定，也就是「握奇心」能不能跟「四肢」靈活協調，而不是預備時的隊形擺作什麼形狀而已。「四面如一、觸處為首」僅形容待命中的隊伍，在戰場上，義烏兵幾乎只在集合、待命時擺出菱形隊伍，連行軍時每哨都是採取橫列，一字排開的。一整個總在行軍時所呈現的「菱形」樣貌，也只是陣圖上的表示法，在三路取道的操作過程中，隊伍會因為地形影響，不可能永遠對應出精準的菱形關係。唯一能符合「觸處為首」的菱形陣是單哨作戰，但這大概只用於小空間搜索伏兵的狀況，一旦交戰，義烏兵的陣形規範反而是「一字橫陣」、「用陣三分」，採用寬而薄的陣形佔滿道路，向前推進，並用左右兩翼包抄敵人，再加上兩側伏兵的應用，而形成「吞敵」的合圍之勢，菱形的單哨作戰也不例外，接觸敵兵後就會由菱形轉變成 U 形。

同時義烏兵也是「營陣分離」的，這就跟九宮八陣的觀念完全相反了，這種陣法具備很明確的方向性，陣面往哪邊開？兩翼向哪邊展？老營往哪邊藏？都有明確方向。在南方戰場上，即便是構造四面如一的「方營」，遇敵時也是隊伍先出營才交戰，交戰前一樣會先擺出具有兩翼的三分陣形。

（二）「用陣三分」與「四面如一」

范中義認為「一頭兩翼一尾陣」是戚繼光戰術的核心概念，也是其特色所在，他認為俞大猷雖然也有中軍、兩翼跟伏兵，一樣採交錯的間出戰術延續戰力，一樣一軍之中有正、奇之分，但屬臨時編制，不如戚繼光將頭、翼、伏兵合在一個陣中，故沒有將「四面如一、觸處為首」的性質作為陣法核心要素，也不具備鴛鴦陣「長、短兵器相衛」的優勢，故主張相較於戚繼光，俞大猷的陣法缺陷較多。〔註 68〕范中義這段描述並不正確，因為俞大猷在批判古陣圖時，便不斷強調「四面如一、觸處為首」的重要性，這代表他視此觀念為陣法基本要素，只是他在討論三疊勢、奪前蛟勢時剛好沒提到而已。

整體而言，《紀效新書》的陣法運作方式，其實違背了俞大猷的八陣理論。俞大猷批判「裴子法」八陣的地方，就是一旦運作就要全陣皆動，他認為這

〔註 68〕范中義，《戚繼光評傳》，284～286。

是相當危險的，俞大猷主張「變多則煩，動多則亂，兵之至危，莫甚於此」。〔註69〕他認為陣形轉換時僅中軍外圍四方的小陣移動就好，無論隊伍如何調度，中軍還是要在陣法中央不能亂動，甚至周圍小陣要動時還不能一次全動。〔註70〕這正是九宮八陣四正、四奇的概念，周遭八個小陣誰動，誰就是「奇兵」，旁邊相鄰者就變成了「正兵」，而正兵不能亂動。但是抗倭鴛鴦陣無論單總、單官、單哨、單隊作戰，調度起來就是「全陣皆動」，在埋伏戰中後營常常調得比前營還前面，而老營則遠遠放在整個戰鬥的陣外大後方，是自己靠遊兵跟天然地形據守的。

　　抗倭鴛鴦陣單官作戰和單哨作戰平時訓練時，都會強調在戰場上倉促遇敵時要以最接近敵人的隊伍為前隊，而不拘行軍時的順序，但如前面所論述的，平時操練時的立表、排出菱形陣形的程序不一定會在戰場上完整操作。單哨作戰由於只有四組鴛鴦陣，故在戰場上可能搜索伏兵、夜間巡守營地時，單獨行動的哨會擺出菱形隊形，以便縮小陣面寬度，方便突發狀況時的轉向。但這種不拘順序、隨戰況設定陣的首尾，以減少轉向所需時間的觀念，其實不像范中義說的那麼特殊，而是民間章回小說也懂的觀念。《三國演義》第九十五回「空城計」故事中，司馬懿看到諸葛亮於城樓上彈琴而大疑，決定撤軍時，做出的調度便是先回到中軍，命後軍改作前軍，前軍改作後軍，接著不必調轉整個大陣便能撤軍了。〔註71〕可見當時一般大型陣法應該都有顧慮方便轉向的課題，這是一般常識而非戚繼光獨有之創見。本文注意到戚繼光的單總作戰，不太可能應用於突發性的遭遇戰，通常都有一段偵察兵發現敵蹤、回報，接著隊伍調度出大兵、伏兵的過程，倉促的遭遇戰應該是以零星、小股的敵人為主，這時一般都直接由行軍隊形，轉換成小組作戰的隊形，而以單官作戰為主要應對方式。抗倭鴛鴦陣在戰場上，可能只有全員49人的單哨，才會在獨自行動時擺出菱形隊伍，這應該只是小隊伍的預備姿勢，談不

〔註69〕趙本學、俞大猷，《續武經總要》，卷7，〈孫武子八陣辯〉，收入《中國兵書集成》第17冊，496。

〔註70〕該段論述為「氤氳變化者，四方交互而出，遊廣更迭而至，而中軍四隅之陣，未嘗敢動也，四隅兵動，則四方轉而為正，四方之陣，未嘗敢動也。」趙本學、俞大猷，《續武經總要》，卷7，〈孫武子八陣辯〉，收入《中國兵書集成》第17冊，496。

〔註71〕原文為「懿看畢，大疑，便到中軍，教後軍作前軍，前軍作後軍，望北山路而退。」（明）羅貫中，《三國志通俗演義》，卷19，（臺北：新文豐出版社，1979，重印上海涵芬樓據明弘治本影印本）795。

上什麼大陣，更遑論九宮八卦思想。〔註72〕

再進一步言，其實秘戰鴛鴦陣、俞大猷三疊陣、羅拱辰〈牌論〉的三層橫陣，都具有組成一字橫陣的能力，同時也方便拼接兩翼，或是以伏兵方式調遣，因為以大陣法而言，這些橫向編列的小陣都只是「零件」，其拆、裝的運用其實可以很靈活。唐順之在《武編》中就記載秘戰有幾種隊形變法：

> 惟牌兵專視一面，而既護筅兵之脊，筅兵亦專一面，而護牌兵之後，鎗、射、銃手，俱立牌後六七尺，則正面矢石已不能及，而復左右皆救矣。再如賊眾道平，我則通將牌齊列，雖有萬賊進，不能與我相交刃，退後有所逼而不敢，必生延望相持，稍久，而我之奇伏相機遣出，又張聲勢，兩翼漸逼，賊必分兵四禦，我則開牌縫而出甲士尾之，賊技窮矣。〔註73〕

這段展現利用拋射武器設於鴛鴦陣後，產生的互相掩護效果，無論是義烏兵，還是薊鎮步營，其殺手跟火器手的互助關係也是如此。敵眾而路平時，則眾多鴛鴦陣組成「常山蛇陣」，形成會走路的牆，奇兵、伏兵便試著在雙方僵持的戰況中找出敵方破綻，而大陣張開兩翼壓迫敵人，這就是「用陣三分」的展現。而「開牌縫出甲士」的作法，則展現「間隊」而出的戰術也用於《武編》的秘戰鴛鴦陣中。唐順之雖然沒提到明確的「一陣三分」編制，但從「兩翼漸逼」的文意判斷，橫陣本身很容易產生兩端包抄的效果，「橫陣」跟「曲陣」根據戰況其實可以靈活轉換。就是因為這種靈活運用，「常山蛇陣」才會有「首尾相救」、「擊其中則首尾共擊之」等形象，後者描述的其實就是兩翼包抄，甚至就是指橫陣轉為牝陣吞敵。鴛鴦陣在陣面配置盾牌、狼筅、用拋射武器掩護、分層間出等戰術，正是為了防止「蛇身」被切斷的措施。此外秘戰尚有將隊伍打散、重新分組的例子，用於仰攻高處時的戰術。一伍五人暫時拆散，一個挨牌保護三人登上高處，碰到敵人投擲石塊，則順著陡坡斜舉盾牌，讓石塊順勢彈開。〔註74〕

〔註72〕唐代陣法的基本小隊就50人了，所謂的八陣是以這類小隊為基礎單位，再去組合出更大的隊形，小隊原則上不拆散。從這裡也可以看出50人為一隊有陣法傳承上的淵源，抗倭鴛鴦陣稱49人的哨為「大隊」，或許是受此傳統影響。參見（唐）李筌，《太白陰經》，卷6，〈陰陽隊圖篇〉，收入《中國兵書集成》第2冊（北京：解放軍出版社；瀋陽：遼瀋書社，1988，影印清守山閣叢書刊本，其底本為宋抄本），577～578。

〔註73〕唐順之，《武編》，前集卷4，〈陣〉，收入《中國兵書集成》第13冊，636～637。

〔註74〕唐順之，《武編》，前集卷4，〈陣〉，收入《中國兵書集成》第13冊，637～638。

直排五人的秘戰鴛鴦陣，經過組合便能產生這麼多變化，那本來就是小型橫陣的俞大猷三疊陣、羅拱辰十人小隊，透過多組小隊左右銜接的方式，自然也能形成長蛇陣或三面包抄的隊形。羅拱辰陣法的三排士兵中，第一排是鏢鎗燕尾牌手和左肩掛挨牌的短鎗手，第二排是長鎗手，衝鋒時也像鴛鴦陣一樣有類似「長短相衛」的功能，其第三排部署射手，又跟《武編》秘戰在鴛鴦陣陣面後方六、七尺（約 2 公尺）安置射手、銃手的設計類似，只是羅拱辰沒有採用狼筅而已，可惜史料文獻不多，難以深入討論羅拱辰〈牌論〉的戰術。本文第二章指出，羅拱辰直到隆慶 4 年（1570）仍向中央推薦這個「鏢鎗手牌」、「短鎗挨牌」跟弓、弩、鳥銃手並用的戰術，因此它跟抗倭鴛鴦陣在時空上幾乎是平行並存的。

「用陣三分」跟「四面如一」是兩種不可混淆的陣法觀念，在戚繼光的陣法設計中，我們可以看到兩種陣法觀念在不同的戰術層次上，發揮各自的功能。而「用陣三分」的概念也被唐順之等同時期的兵法家使用。俞大猷不見得真的不懂這些戰術道理，他之所以給予「裴子法」如此嚴厲的批判，恐怕只是因為「裴子法」的八陣理論，與他心目中的九宮八陣那套知識典範嚴重衝突了，兩者的理論幾乎無法並存，故俞大猷用極為嚴厲的批判試圖解構之。這不完全是戰術優劣的爭辯，可能比較像「學術門戶」間的糾紛。戚繼光跟俞大猷皆生活在一個「視九宮八陣為知識典範」、重視「握奇法」的時代，因此當時身為參將的戚繼光，自然而然會在著作中，有意無意表現一下「政治正確」的論述，也順勢跟同儕建立良性社交關係，這既反映在討論兵法時將自己跟「握奇法」相連結，也反映在討論長鎗時順便提一下唐順之使鎗使得好，在討論棍法、短兵時戚繼光把俞大猷整本抽象複雜的《劍經》收入自己書中，一邊命士兵習之，一邊也等於在讚美「總戎公俞虛江」的棍法好用。這其實是晚明官場文化、士人社交的一環，《紀効新書》固然是士卒的「課本」，但也同時是某些社會力量的載體或媒介，是方便戚繼光在文武官員社群中建立話語權的工具。〔註 75〕

〔註 75〕王鴻泰指出抗倭戰場上，將領間爭功、爭取中央認同的互動的競爭、交往等權力角力，會反映在其日常社交、著作敘述的細節中。王鴻泰舉唐順之鎗法為例，認為武職出身的戚繼光不見得鎗法造詣低於文人出身的唐順之，但仍於《紀効新書》中添加一段讚美唐順之的敘述。參見王鴻泰：《文武際會——胡宗憲幕府中文士武人的交遊活動與知識交流》，發表於「戰爭與修辭學術論壇」學術研討會（臺北：中央研究院中國文哲研究所，2015），19。

四、小結

　　本章比較唐順之、戚繼光的鴛鴦陣史料，透過伍長的角色、文獻對戰術的描述，論證秘戰鴛鴦陣和戚繼光抗倭鴛鴦陣系出同源，且秘戰鴛鴦陣出現時間較早，系譜關係應可視為抗倭鴛鴦陣的前身。在陣法戰術運作上，本章重新檢視古陣研究成果，主張討論抗倭鴛鴦陣「一頭、兩翼、一尾、中軍為心」的戰術時，須區隔「四面如一」和「用陣三分」兩種概念的差異，並主張抗倭鴛鴦陣較符合後者的概念。在此基礎上本章推論戚繼光之所以強調「四面如一」的特質，是因為當時陣法學說重視「九宮」、「握奇」這種概念，因此即便抗倭鴛鴦陣只在少數時機擺出菱形隊形，戚繼光仍在著作中強調自己的戰術符合「握奇」知識典範。而在細緻討論「用陣三分」的特質如何反映在抗倭鴛鴦陣不同層級的配置、運作制度上時，本章也注意到伍長的角色非常特殊，進而發現抗倭鴛鴦陣特有的十人一伍、一伍一隊結構，反映了抗倭鴛鴦陣吸收秘戰鴛鴦陣的戰術，這類似演化上的殘留痕跡。

　　本文主張在倭寇逐市鎮而動、官兵逐倭寇而動的背景下，抗倭鴛鴦陣戰鬥的場合便以複雜崎嶇但有經濟開發基礎的聚落為主。這類地形讓抗倭鴛鴦陣隊形不需、也無法太寬太厚，以及讓埋伏戰變成常態。在此社會背景下，抗倭鴛鴦陣便發展出重視「包抄」與「埋伏」的戰術。

第四章　隆慶、萬曆年間的鴛鴦陣

一、北方戰場與鴛鴦陣的轉型

（一）薊鎮防守戰略、戰術概述

比對本文第二章的表，可看出薊鎮士兵以鴛鴦陣配置者有步兵、騎兵，以及車兵中的奇兵，其結構跟抗倭鴛鴦陣差異非常大，而《練兵實紀》與《練兵實紀雜集》在步兵、馬兵的編制上又有差異。周維強討論戚繼光薊鎮軍隊對抗「北虜騎兵」的戰術時，引述戚繼光奏議，點出大致上的戰術規劃，即「以戰車為前鋒，以步兵為後繼，以騎兵收戰果」。〔註1〕薊鎮鴛鴦陣的交鋒大致發生在敵人接近戰車，車營奇兵與敵人短兵相接時，或是敵騎衝鋒接近步兵時，或是薊鎮騎兵追擊敵騎時。

在戰術上薊鎮鴛鴦陣跟抗倭鴛鴦陣是截然不同的，江南陸地戰場上主力就是步兵，以持冷兵器的鴛鴦陣跟拋射武器為主，但在薊鎮抗虜戰爭中，步兵不是那麼「全面性」的角色，常常依附於戰車、車營，作為防守車兵跟騎兵的隊伍，但是從整體戰術來看，薊鎮步兵仍扮演非常重要的角色。周維強指出步兵是薊鎮戰場上的「基幹兵力」，人數最多，也常多營步兵合營，形成較大的營陣組合。〔註2〕南、北戰場的戰術差異，跟地理條件、敵人性質差異有關，戚繼光於〈議虜〉一文中指出這個問題。〔註3〕他指出倭寇航海而來受

〔註1〕此為收錄至隆慶元年（1567）的〈議虜〉一文的論述：「戰則以車距敵，以步應敵，敵稍卻則以騎馳之。」周維強另外指出這種戰術戚繼光北調薊鎮以前就在書信中提過了。周維強，〈明代戰車研究〉，205。
〔註2〕周維強，〈明代戰車研究〉，235。
〔註3〕戚繼光撰、張德信校釋，《戚少保奏議》（北京：中華書局，2001），87～89。

季風影響，登陸時間跟地點都有限制，人數也較少，而且以步戰為主，一來較易預先防備，二來也容易圍剿、殲滅，但明帝國疆域和北方游牧族群活動空間接壤，防線太長，在經濟負荷力有限，駐軍人力也因此有限的情況下，守軍兵力被空間稀釋，因此縱使精兵也守不住數以萬計的騎兵進攻。同時游牧者的騎兵機動性高，戰況不利即揚長而去，或撤退、或轉攻他處，明軍難以徹底圍捕、追剿，大環境造就雙方主、被動態勢懸殊，因此明軍以被動的沿線防守為主要戰略。周維強〈明代戰車研究〉一文，對《練兵實紀》和《練兵實紀雜集》中戚繼光薊鎮兵的號令、調度方式、員額、武器配置、武藝考核方式、步、騎、車、輜重等營法、薊鎮防守大戰略、各營基礎戰術，都有一番整理，但他沒有討論《練兵實紀》跟《練兵實紀雜集》中鴛鴦陣結構不同的問題。

　　大體上「數以萬計的騎兵衝突、分散、聚合、轉進、揚長而去」是戚繼光對北方游牧騎兵戰術的主要看法，比較唐順之的認知也差異不大。唐順之《武編》中關於蒙古作戰的知識，主要來自南宋彭大雅（？～1245）的《黑韃事略》，他提到蒙古騎兵會使用這類戰術：懂得散開騎兵包圍或環伺敵兵，接近敵人時隊形零碎避免被包圍、隨著敵人的分合而分合以伺機攻擊。剛開始交戰時輪流調遣騎兵衝突對方，若對方不動則撤退換另一支衝突他處，若敵方陣腳一亂，則全體出動，長驅直入。若敵方屢次衝突都堅守，則在輪流衝突時，分派騎兵繞到對方的左右與後方，接著四方八面一起衝撞，促使對方陣腳被打亂。環遶衝撞的工作有時會持續很久，這時蒙古騎兵會採用更靜態的方式，如以兵馬圍繞不讓對方撤退、不定時射幾發冷箭，逼迫對手在斷糧斷水的情況下，不得不冒險突圍。而交鋒時蒙古騎兵有時也會採用設伏、誘敵的戰術，有時一交手就佯退而走，有時則是利用戰況不利的現狀順勢誘敵。戰勝時他們會尾隨攻擊，戰敗時則四散逃逸，讓敵兵難以追擊。〔註4〕雖然彭大雅的時代距離嘉靖、隆慶已有 300 多年，但是《黑韃事略》似乎仍受唐順之重視。

　　戚繼光規劃的薊鎮防守大戰略，可由隆慶六年（1572）冬季的薊鎮「大閱合練」反映，周維強認為這場大規模演習是薊鎮軍事改革的展現，他做了

〔註4〕讀者不妨將這段描述與第三章單總作戰的誘伏、單官作戰的分散包抄，以及問隊戰術中改變節奏打亂敵方陣腳的戰術相比較，兩者概念幾乎相通。唐順之，《武編》，前集卷5，〈夷〉，收入《中國兵書集成》第13冊，876～879。

精要的流程整理。〔註5〕我們不妨同時透過這場演習去看戚繼光「預設」的蒙古騎兵戰術與薊鎮鴛鴦陣戰術。在這場演習中，防守基礎是沿著長城邊牆，建立烽堠跟空心敵臺，作為預警跟臺牆防守的第一道戰線，有警時透過一套傳烽規範，將敵情傳達給薊鎮長官。防守薊鎮各信地的軍官，接獲警報後便會派兵趕赴指派地點攔截敵兵。在〈明代戰車研究〉一文整理的演習流程中，步、騎、車等營到新的位置後，有些挖壕塹、擺放拒馬，紮營堅守，主力部隊則數個營會合並行，向敵兵大營推進，行軍時各營間距為鳥銃射程稍遠一點的距離。演習時遭遇敵兵時的處理程序，是當敵軍離營陣十里（約 5 公里）環遶挑戰時，明軍緩緩推進，不理會；敵軍靠近到離營陣一里（約 500 公尺）挑戰時，明軍依舊緩進、不理會；當敵軍欺進到五六十步（約 80 至 96 公尺）時，明軍一面緩進一面發射火器攻擊；直到大兵推進到敵兵大營前一里時，敵軍會大舉來攻，這時車營採用平日操練方式應戰，一邊建立車營，一邊以火器射擊。演習時敵兵會先稍退、明軍便以車營繼續推進，並將多個營排成橫列逼近，持續作戰一段時間後敵兵會四散逃逸，明兵便派出偵察兵監視敵兵動向，並野營過夜。隔天敵兵會重整部隊，轉攻另一地點，主力部隊短暫會議後便展開追擊。此時各路軍隊也正調過去協助，步兵沿著邊牆據險行軍，各軍合兵、包圍敵兵後，馬隊先將馬匹收入營中拴好，然後架設虎蹲炮、大將軍炮、火箭車等重型火器於陣前，等敵軍衝來先以各種火器依序輪番射擊，敵軍敗退後明軍各隊步行追擊，把敵軍逼死到關口上，再經過一次圍攻後殲滅敵軍，鳴金收兵。〔註6〕

　　比較這場演習跟《黑韃事略》的記載，我們都可以看到蒙古騎兵「環遶挑戰」、「不時衝突挑戰」、「四散後又重新集合、轉進」等戰術，或許游牧騎兵的戰術幾乎都會如此利用馬匹的機動性，但也有可能明軍對蒙古戰術的理解就是這樣。游牧者的騎兵戰讓明軍相當倚賴「邊牆」的力量，先把對方擋在牆外，行軍倚靠邊牆移動，即便邊牆被拆出缺口遭突破，國境內的戰鬥也要將敵騎逼回牆邊，以便殲滅之。但機動性的不對等，使明軍各營向敵營推進時，只能沈著被動地防守。演習中敵軍是靠著拆牆來退出邊境的，而明軍則靠牆臺上的火器防守，以及地面上的援軍合兵，重新封鎖邊牆。〔註7〕在幾場合戰中，車營

〔註5〕周維強，〈明代戰車研究〉，239。
〔註6〕周維強，〈明代戰車研究〉，241～248。
〔註7〕周維強，〈明代戰車研究〉248。

有時也利用「南軍」事先於營外夾道埋伏，並在敵騎攻到車營前時發動突擊，三面夾攻。〔註8〕騎兵戰的使用則相當保守，除了原則上是在敵軍退卻時才出動外，合圍時馬隊其實是把馬收起來的，他們徒步作戰。此外馬兵下馬作戰的用法，也用於突然遭遇伏兵時。〔註9〕周維強指出明軍雖有騎兵、車兵優劣之爭，但養馬的高成本、馬匹的壽命限制、載重限制等缺陷，對比於戰車可同時作為火器的載具、使用平台，以及戰車可作為馬、步兵的屏障等優勢，使得製造戰車一直都受明帝國的青睞。〔註10〕戚繼光用馬保守，應該就是選擇以火器搭配車戰作為迎敵主力的結果，火器數量愈多、火力愈強，整體裝備就愈重，因此必須以戰車為載具，軍隊也傾向以車營的形式運作，在這種戰術發展下，使用輕型火器跟弓箭的騎兵，就被放在次要地位上了。

車營搭載重型火器，是擊敵主力，訓練也最複雜。其戰法大致上是在近距離射擊火器，並以車營奇兵用鴛鴦陣應付敵騎貼上來時的進身戰。步營近距離以鳥銃、快槍、火箭、弓箭、石塊射擊，敵騎貼身時以鴛鴦陣迎戰。馬隊則近距離時銃手下馬射擊、步戰，敵兵稍退時「輕騎殺手」馳出，以鴛鴦陣隊形追擊殺敵。而步、馬、車三個軍種合軍時，有時會各自紮營，然後各營按需求排列，有時則會合在一起形成更大的方營，這時各軍種會層層環繞配置，車營部署於最外層，馬營、中軍則設於內層。〔註11〕

關於戚繼光在薊鎮使用的戰術，以往的學者多把注意力放在車營、步營、騎兵的「協同作戰」上，邊牆防禦工事的建立，以及火器方面的發展上。〔註12〕關於薊鎮鴛鴦陣的討論，反而顯得被冷落，遠比不上學界對抗倭鴛鴦陣的關注。在此研究取向下，薊鎮鴛鴦陣前後時期內容不一樣，也未被好好討論過。

〔註 8〕周維強，〈明代戰車研究〉，246。

〔註 9〕周維強，〈明代戰車研究〉，238。

〔註10〕周維強，〈明代戰車研究〉，473～474。

〔註11〕周維強，〈明代戰車研究〉，235～238。

〔註12〕例如范中義統計車營使用火器的士兵已佔 70%，認為戚繼光實現了冷兵器佔主導到熱兵器佔主導的過渡。范中義，《戚繼光兵法新說》（北京：解放軍出版社，2008），35。王兆春注意到戚繼光對新火器的引入、火器相關設備的品質管控（如火藥品質、鉛彈圓滑度、銃管的精細度），新式火器軍種的建立，都有很深刻的創見。王兆春，〈戚繼光對火器研製和使用的貢獻〉，收入閻崇年主編《戚繼光研究論集》，（北京：知識出版社，1990）136～156。孫文良、柳海松注意到在戚繼光的建議下，長城邊牆自山海關到薊鎮，添增了大量空心敵台（方便容納士兵跟城守器械的防禦工事），以及烽火墩台。孫文良、柳海松，〈論戚繼光鎮守薊門〉，收入閻崇年主編《戚繼光研究論集》，296～297。

（二）從重視包抄變重視攔截

從步、騎、車營的交鋒可看出薊鎮戰術是「營陣合一」的，這點和抗倭戰場的模式不同，薊鎮步兵幾乎只守著步營或車營作戰，不再像抗倭戰爭時遠遠拉開兩翼去包抄，即使調出兩支伏兵也埋伏於「老營」之前。整體而言薊鎮戰術中接戰陣線就是老營邊緣，老營本身就是對敵的陣法。這種等待對方來襲，再予以攔截的戰術，同樣反映在薊鎮鴛鴦陣的隊形跟武藝設計上。薊鎮鴛鴦陣隊形變化相對單純，沒有「三才陣」之類的轉換，同時也變成左右兩伍對稱的形狀了。薊鎮鴛鴦陣中的步兵鴛鴦陣跟馬兵鴛鴦陣，都出現了兩名伍長，變成一隊之下有兩伍。伍長不再配備挨牌，而是持鳥銃跟倭刀。值得討論的是比起左右兩伍，薊鎮鴛鴦陣似乎更重視「層」這個概念，例如《練兵實紀》討論步兵短兵相接時，形容陣面第一層是「圓牌手」，第二層是「狼筅手」，第三層是「銳鈀手」，第四層是「快鎗手」，第五層則是持倭刀的伍長，每一層是持相同武器的兩人，但分屬編制下同隊的不同伍。

「層」的觀念反映在陣法上，展現的是一種「縱向」的結構，各層士兵負擔不同的殺敵工作。相較下一隊只有一伍的抗倭鴛鴦陣，反而較重視橫向結構的概念，其陣面以伍長執挨牌為中心、藤牌手為奇兵，左右兩邊各一列狼筅、長鎗、短兵手，分管左右，而變為三才陣時橫向結構則更明顯了，戚繼光在討論單個抗倭鴛鴦陣小隊時，不會使用「層」這個字。在《練兵實紀》卷四〈練手足〉中，記載了各種兵器平時訓練、考試的方法，該篇跟《紀効新書》的〈比較篇〉性質相同，皆可展現士兵對敵時的基本戰術。而此時期的武藝內容也跟抗倭時期大為不同，以下逐一討論。

薊鎮鴛鴦陣的圓牌手源自抗倭時期的藤牌鏢鎗腰刀手，但圓牌因應河北地區的物產，有時改用柳木、皮革製作，同時因應步兵對抗騎兵的急迫節奏，不再丟鏢鎗。平日的演練內容也改變非常多，薊鎮圓牌手考試時仍有「自舞」、對抗長鎗的考試，這跟抗倭時期相似。〔註13〕但薊鎮圓牌手增加了「砍馬腳」的訓練，以粗五分（約1.6公分）、高二尺以上（約64公分以上）的四根木頭模擬馬腳，考試時士兵舉圓牌保護頭部，衝上前砍馬腳。戚繼光特別提及藤

〔註13〕戚繼光，《練兵實紀》，卷4，〈練手足〉，（臺北：國家圖書館藏明萬曆25年薊遼總督邢玠刊本），4/24a～b。

牌刀法原有一種「退步使法」，但薊鎮鴛鴦陣不再使用它。〔註14〕這個砍木棍的訓練是薊鎮鴛鴦陣特有的訓練法，是以簡單的方式模擬步兵對抗騎兵的「體感」。

腰刀跟倭刀是一起訓練跟考核的，這邊的腰刀不同於圓牌腰刀，而是「輕騎殺手」中弓刀手的配備，短兵相接時以騎兵單手持刀攻擊，而倭刀則由各營鳥銃手配備。腰刀也是蒙古騎兵弓箭以外的重要兵器，戚繼光指出敵我雙方騎兵在短兵相接時，皆單手持腰刀互砍，強弱不相上下，因此要求腰刀要做得長一點，增加勝算，即便交鋒第一下砍不到人，也能先砍到敵馬的頭，馬受傷的話敵騎的優勢就消失了。考試方式是以長短兩根木頭，分別長七尺（約224公分）跟三尺五寸（約112公分），短棍置於長棍之前，這短、長兩根棍子對騎兵弓刀手而言，模擬馬頭跟敵方士兵，而對步兵倭刀手而言，短棍是馬腳，長棍是馬頭，一組木棍兩種用途。考試時也是各兵分別直衝而前，騎兵馳馬模擬先砍馬頭再砍敵兵，而倭刀手則低頭向前，模擬先下砍馬腳一刀，再轉身上砍馬頭一刀。倭刀手的兩刀中間加了一個轉身動作，比起圓牌手大開大闔許多。〔註15〕

而夾刀棍跟大棒是分開訓練的，所謂的大棒就是粗大的木棍，而夾刀棍是戚繼光為了加強大棒的殺傷力，在其一端裝上短刀的兵器。夾刀棍使用「一打一戳」的方式戰鬥，這源自抗倭鴛鴦陣短兵手的訓練法，戚繼光將棍法動作簡化，考試時只考刺的動作，刺擊時專刺馬腹、馬眼、人臉、人咽喉等要害，這些都是盔甲防護薄弱之處。考試的要點有兩個，準度與連刺的速度，作為標靶的木棍配置與考刀手時相同，一長一短，分作敵人跟馬頭，考試時各兵馳馬衝刺，先刺前方短棍，再刺後方長棍。細細的木棍考驗衝鋒騎兵的刺擊準度，兩棍短短的二尺（64公分）間距也考驗著刺、拔、再刺這三個動作能不能一次做完。考試時要求戳入木棍再拔出，因此若拔出速度不夠快，以戰馬奔馳的速度，第二下長棍會來不及刺。〔註16〕

從《練兵實紀》卷一〈練伍法〉的編制來看，雖然只有馬兵隊設置大棒手，但〈練手足〉中「校大棒」的流程，看起來是以步戰操作的，這可能反映馬隊中除了輕騎殺手以外，其他馬兵是採用下馬步戰的戰術。大棒手的操

〔註14〕戚繼光，《練兵實紀》，卷4，〈練手足〉，4/16b～17a。
〔註15〕戚繼光，《練兵實紀》，卷4，〈練手足〉，4/17b～18b。
〔註16〕戚繼光，《練兵實紀》，卷4，〈練手足〉，4/18b～19a。

作特別之處是六個人一起衝鋒，一齊打擊敵人，戰術上模擬先下打馬腳一棍，再上打馬頭一棍。標靶是一長一短兩根木棍，長的四尺（約 128 公分）、短的一尺（約 32 公分），一後一前，目標整體高度比夾刀棍手的考試低很多，有點像棍子先往小腿高度掃，再攔腰打，而且跟夾刀棍考試不同處，在於大棒在這裡只打不刺，而夾刀棍則只刺不打。〔註 17〕鋭鈀手的考試方式跟夾刀棍手很像，只考刺擊，目標集中在人、馬的頭面部位，練習準度跟連刺兩下的速度。戚繼光特別指出鋭鈀具有長度優勢，而且是敵人沒有的兵器，其三叉戟般的形狀可以刺擊，側枝尚可格架敵兵，是「矛、盾合一」的兵器。鋭鈀平日使法中有「有進無退」的說法。〔註 18〕

　　從〈練手足〉的對敵戰術來看，薊鎮鴛鴦陣相對於抗倭鴛鴦陣，其戰鬥節奏既快又急，抗倭鴛鴦陣的挨牌手伍長，動作是緩步而進、低頭執牌，只有伏兵才會快速衝向敵軍。但在薊鎮鴛鴦陣的打法中，圓牌手、狼筅手、腰刀手、倭刀手、夾刀棍手、大棒手、鋭鈀手的訓練都是衝刺、搶攻。抗倭鴛鴦陣「試挨牌」戰術所展現的節奏，是挨牌或狼筅手先擋下敵兵第一波攻擊，長鎗手再和短兵手繞出殺敵，但是薊鎮的士兵是兩人一層，各層一起往前衝，不等對方出手便全隊搶攻。

　　〈練手足〉在考核過前述兵器後，還記載了一個「校戰隊」的全隊考試，這裡的編制是騎兵跟步兵，但除了輕騎殺手外都以步戰的形式對敵。〔註 19〕一開始鳥銃倭刀手先放銃、快鎗手放鎗、鋭鈀手以鋭鈀橫枝架火箭發射、夾刀棍手跟大棒手搭弓射箭。射完三輪後聽號令收火器、拿好冷兵器，快鎗手將快鎗倒過來，以其木柄為棍棒，接著隊伍照號令，以鴛鴦陣衝向標靶，衝到標靶前就停止動作，接著鳴金而退。對照《練兵實紀》卷五〈練營陣〉的馬兵步戰技術，馬兵的鳥銃手伍長和快鎗手，雖然在射擊時立於第一、二層，但這四人在短兵相接時會移到陣後，快鎗手改在第四層，改拿倭刀的鳥銃手立於最後的第五層，陣面第一層變成鋭鈀手。步兵也有一樣的射擊完轉換隊形方式，鳥銃手跟快鎗手後移以後，陣面第一層就是圓牌手，第二層就是狼筅手了。

　　在這段模擬戰鬥的過程中，鴛鴦陣似乎沒有太規範化的隊形變化，只是

〔註 17〕戚繼光，《練兵實紀》，卷 4，〈練手足〉，4/19a～b。
〔註 18〕戚繼光，《練兵實紀》，卷 4，〈練手足〉，4/19b～20a。
〔註 19〕戚繼光，《練兵實紀》，卷 5，〈練營陣〉，5/4b～11b。

由兩伍組成左右對稱的一隊而已，交鋒的過程大致上就是整隊衝上去「圍毆」敵人，只是不同兵器各自有固定的瞄準位置跟攻擊程序。薊鎮步兵對付北虜騎兵時，重視的是逼騎兵下馬，在〈練手足〉的戰術中可以發現無論馬、步兵種，攻擊時都是先打馬，或砍馬腳、馬頭，或刺馬腹、馬眼。在卷六〈練營陣〉討論馬兵步戰時，戚繼光這樣規範士兵：

> 持夾刀棍之兵只戳人面、馬腹，大棒只打其馬頭，只是不圖他活馬，打他馬倒，不慮賊不殺死也。各兵只管打砍向上，並不許割取首級，只要打他一箇敗走，步兵就于戰所立定。〔註20〕

這整段戰術裡馬兵其實只有「輕騎殺手」採用騎兵戰，同時步戰馬兵不會遠離營陣，追擊工作只交給輕騎殺手。步戰講求先殺敵馬，不求擄獲活馬，只求敵騎下馬。戰鬥中鴛鴦陣隊伍強調「一齊擁上」，殺敵時不管層數、順序，只管全部圍上去打，文中要求士兵「不要離了本伍」，應該只是說個人不要離散了單位，而非指隊形而言，因為戰鬥時應該都殺成一團了。類似的戰術也出現在步兵中，卷五〈練營陣〉記載當敵兵欺近到一百步內（約 160 公尺）時，步兵發射火器、弓箭，當敵騎欺近到三十步（約 48 公尺）內時，步兵急換拿冷兵器、換好陣形。這時步兵雖以第一、二層的圓牌手、狼筅手接敵，但一旦這兩層士兵擋住敵騎後，後面的銳鈀、快鎗木柄、倭刀手便一齊擁上。

此外步戰士兵還會訓練遭遇敗退敵騎又突然擁上來的對策，這時中軍會鳴金三聲，退兵回營前，但第一輪後退約退到一半時隊伍便會立定、轉身向敵，「口發虎聲」立定，若敵兵進攻則再戰，若敵兵不動，則步兵聽鳴金三下再退至營前，再聽鳴金二下，又轉身向敵，口發虎聲立定，再聽鳴金退回營中。〔註21〕從這個退兵流程來看，步兵的作戰範圍離營壘不遠，簡單幾輪後撤便能回到營中，且沒有使用抗倭鴛鴦陣間隊後退的程序，敵遠也不再追擊。

雖然敵軍距離百步外時，薊鎮士兵是消極、待戰的，但在營壘外圍的戰鬥距離內，步戰士兵的行動卻相當剽悍迅捷，十一人的戰鬥小隊不斷衝刺、圍毆、殺敵，再對下一名敵人衝刺，直到敵兵敗退，這反映在武術訓練只重視前進攻擊的動作，甚至強調練習時注意「有進無退」的原則。車營奇兵的戰法也類似步兵，在敵騎逼近車營，遭受火器射擊卻不後退時，奇兵會從車門出戰。一車部署一隊奇兵，各層採鴛鴦陣，先放銃，再調整成圓牌手在前、

〔註20〕戚繼光，《練兵實紀》，卷5，〈練營陣〉，5/4b～5b。
〔註21〕戚繼光，《練兵實紀》，卷5，〈練營陣〉，5/10b～11b。

隊長、倭刀手移到後方的隊形，向敵軍一齊擁進廝殺。〔註22〕「單隊一齊擁進」、「不窮追」的習慣，跟抗倭鴛鴦陣遠遠拉出側翼、伏兵，並乘勝追擊的戰術大為迥異。

　　薊鎮馬、步二軍的科層包含三進位、四進位跟二進位，三隊為一「旗」，設一旗總；三旗為一「局」，設一百總；四局為一「司」，設一把總；二司為一「部」，設一千總；三部為一「營」設一將官、一中軍。車營奇兵則依附偏廂車，編制與這兩者不同。〔註23〕步兵行軍時，一營三部橫列，中部居中、左部居左、右部居右，三部各分三路取道，平行前進，而中軍、將官居於中部。當塘馬報告有敵人接近時，部隊會轉換為警戒隊形並就地休息，這時三部會再橫展開來，每部二司採前後兩層的陣形，中間各配置一組號令系統，每司下的局、旗、隊則排成橫列。〔註24〕（見圖 4.1）

　　行軍時隊伍中每一旗的三隊平行，而旗也是交戰、退兵時隊伍出營、回營的基本單位。跟抗倭鴛鴦陣的「哨」、「官」相比，薊鎮鴛鴦陣的基礎單位是三路，雖然車營、馬營、步營皆採用「四面如一」的方營，但反而編制中沒有任何類似菱形的陣法。抗倭鴛鴦陣單總作戰中，四個官中的後官多作為伏兵之用，但《練兵實紀》中沒有明確埋伏戰術的描述。抗倭鴛鴦陣前、左、右的隊伍有明確的包抄戰術，但薊鎮步兵一旗三隊衝鋒時沒有明確合作關係，每隊各自打各自的敵人，戰完才收整隊伍。三進位的編制，加上前後二層的「司」，可能只是方便列成一字橫陣時，方便透過三組號令來管理，以便因應敵人環遶、忽近忽遠的威脅。在隊、伍的交鋒戰術中看不出三進制、二層的明顯功能，或許是因為在營陣合一、短距離空間的步兵對抗騎兵打法下，橫列的三營沒有辦法施展明顯的包抄或埋伏戰術。

　　但大體上，我們可以注意到薊鎮鴛鴦陣的戰鬥概念是「以步兵攔截衝突而來的騎兵」，因此步、騎兵種懸殊的機動性差異，造就薊鎮鴛鴦陣以靜制動的戰術傾向。這些小隊只在短距離內發動攻擊，攻擊時整隊衝上去，因此抗倭鴛鴦陣核心的挨牌被拋棄了。被拋棄的不只是作為兵器的挨牌而已，而是一整套「緩進交戰」跟「後方士兵從左右繞出攻擊」的戰術，取而代之的是各層士兵各執特定武器，一擁而上各自攻擊特定位置，混戰時連原先層位都

〔註22〕戚繼光，《練兵實紀》，卷5，〈練營陣〉，5/18a。
〔註23〕僅一邊具有木質車殼的二輪推車，環遶擺放成車營時車殼朝外，形成阻擋敵軍的木牆，車殼有開銃眼方便火器手在車營內射擊。
〔註24〕戚繼光，《練兵實紀》，卷5，〈練營陣〉，5/9b～10b。

不管了，相較下兩伍一左一右的空間關係，戚繼光似乎沒有多著墨，可能只是讓持同一種兵器的士兵，兩兩一組上場，各攻一名敵騎的左右兩邊，減少膽怯或傷亡的風險。這反應在抗倭鴛鴦陣到薊鎮鴛鴦陣的演變，就是從「橫向包抄」轉為「縱向攔截」。

圖 4.1：薊鎮步兵應敵營陣

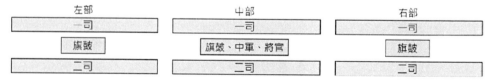

資料來源：戚繼光，《練兵實紀》，卷 8，〈練營陣〉，8/9b～10a。

（三）陣法設計中的政治

　　薊鎮各種兵營的編制相當複雜，《練兵實紀》中甚至有一些描述矛盾、模糊之處，例如卷一〈練伍法〉的束伍描述中，車營奇兵中間分為四層，分別為兩層鳥銃長刀手，一層藤牌手、一層銳鈀手，但在卷五〈練營陣〉的戰術描述中，奇兵隊的四層變成一層藤牌手、一層銳鈀手、一層長鎗手、一層鳥銃長刀手。此外卷四〈練手足〉通篇缺少狼筅戰術的描述，但狼筅手是步兵短兵相接時的第二層士兵。這些史料文本的問題，可能來自《練兵實紀》成書的背景，據《練兵實紀》卷首〈公移〉所言，戚繼光初至薊鎮之時，感嘆軍中基本體制「一切未備」，因此逐漸擬定新制、教練官兵。兩年以來各路軍隊各自在薊鎮不同地方守備，因此戚繼光將兩年來的教習條約編定成九卷，作為教育官兵的手冊，這就是《練兵實紀》的由來。由於戚繼光是隆慶 3 年（1569）調到薊鎮的，因此大部分歷史學家認為該書的出版，不早於隆慶 5 年（1571）。

　　戚繼光的薊鎮軍隊跟抗倭戰爭的義烏兵，性質略微不同，義烏兵是直接徵召約 4000 名平民，在短時間內訓練成一支新的軍隊，而薊鎮軍隊是在舊的軍鎮體系中，投入新的體制跟技術，在短時間內形成的新運作體系。因此相對於義烏鄉兵作為一種軍事創舉，薊鎮軍隊則算是一種軍事改革成果。戚繼光在薊鎮士卒身上，需要不斷拿新東西跟舊東西對話。從〈公移〉的描述來看，薊鎮軍事改革、練兵、新練官兵投入守備工作，步驟是非常趕的，緊湊、繁忙、紛雜的事務，反應在《練兵實紀》中就是常常會遇到的敘述矛盾。這些分歧的描述可能都是對的，因為不同時期或不同區域的薊鎮軍隊，可能就各自用過不同軍制，只是在《練兵實紀》編纂過程中，這些分歧的敘述被排進一個體系中，未經整合跟潤飾。

　　前面舉出的車營奇兵，算是比較容易解釋的例子，若以「成書過程複雜」、「軍事改革困難」的角度來理解《練兵實紀》跟《練兵實紀雜集》兩份文獻，則容易理解為何兩者的步兵鴛鴦陣間，配置差異如此之大？《練兵實紀》的步兵中，鳥銃長刀手是伍長，一隊中的兩個伍長在戰鬥中負擔三種任務，他在敵軍來襲時，一開始要站第一排射鳥銃，敵人接近到三十步（約 48 公尺）內時，要跑到隊伍後面改持倭刀，而衝鋒時伍長站在陣後，應該還有督軍的任務，整個陣形變換過程要在「衝刺中的敵方騎兵」衝過約 48 公尺的距離、殺到陣面前完成，事繁卻亂不得，風險似乎不小。相較下《練兵實紀雜集》把需要變陣的鳥銃長刀手僅編入車營跟馬營，步營中鳥銃長刀手獨立編隊，

為「火器手」，另一組的「殺手」僅採用圓牌、狼筅在前的鴛鴦陣，似乎是比較穩當的配置，也更接近抗倭時期義烏兵的配置法。《練兵實紀》的步兵隊中，鳥銃長刀手是伍長，因此《練兵實紀雜集》中鳥銃手獨立編隊的配置法，絕對是另外一套體制，不然等於是把伍長拆離了原伍，與體制衝突。鴛鴦陣是戚繼光軍隊的基本配置單位，從選兵開始，軍官就已經依照年齡、身材、資質，分配了他們的習用武藝與戰鬥中的角色，鴛鴦陣幾乎是戚繼光軍隊生活的一部份。這令我們很難接受同一批士兵在「步兵」、「騎兵」跟「步營步隊」、「馬營馬隊」時，基本配置會改變。唯一能令人接受的理由，就是《練兵實紀》跟《練兵實紀雜集》描述的是不同時期的制度，只是後來被合刊進同一部書了。

有趣的是《練兵實紀雜集》應較晚成書，其描寫的比較可能是稍晚使用的戰術，那為何在《練兵實紀》中的編隊採用較為特異、難操作的方法，而稍晚薊鎮步兵又再改回鳥銃、鴛鴦陣分離的老戰術？這個問題可能要從「薊鎮軍事改革」的層面來探討。從《練兵實紀》涉及遴選、營陣、束伍、號令、旌旗、金鼓、各營陣法、營法、軍器、武術、軍規等層面，就可看出薊鎮軍事改革所影響的層面非常廣，而部分層面的新制推行工作阻力很大，我們可以從「火器、弓箭之爭」、「戰車、騎兵之爭」、「鳥銃、快鎗之爭」、「大棒、帶刃兵器之爭」這幾個議題上略窺這些「改革阻力」。〔註25〕

「火器、弓箭之爭」跟「戰車、騎兵之爭」屬於較大層面的議題，這兩者是一體的，若軍隊將物力、人力資源投注於發展火器上，則軍事型態較容易往「以戰車搭載高品質火器」為方向發展，反之騎兵戰由於重視機動性，會限制火器的體積、重量，也因此弓箭仍持續受騎兵重視，我們從薊鎮馬兵中仍有為數不少的步戰隊伍，並由他們操作火器，以及馬兵是下馬發射火器等地方，可看出騎兵戰發展火器戰術的限制。周維強對明代戰車發展的觀察，便指出戰車是火器蓬勃發展所影響的產物。〔註26〕戚繼光的某些言論展現他對弓箭效力的不信任，他在〈練伍法〉中指出「弓矢『遠』不如火器，『命中』不如鳥銃，而虜以堅甲當之，每每射不能入，亦明知而不肯變其習者，緣上

〔註25〕范中義有留意到戚繼光改良了快鎗、大棒、夾刀棍、推廣火器、車營，但他僅將此作為論證戚繼光「務實」「進步」的例證。范中義，《戚繼光兵法新說》，35。

〔註26〕周維強，〈明代戰車研究〉，2～3。

司操閱偏於此耳。」〔註27〕在這段論述中弓箭幾乎被戚繼光說成無用之物，只因軍鎮長官的苟且敷衍才保留下來。此外在〈練手足〉對輕騎殺手弓刀手的考試中，戚繼光也表示敵我騎兵刀手頂多實力相等，我方勝算其實不大。從這幾點去觀察，便能理解戚繼光銳意發展火器，並保守使用騎兵的戰略，大致上是基於何種心態了。但戚繼光也在〈練伍法〉中指出「火器不精不如無，今知以火器當虜，而不知精，亦無垾也。」〔註28〕戚繼光對薊鎮既有火器的檢討跟改革，幾乎是全面性的，從口徑較小的快鎗改造、引進鳥銃，到中口徑的佛郎機炮引進木管佛郎機炮，壓低成本，到改善大口徑的虎蹲炮、大將軍炮設計、造新式戰車等層面，都深入推行過相關政策。

　　反映在鴛鴦陣配置上的，是「鳥銃、快鎗之爭」、「大棒、帶刃兵器之爭」等問題。「快鎗」是薊鎮舊有火器，由單人操作，形制相當於二尺（64 公分）長的鐵鎗管底端接上五尺（160 公分）木棍，整支快鎗形同一根七尺（224 公分）長的棍子，鎗管底部側邊開一孔，孔內塞藥線，以前膛裝填的方式運作，戚繼光又叫它「手把銃」（見圖 4.2）。戚繼光對快鎗的評價幾乎沒一句好話，在薊鎮十五年的都督生涯中，他一直想用鳥銃取代快鎗，但這計畫始終沒完全達成，而他對快鎗的抱怨也一直延續到晚年鎮守廣東時期撰寫的十四卷本《紀效新書》中。戚繼光說以鎗管形狀和口徑來看，快鎗的構造和鳥銃差不多，但是快鎗不像鳥銃有扳機跟火繩零件，而是僅靠插藥線於鎗管底部洞口，再手動點燃藥線，戰況混亂中有時點燃後，尚未瞄準好敵人時藥線就已經燒完，致使快鎗提早發射，自無準度可言。同時快鎗不像鳥銃有前後準星和彎把握柄可供射手「貼腮瞄準」，而是以長而直的木棍為握把。戚繼光說薊鎮士兵喜歡將鎗柄夾在腋下，左手持槍、右手點火、再右手持鎗柄，沒經過眼睛對照鎗管前後來瞄準，自然準度較低，他說快鎗射擊「百無一二中」。〔註29〕這裡還有一個跟設計、戰術無關的問題，比較接近「品管」層次，戚繼光指出薊鎮快鎗做工粗劣，身短、柄短、體薄、鎗管內部歪斜、口徑不一、鉛子不合等問題層出不窮，本質上就是打不準的東西。戚繼光在眾人習慣已久，難以全面拋棄快鎗的情況下，只能先改善其外型跟品質，前述鎗管二尺、木柄五尺、

〔註27〕戚繼光，《練兵實紀》，卷 1，〈練伍法〉，1/10a～b。
〔註28〕戚繼光，《練兵實紀》，卷 1，〈練伍法〉，1/10b。
〔註29〕戚繼光，《紀效新書》，卷 13，〈守哨篇〉，（臺北：國家圖書館藏明萬曆李承勛刊本），13/16b～17a。

全長七尺的形制就是這樣訂出來的。〔註30〕加長鎗管的快鎗射得較準較遠，木柄加長使其倒轉過來可當木棍打擊，但戚繼光還是希望能全部換成鳥銃。〔註31〕

圖 4.2：快鎗

本圖出自十四卷本《紀効新書》。

資料來源：戚繼光，《紀効新書》，卷13，〈守哨篇〉，13/16a。

〔註30〕戚繼光，《練兵實紀雜集》，卷五〈軍器解〉，收入《中國兵書集成》第 19 冊（北京：解放軍出版社；瀋陽：遼瀋書社，1994，影印軍事科學院藏清代京都琉璃廠擺板本），663～665。

〔註31〕戚繼光，《練兵實紀雜集》，卷五〈軍器解〉，收入《中國兵書集成》第 19 冊，665。

蓟鎮士兵沒有那麼快接受鳥銃，而選擇繼續使用快鎗的原因，周維強認為是使用的方便性不足，他從鳥銃射擊、平日零件清洗的繁複程序，推論操作、保養困難是鳥銃不受歡迎的原因。〔註32〕萬曆年間官員張萱的《西園聞見錄》，收入一則比較鳥銃跟三眼銃優劣的文獻，或可提供參考：

> 鳥銃宜南而不宜北，三眼銃宜北而不宜南。何也？北方地寒風冷，鳥銃必用手擎，常日為勞，一開火門，其風甚猛，信藥已先吹去，用碾信則火門易壞，一放之後，虜騎如風而至，又不便執此為拒敵之具，近有制竹鳥銃及自閉火門鳥銃，亦一時之奇，然終是費事。惟三眼銃一桿三銃，每銃可著鉛子二、三個，惟俟敵三、四十步內，對真方放。一銃三放，其聲不絕，未有不中者。虜馬闖至，則執此銃以代悶棍。虜縱有鐵盔、鐵甲，雖利刃所不能入者，惟此銃能擊之，故在北方，鳥銃不如三眼。南方所禦，惟倭與苗，人多係步戰，其來之勢，不如虜馬之疾、虜勢之衝，風氣柔和，不在山谷，則在蹊田之內，鳥銃照定施放，中敵極準。按定班次，一上一下，雖鳥銃三放銃熱，不可再放，若每人以布數尺，用水打濕，三放之後，以布濕銃，可以長放不歇。有狼筅、挨牌之類在前，敵縱衝來，此足拒之。若三眼銃，其桿甚短，其去不遠，對真不如鳥銃之準；執之以禦倭，刀利相懸，人易生畏心，故在南方，三眼銃不如鳥銃。〔註33〕

在這段描述中，被拿來跟鳥銃比較的是「三眼銃」，以銃體結構來講「三眼銃」相當於前端三根鎗管的蓟鎮快鎗，而蓟鎮快鎗則相近於所謂「單眼銃」設計。這段描述未記載出處，可能是張萱同時代人的看法，其討論南方以挨牌、狼筅掩護鳥銃手，指的很可能就是鴛鴦陣。文中提到南方苗人、倭人多用步戰，以牌、筅就能擋住攻勢，掩護銃手，比起「虜騎衝突」溫和許多，因此在南方，射程、準度都較差的三眼銃反而效率不彰。這段也提及三眼銃可以當「悶棍」擊敵，這套戰術跟蓟鎮快鎗相似，而這點是鳥銃做不到的。張萱收錄的這段記載，對於鳥銃的新設計跟改良版本，就是批評其結構操作上「終究費事」，這和周維強的論點符合，因此也可反過來說快鎗就是因為使用、保養程

〔註32〕周維強，〈明代戰車研究〉，217。
〔註33〕張萱，《西園聞見錄》，卷73，〈器械〉，（北京：全國圖書館文獻縮微複製中心，1996），1380～1381。

序較為簡單，而較鳥銃受歡迎。此外還要注意一點，從張萱的描述來看，直到萬曆年間北方士兵，仍視快鎗一類兵器在射擊後可以直接以鎗柄當兵器為一種方便，從《練兵實紀》來看，快鎗手依舊配有腰刀，但考試內容無相關使用方式之記載，故實戰中這把腰刀可能只是備用兵器。〔註34〕

鳥銃遇敵近身則無用，因此戚繼光配備倭刀給鳥銃手，在十四卷本《紀効新書》中，戚繼光這樣解釋倭刀：

> 鳥銃手賊遠發銃，賊至近身再無他器可以攻刺，如兼殺器，則銃重、藥、子又多，勢所不能。惟此刀輕而且長，可以兼用，以備臨身棄銃用此，況有殺手當鋒，故用長刀備之耳。〔註35〕

鳥銃、火藥、鉛子就已經很沈重了，再配備冷兵器不易負荷，因此相對輕巧又長大的倭刀，便受到戚繼光青睞。需注意的是戚繼光在這段論述中用「有殺手當鋒」來形容陣線上有鴛鴦陣掩護鳥銃手的隊形配置，以出處來看，應該是戚繼光為廣東鴛鴦陣設想的戰術情境，但《練兵實紀雜集》的步營也是分鳥銃手跟殺手兩種編制，這名稱有延續性，因此「殺手當鋒、倭刀僅為備用」的冷、熱兵器分開編隊戰術，可能也是《練兵實紀雜集》中步營的戰術。

若從伍長的督軍角色來思考，則《練兵實紀》中步兵、馬兵伍長先前後尾的布陣方式，可能就是戚繼光推廣鳥銃的「策略」。在放銃時，伍長立於第一排，而快鎗手立於第二排，同時在敵騎衝刺而來時，射擊程序是先鳥銃、後快鎗，而非同時，這樣就有鳥銃手、快鎗手先後放銃給全伍看的效果。因此自平日的操演開始，鳥銃手準度是否比較高？都在測驗中被展現，全伍都看得到。近戰短兵相接時，快鎗手退到第四層，伍長退到第五層殿後，這樣又有督軍的效果，在卷八〈練營陣〉記載的軍規裡，臨陣一伍全部脫逃時，只殺伍長，因此這個陣形等於是伍長「推」著四個士兵往前衝。〔註36〕由於薊鎮步戰的戰術是「一齊擁上」，因此伍長在殺敵時不會落後，一樣上前施展倭刀殺敵，因此倭刀跟快鎗木柄，一利一鈍，兩者表現孰優孰劣又會被全伍看到。如果以「宣傳鳥銃」的角度來詮釋〈練伍法〉中步、馬、車營中伍長的配置意義，則這套在敵騎衝刺到跟前48公尺內還要大轉換一次的陣法，就有其特殊用途了，這種高難度的鴛鴦陣，是戚繼光試圖透過伍長的軍階權力，

〔註34〕戚繼光，《練兵實紀》，卷2，〈練膽氣〉，2/22b。
〔註35〕戚繼光，《紀効新書》，卷4，〈手足篇〉，4/10b。
〔註36〕戚繼光，《練兵實紀》，卷8，〈練營陣〉，8/4b。

逐伍宣傳鳥銃比快鎗更好用的「政治性安排」。與抗倭鴛鴦陣相比，義烏兵伍長在陣面上督軍，戰術上擔任中軍，領導後方左右兩列士兵，而薊鎮鴛鴦陣的衝鋒，則以兩個伍長立於陣尾督軍，推著縱向分成四層的士兵往前衝鋒，以快跑代替緩進，一齊擁向敵兵發動攻擊，伍長同時也是主動殺敵的一員。

　　同樣道理也能解釋夾刀棍手跟大棒手間的關係。跟快鎗、弓矢一樣，戚繼光在《練兵實紀》卷一〈練伍法〉中也直接批評大棒這種兵器。大棒就是木棍，又叫「白棒」，有單純一根木棍的意思，一開始沒有明確規範化的形制。戚繼光對大棒的批評頗耐人尋味：

> 棍矢者，夾刀棍兼弓矢也，夾刀棍即白棒加刀，遠則用弓矢，近則用夾刀棍，可刺、可擊。棒矢者，白棒加弓矢也。馬上不敢用擊，且一擊必一刺，故又加短鋒于頂，以便馬上刺之，步下擊、刺兼用。棒即梃也，孟子曰「執梃可以撻秦楚之堅甲利兵」，非真言梃之可以禦堅利也，蓋言人心齊一，即梃非可與堅甲利兵敵者，用之亦取勝。今夫虜甲誠堅矣，兵誠利矣，而我人心何如？廼以白棒當虜為長技，迷而不悟，即孫、吳復起，毋能轉移，何其謬訛入人之深也！〔註37〕

夾刀棍就是尖端裝上短刀的大棒，是戚繼光改良大棒產生的兵器。戚繼光否定大棒做為騎兵戰術的實用性，原因是揮打攻擊距離太短，只能用刺的，但大棒無鋒刃，刺擊殺傷力不高，因此戚繼光刻意於棍尖裝上一節短刃。在《練兵實紀雜集》中，戚繼光指出大棒的流行跟北虜盔甲厚有關，但也說大棒用於騎兵是「步技用於馬」。在《練兵實紀雜集》中，戚繼光改定大棒規格，要求長八尺（256 公分）、直徑最粗處可達二寸（6.4 公分），這跟快鎗一時無法棄用，所以暫時改善設計的道理相似。〔註38〕在廣東練兵時期出版的十四卷本《紀效新書》中，戚繼光一律規定大棒頂端都要加一節二寸（6.4 公分）長的刀鋒，等於是全面以夾刀棍取代大棒。〔註39〕

　　「執梃可以撻秦楚之堅甲利兵」語出《孟子·梁惠王上》，戚繼光舉這句，暗示我們薊鎮的官兵，曾經以這句古典經文，來「合理化」以鈍器對付重甲敵人的戰術，而反對這種論述的戚繼光，還是要透過重新詮釋經文意涵，來

〔註37〕戚繼光，《練兵實紀》，卷1，〈練伍法〉，1/9b～10a。
〔註38〕戚繼光，《練兵實紀》，卷五〈軍器解〉，收入《中國兵書籍成》第19冊，630。
〔註39〕戚繼光，《紀效新書》，卷五〈手足篇〉，5/1a～b。

反駁對方論述，這其實不是經學上的論爭，而是兵家之間透過援引「經典」來角力。鈍器是否真如戚繼光所言無法用於騎兵戰？其實很難講，中國學者馬明達曾考證「鐵鞭」、「槤枷」這類鈍器用於騎兵戰鬥的歷史，其中鐵鞭是魏晉南北朝至唐代騎兵長鎗手備用的武器，而連枷則流行於北宋西北邊的藩軍，兩者都是以擊打為主的鈍器，皆曾流行一時。〔註40〕所以光看這段描述，不能貿然斷定戚繼光「大木棍不能對付重甲」一說就是對的，只能確定戚繼光個人很重視兵器的攻擊範圍要長，也認為兵器能裝上尖銳的鋒刃就不要只用鈍器。但是我們可以推論，馬兵中每伍皆設夾刀棍手、大棒手各一名，其目的就是要在訓練、戰鬥中，讓同伍士兵自己去感覺兩者的差異，以收推廣之效。

戚繼光於隆慶三年（1569）的奏章中，抱怨薊鎮軍令推廣艱難：

> 今職或于言之而不從者，面承而背違者，稍振之以法，示之以威，便互相黨聚，或為飛語，或粘匿帖，或布流言，或伺上意，無所不用其心，以為阻撓害成之計。〔註41〕

同年另一篇奏章中，戚繼光亦抱怨教育薊鎮士卒之難：

> 竊以邊人，大都五分類夷，五分有京師氣習，其轉移非嚴不克。若任真到底，久亦自服，他日濟事者，此也。否則，無事之時，布言感恩；有事之際，仍襲玩套，送上司入朝廷斧鉞中，則餘皆束手高譚，恢恢得計。其接任者，又復姑息，從未把前任誤事偏裨查究，以此人人得慣，一也。夫南兵南將，凡有條約，上下講讀，信而畏之；此間將領而下，十無一二能辨魯魚，復有自己受敕諭，不曾記得一字。如練兵條約，連坐保結，節制甚明，其戍邊之吏士，不識字者，固非得以；識字者，且效白丁之習，二也。〔註42〕

兩段敘述中，戚繼光指出薊鎮士兵、軍官、胥吏陽奉陰違、私下以各種權力管道、信息管道對抗上級的問題相當嚴重，同時識字率的低落，使得軍規出版品的影響力不如在南方時來得顯著。這使戚繼光推行軍事改革時面對各種壓力。在《練兵實紀》中，我們可以看到戚繼光直接指出弓箭、腰刀、大棒、

〔註40〕關於鐵鞭，參見馬明達，〈尉遲敬德與「鞭鎗」武藝〉，收入氏著《說劍叢稿（增定本）》（北京：中華書局，2007），148～154。關於連枷，參見馬明達，〈從連枷棍到二節棍〉，收入氏著《說劍叢稿（增定本）》，172～179。

〔註41〕戚繼光撰、張德信校釋，《戚少保奏議》，110。

〔註42〕戚繼光撰、張德信校釋，《戚少保奏議》，111。

快鎗的缺陷，若以該文本是「士兵課本」這點來看，則這種批判的宣傳意圖是相當深刻的，即使官兵閱讀文本比南方難推行，「課本」仍是戚繼光重視且基本的教育手段。而在光憑宣講、誦讀無法有效改變士兵積習的情況下，戚繼光刻意設計新、舊兵器混編的鴛鴦陣，其宣導用意取向、政治目的大於戰術目的的可能性便非常高。

《練兵實紀雜集》提到了狼筅，說明薊鎮鴛鴦陣的狼筅手用長一丈五、六尺（約 496 公分）大竹竿，前半截保留竹子枝枒，層層環繞外伸，造成正面的枝椏篷看起來粗可二尺（約 64 公分）。〔註43〕狼筅用於擋住敵馬，由於陣面第一層圓牌手只採低姿勢砍馬腳，第二層的狼筅應該是攻擊馬頭或騎兵，兩者一攻下、一攻上，將敵騎攔截下來。圓牌手砍馬腳的戰術不是創始於戚繼光的，景泰二年（1451）于謙（1398～1457）就建議過景泰皇帝（1450～1456 在位）類似的戰術，用來防範瓦剌騎兵：

> 又賊之所恃，弓、馬、衝突而已，知我火器一發，猝難再裝，以此即肆馳突。今若與敵，我軍列陣，外用鹿角遮護，持滿以待賊。來急，堅陣不動，神銃未發，先以火藥爆伏詐之，賊必謂我火藥已盡，不復畏避，馳馬來攻，我則火銃、火炮、飛鎗、火箭、弓矢齊發，賊勢重，又以大將軍擊之。待賊勢動，分調精騎，用長鎗、大刀、勁弩射砍，步軍用圓牌、腰刀，齊衝賊陣，或刺射人馬，或砍其馬足。〔註44〕

于謙建議採用的戰術，是先以火器射擊，再以騎、步兵殺入敵陣肉搏，大體上跟戚繼光薊鎮戰術類似，但是相較下于謙時代的騎兵似乎比較主動，跟步兵同時衝鋒，而狼筅跟圓牌手的搭配，則是戚繼光戰術的特色。

《練兵實紀雜集》中的步營不再設快鎗手，鳥銃手和殺手分開編組，殺手的陣形變得跟抗倭鴛鴦陣更為類似，第一層是圓牌手、第二層是狼筅手、第三層是長鎗手，第四層是鋭鈀手，第五層則是大棒手，其攻防動作也出現圓牌、狼筅擋下衝突的敵騎時，長鎗手趁空檔繞出刺殺敵兵的攻防節奏。這個步營編制似乎可以展現戚繼光試圖達到的理想，即完全以鳥銃取代快鎗，且步兵跟火器手分開編組，以冷兵器保衛熱兵器。但是他的理想還沒完全實

〔註43〕相較下抗倭鴛鴦陣雖重視狼筅，但十八卷本《紀効新書》卻對狼筅的型制沒有詳細交代。

〔註44〕佚名，《明英宗實錄》，卷 211，（臺北：中央研究院歷史語言研究所，1962，影印國立北平圖書館藏紅格抄本），4546（211/8b～9a）。

現，無論是馬營還是步營，夾刀棍仍未完全取代大棒，且馬營中鳥銃還未完全取代快鎗。此外《練兵實紀雜集》的馬營不再設「輕騎殺手」，可看出戚繼光更加不重視騎兵戰，這個馬營可能大部分戰鬥都是採用步戰，馬匹只是行軍工具而已。

薊鎮鴛鴦陣的內涵相當複雜，若從于謙的例子來看，這套「先發火器、後用步戰」、「先殺馬、再殺人」的戰術，其雛形早在戚繼光調守薊鎮前一百多年便已成形。但戚繼光又為這套戰術增添了許多新元素，例如加入來自浙江處州的狼筅戰術，以及海外傳入的新式火器如鳥銃。如果我們仔細閱讀《練兵實紀》，會發現戚繼光改革薊鎮軍制、武備的工作，阻力大得驚人，但改革時的政治手腕也相當細膩、多層次，而在推廣新戰術的過程中，薊鎮鴛鴦陣產生非常特別的發展。而薊鎮鴛鴦陣至少存在兩種截然不同的設計，其刻意某段時間採用操作困難、需要火器手臨戰更換隊形的鴛鴦陣，是因為軍事改革推廣上的政治考量。

二、廣東鴛鴦陣再評價

（一）廣東鴛鴦陣的運作方式

廣東鴛鴦陣的戰術跟束伍制度，相較於抗倭鴛鴦陣與薊鎮鴛鴦陣也有著顯著不同。若將兩部《紀効新書》和《練兵實紀》相互比較，可發現十四卷本《紀効新書》的科層名稱，部分延用義烏兵舊稱、部分延用薊鎮舊稱。這個時期的鴛鴦陣戰術，將一隊改為兩伍，捨棄挨牌改設兩名藤牌手，並且取消伍長這個職位，科層間也取消了嚴格的四進位規則。但戚繼光在廣東時仍沿用了一些十八卷本《紀効新書》〈操練篇〉的戰術，甚至陣圖也沿用舊圖。

十四卷本《紀効新書》的束伍科層，五人一伍，十人一隊，含火兵、隊長共十二人。一隊雖有兩伍，但不設伍長，僅設「隊總」一名；三隊、四隊或五隊為一「旗」，設「旗總」一名；三旗、四旗或五旗為一「哨」，設「哨官」一名；三哨、四哨或五哨為一「司」，設「把總」一名；三司、四司或五司為一「營」，三營、四營或五營為一「師」。〔註45〕在「司」級以下，「旗」相當於義烏兵的「哨」，「哨」相當於義烏兵的「官」，「司」相當於義烏兵的「總」，基本組成單位都是「隊」，但由於進位方式不只一種，廣東鴛鴦陣同一層級的人數並不固定。

〔註45〕戚繼光，《紀効新書》，卷1，〈束伍篇〉，1/21a～b。

范中義注意到這個進位規範的變化，他舉戚繼光提出「明活法」的觀念為例，將之視為戚繼光「不拘泥於成法」的表現，並認為戚繼光這樣的配置法跟現代軍隊編制較為接近。〔註46〕范中義主張四進位的抗倭鴛鴦陣符合「古陣精神」，但沒有解釋為何廣東練兵時期的戚繼光放棄了四進位，且在訓練中也不再排出「類似菱形」的隊形。戚繼光在「明活法」一條中，指出這種配置上的彈性是「井田內政之遺」，要能做到順應人民風土、地理、經濟負擔。〔註47〕「井田」這個解釋其實寓意深長，我們可以藉此推論，這種彈性應是為了配合「防守信地」的分配，才會具有較大的彈性。相較於嘉靖39年招募的數千人義烏兵，廣東軍隊較接近薊鎮軍隊性質，是成立已久、行之有年、具規模的地方駐軍，性質自然和「快速投入特定戰場」、「倉促成軍」的義烏兵不同。因此廣東練兵活動其實是為了提振或改善在地駐軍體制，兩相比較下，自然容易理解廣東駐軍無法使用硬性的編制規範，而義烏兵單一化的束伍規範則方便管理少量精兵。另外有趣的一點是在這樣的譬喻中，我們可以窺見戚繼光想像中的「井田制度」，其分配規範不是呆板硬性的，而要配合地理、風土調整。

廣東鴛鴦陣小隊為兩排對稱的伍，但不設伍長，這會讓二伍的督軍責任都落到隊長身上。戚繼光雖於「明活法」一條要求各科層的編制不可拘泥於成法，但特別指示小隊內的員額、位置關係要極為嚴明：

> 凡行動立止，俱照鴛鴦隊次序，恁是如何，不許時刻縱橫錯亂，久則自熟。且于虛冒，不復能容矣。內惟十二名一隊，仍分左右伍，不可易之法。何也？此中行軍法為便，老于兵中者，方得此彀。〔註48〕

這段可看出鴛鴦陣固定化的小隊分工、隊形配置，把士兵分配在軍中一個非常明確的位置上，這樣有兩個優勢，一個是外人難以冒充士兵，另一個是軍法管理方便。〔註49〕

〔註46〕范中義，《戚繼光兵法新說》，125。
〔註47〕戚繼光，《紀効新書》，卷1，〈束伍篇〉，1/21a～b。
〔註48〕戚繼光，《紀効新書》，卷1，〈束伍篇〉，1/22a。
〔註49〕本段中戚繼光未說明其目的為何，但於它章中，戚繼光提到了幾種容易發生「奸細滲透」或「管理混亂」的契機，例如士兵串通他人冒名頂替、退伍舊兵曾持有的舊「執照票」散在民間被有心者取得等。故嚴格的連坐體制跟行伍共同生活體制，就變成維繫軍隊基層穩定運作的手段，這也反映了軍隊行政管理的某種緊張感。戚繼光，《紀効新書》，卷8，〈行營篇〉，8/17a～b。

若僅就「鴛鴦陣」的描述來看，廣東鴛鴦陣和抗倭鴛鴦陣的描述表面上很相似，在卷七〈營陣篇〉記載：

> 鴛鴦陣解：此乃殺賊必勝屢劾者，是要緊束伍第一戰法。二牌平列，狼筅各覆一牌；長鎗每二枝，各分管一牌、一筅；短兵防長鎗進老，即便殺上。如已聞鼓聲而遲疑不進，即以軍法斬首。筅以用牌，鎗以救筅，短兵救長鎗。得法者，如五行之相生；不得法者，如五行之相剋。〔註50〕

讀者翻回第三章引文對照，便會發現兩者描述上的差別，只在去掉了挨牌手跟伍長陣亡，伍下連坐斬首的規定。如此一來監督士兵工作應是由隊長負責了，戚繼光強調每隊士兵嚴守位置，應該就是為了方便隊長一次監督十人。廣東士兵關於鴛鴦陣的變化，只剩下「三才陣」跟「分變二伍」，少了「小三才陣」，「伍操圖」跟「寧、紹操練法」的戰術也消失了。廣東鴛鴦陣「分變二伍」有了新名字叫「兩儀陣」，而分出來的單伍被稱為「五行陣」或「梅花陣」。〔註51〕抗倭鴛鴦陣的戰術中，幾乎看不到「分變二伍」的用法，這可能是因為伍長持挨牌居於中間的緣故，但相較下廣東鴛鴦陣已經編成對稱的二伍，所以除了每層兩人合作外，獨立一伍作戰或兩伍兩側夾攻的用法可能比較多，因此十四卷本〈營陣篇〉特別以兩儀、五行形容變成兩伍的操練法。在廣東鴛鴦陣的考試中，並沒有一次考核整個鴛鴦陣的項目，皆為各兵獨自上場。而卷七〈營陣篇〉中，廣東鴛鴦陣戰鬥是用衝刺的，跟抗倭鴛鴦陣緩進的打法不同，反而更接近薊鎮鴛鴦陣的戰術。

以十四卷本《紀効新書》的記載來看，廣東鴛鴦陣交戰程序其實比抗倭鴛鴦陣單純很多。戚繼光並未詳細說明各個科層單位的作戰模式，故十四卷本《紀効新書》中的大陣運作，並不如十八卷本中抗倭鴛鴦陣來得複雜，他僅以單司作戰為例說明大致戰術流程。廣東鴛鴦陣以司為單位戰鬥時，可先根據一司的大小跟當下地形，決定排成單層或雙層，但每層都是橫陣，兩層之間相距二十步（約 32 公尺）。每層中按旗而聚，每旗中間相距三丈（約 9.6 公尺），而每旗下的三到五隊排成相距一丈（約 3.2 公尺）的橫排。鳥銃隊原本在前隊後面，聽號令間隊而出，立於前層士兵前五步處立定。鳥銃手也採鴛鴦陣隊形，十人二列五層，剛好兩兩分五層輪流射擊，但也可依戰況一次

〔註50〕戚繼光，《紀効新書》，卷 7，〈營陣篇〉，7/22a。
〔註51〕「五行」、「梅花」應都是取一伍五人的意涵。

射盡。當敵人欺近至百步（約 160 公尺）內後，鳥銃手聽令打放，接著前排兵中的鈀手出列至鳥銃手處放火箭，弓箭手也出列射箭，兩者頻率關係是鈀手放一支火箭，射手射九枝箭。接著鼓手點鈸，鈀手、弓箭手歸隊，全隊各鴛鴦陣小隊聽號令吶喊，接著聽鈸聲一擁而上，用緊密隊形壓迫敵兵交戰（見圖 4.3）。

圖 4.3：廣東鴛鴦陣大陣

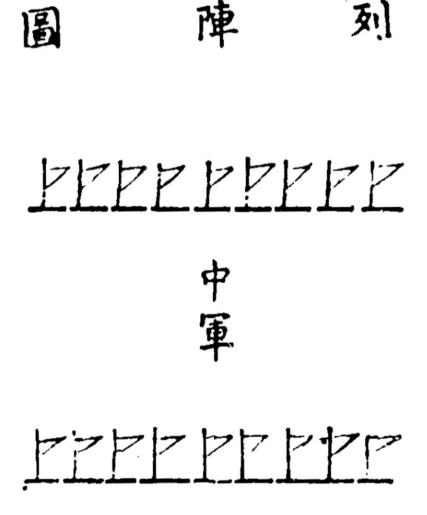

資料來源：戚繼光，《紀效新書》，卷 7，〈營陣篇〉，15a。

　　廣東鴛鴦陣撤兵方式也跟義烏兵的「間隊」不太一樣。敵方敗退或被殲滅後，各隊聽鳴金聲立定，接著聽號令整隊、轉身、後退，此時單排士兵齊齊轉身，後退二、三十步（約 32 至 48 公尺）後，再聽號令轉身「作虎聲」吶喊。在後退的程序中，隊伍採用一種特殊姿態：兵器仍朝前，但頭、身往後轉。這樣向後走的動作，會使撤兵時軍隊又緩又穩，而且一轉身便可朝前應戰，因此即便戰鬥時軍隊只有一排橫陣，也不會刻意使用間隊的後退法，只用這種撤退姿勢、節奏來確保陣腳穩定。如果敵人放棄追擊，各隊就繼續重複後撤程序直到回到信地。若敵人追來，則鳥銃手、鈀手、弓箭手會先出陣面射擊，再退回陣面後方，然後整營的士兵一起擁上交戰，得勝後依原本退兵法回到原位，聽號令坐地休息。〔註 52〕若確認敵人敗逃，則準備聽號令紮下方營。紮營後會調派塘報、遠哨，領字號、令箭去營外要道附近埋伏，作為眼線。〔註 53〕

　　這個交戰模式比起義烏兵，反而更具薊鎮兵的特色。戚繼光採用一字橫陣迎敵，衝鋒、撤退方式也跟薊鎮步兵相似。廣東鴛鴦陣士兵推進速度更快，不使用兩層間出的戰術，演習時也沒有追擊敵兵的操練項目。卷十〈實戰篇〉形容衝鋒時的要求：

> 或寇來衝我，或列陣以待，我俟到五十步內，火器聽令齊發，只有一次。次看起火，各射火箭、弓箭，且行且射，兵士乘火烟如雲，一齊擁進，須是飛走，毋亂隊伍，蜂叢蟻附，如山崩、如墻堵，不可毫髮遲疑，無有不勝。此非擊殺之力，乃火烟之勢、飛進之雄，奪其心目，徑前交鋒，彼自靡矣。〔註 54〕

廣東鴛鴦陣衝鋒時比起義烏兵更輕疾，在進攻的節奏上，它用「蜂叢蟻附」取代「間隊而進」，也不強調殺敵過程中要不斷回復鴛鴦陣隊形，僅強調推進時隊伍不打亂，其使用的大型陣法，則以一字橫陣為主，不像抗倭鴛鴦陣固定會調出伏兵組成「U」字形大陣。戚繼光在廣東練兵時，沒有硬性規定要調派伏兵，但是十四卷本《紀效新書》仍收錄抗倭時期的陣圖，從陣法來看，一司以下的單旗，各自之間有空隙，不是完全緊密連在一起的，以一字橫陣

〔註 52〕這種後退法若原先橫陣有兩層，則被戚繼光稱為「間花疊退」，就會類似抗倭鴛鴦陣的間隊撤退法，前後二層輪流退後，但若原先只有一橫排，則不再採間隊撤退，整隊移動。范中義，《戚繼光兵法新說》，166。

〔註 53〕戚繼光，《紀效新書》，卷 7，〈營陣篇〉，7/2b～5b。

〔註 54〕戚繼光，《紀效新書》，卷 10，〈實戰篇〉，10/4b～5a。

的排法，本來就很容易隨敵勢而變，繞到兩側包抄之。同時〈營陣篇〉既有伏兵相關規定，也提到「一頭、兩翼、一尾」中的「尾」是「策應兵」，因此廣東鴛鴦陣應該也能操作抗倭鴛鴦陣習用的戰術，只是訓練上流程簡化了許多。

相較於十八卷本《紀效新書》將四進位科層的後陣稱為「後營」、「後哨」，十四卷本則將一單位的後方隊伍稱為「策應兵」。顧名思義，這部分應該擔負著相當多元的功能，除了伏兵的角色外，也可能僅在前方殺敵時，視情況增援特定位置，這樣也能一定程度得到抗倭時期「間隊而進」的效果，只是隊形較為彈性。此外策應兵應該也能在前方後撤的過程中突然殺出，發揮「伏兵於正兵後方」之效果，如此一來十四卷本《紀效新書》撤兵時轉身吶喊的訓練，除了練習退兵以外，可能也在練習誘敵。

跟廣東鴛鴦陣相比，抗倭鴛鴦陣在交鋒時相對持重、保守，但是在埋伏、圍攻的訓練中，義烏兵又展現其輕疾的一面，抗倭鴛鴦陣戰術程序較為明確，讀者耙梳〈操練篇〉時即可模擬一場義烏兵的戰鬥大致流程會怎麼跑，以及伏兵跟大兵如何協助對方。相較下十四卷本《紀效新書》〈營陣篇〉、〈實戰篇〉的陣法運作描述相對模糊而單純，僅用橫陣對敵，進攻只是「衝刺」、「蟻附」，沒有強制規範的伏兵戰術，也不強調追擊敵兵，即使保留一些抗倭時期戰術，但基礎打法較為接近薊鎮步營。廣東鴛鴦陣的大型陣形，非常類似薊鎮鴛鴦陣的兩橫排陣形，但是結構更簡單，連左、中、右三分的結構都省略了，變成兩條一字橫陣。

（二）三個時期鴛鴦陣縱覽

如何解釋廣東鴛鴦陣「濃厚的薊鎮戰術傾向」？這原因可能是「時間因素」，即戚繼光在薊鎮「待太久了」，十五年來致力於薊鎮軍制改革的戚繼光，確實可能已和自己抗倭時期的作戰風格、兵法觀念有所不同，同時調任廣東僅短短二年，當地一時也沒有戰爭壓力，年邁的戚繼光不太可能雷厲風行地推廣太新穎的戰術變革。但我們可以把概念拉得更遠一點。薊鎮戰術是步兵對抗騎兵，因此在強調迅捷的需求下，笨重的長挨牌跟緩進的戰法被拋棄，同時以步兵的低機動性，埋伏戰跟長距離追擊敗逃騎兵都是不切實際的，因此戰鬥範圍便限縮在老營周圍。但是鴛鴦陣隊形中只用圓牌並非自戚繼光調守薊鎮後才有的，在抗倭時期水兵登陸後的步戰配置，就只配備兩名圓牌手，不用挨牌了（見圖 4.4）。戚繼光的水師傳統，來自福建、廣東的水兵，俞大猷也指出福建是藤牌的發源地，或許藤牌早就在福、廣的水手跟土兵間流行

了，戚繼光只是跟廣東軍隊一拍即合而已。相對的挨牌跟狼筅搭配是浙兵傳統，但戚繼光調薊鎮十五年後直接調到廣東，早就脫離浙江環境很久了，因此鴛鴦陣中用盾習慣的轉變，可能是好幾個原因一起影響下的結果。另外值得一提的是，《練兵實紀雜集》中的薊鎮步營，其小隊二伍不再設立伍長，這種編制在廣東練兵時期被沿用。〔註55〕沒有了伍長，整個小隊的督軍責任便集中到隊長手中，但是這個用法應該在抗倭時期義烏兵便採用了，在三才陣的運作中，挨牌手居於右翼，中軍中央反而是隊長，這跟鴛鴦陣伍長居於陣面中心的配置大為不同，由於三才陣很頻繁地出現在十八卷本《紀効新書》〈操練篇〉的敘述中，可推定由隊長還是伍長來領導整隊動作，其實有一點彈性變動空間，但〈比較篇〉「試挨牌」等考試中只特別考核鴛鴦陣用法，故可推知鴛鴦陣應是較基本的戰術。從抗倭時期挨牌和狼筅一組的搭配，到薊鎮時期挨牌消失，而圓牌「置於行伍之先，必在狼筅之下」發展成狼筅的搭檔，直到廣東時期這個配置都沒改變。〔註56〕薊鎮圓牌手因應敵人馬快、盔甲厚的特色，不搭配鏢鎗，改以石塊投擲，而廣東練兵時期鏢鎗又被採用，這些關於盾牌手、狼筅手搭配關係的變化，其實反應很深層的戰術變動。〔註57〕

「鎮守薊鎮」跟「鎮守廣東」兩件事間，有一點是類似的，戚繼光是以「空降」的身份，接管大範圍的軍隊，並以自己的觀念改變其兵制。因此面對大量、複雜、有各自傳統的士兵，戚繼光自然很難用單一、嚴格、明確的規範改變其傳統。薊鎮15年的經驗即是例子，很多改革始終沒完成，那調守廣東僅短短2年，改革自然難以更徹底。在這種環境下，戚繼光使用較為模糊、單純的戰術，作為其基本訓練流程是可說得通的，這樣比較容易被廣東各地軍隊接受。相較下抗倭義烏兵的訓練背景是單一原鄉、平民應募、少量士兵、擁有明確且急迫的對手，如此一來戚繼光採用嚴格、規範化、相對複雜的戰術作為基礎訓練，反而是更精細地訓練一支針對抗倭戰場環境、倭寇戰術特性的「精兵」。兩種練兵活動，歷史脈絡不同，其軍制、戰術的選擇自然也不同。

〔註55〕值得一提的是抗倭時期戚繼光稱「以藤為牌，近出福建」，而自北調薊鎮起，一直到南調廣東後，都稱「以藤為牌，近出南方」，戚繼光抗倭一開始戰場在浙江，因此可約略推知其藤牌戰術跟福建士兵的淵源，而當他調任薊鎮時，閩、廣、浙都流行藤牌了，故不必強調其戰術起源於福建。戚繼光，《紀効新書》，卷4，〈手足篇〉，4/5a。

〔註56〕戚繼光，《紀効新書》，卷4，〈手足篇〉，4/5b。

〔註57〕戚繼光，《練兵實紀》，卷4，〈手足篇〉，4/16b。

圖 4.4：水兵陸戰陣圖

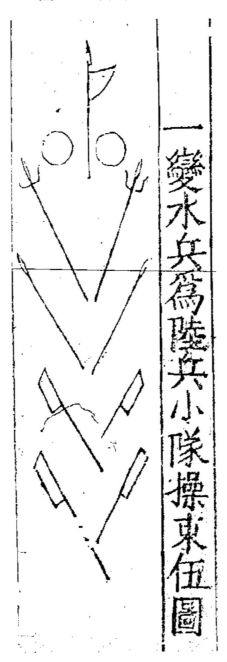

資料來源：戚繼光，《紀効新書》，卷 18，〈水兵篇〉，18/29a。

范中義認為十四卷本《紀効新書》集結了戚繼光一生練兵經驗，例如比起十八卷本《紀効新書》，多了「練將」的論述，而非只談「練兵」，同時也

談論更多兵器、將德、將才、練膽、練藝等課題，在篇章上更為系統化，具有最高的軍事思想價值。〔註 58〕這幾個論點不完全錯，但從陣法運作的細節來看，三部著作個別展現東南抗倭、薊鎮防虜、廣東練兵三個時期的戰術，各自有其特色跟取捨，同時比起廣東鴛鴦陣，最早的抗倭鴛鴦陣反而更為明確、精密、嚴格。因此若把三個時期的兵書，僅視為戚繼光一生兵學思想由不完備發展到完備的過程，則會忽略了三部著作各自有其面對的對象，反而看不到戚繼光每個時期都因應不同戰場、不同練兵情境，而盡可能設計最佳軍制、戰術的情形。戚繼光三部兵書其實是為三種軍隊設計的軍制跟戰術，這個「充滿變遷痕跡的鴛鴦陣」固然反映某種沿襲跟累進，但也充滿「刪改」，因此不能僅以「經驗累積的過程」詮釋之。

在理解薊鎮鴛鴦陣跟廣東鴛鴦陣後，如果我們再回頭去看抗倭時期「寧、紹操練法」的大陣，則會發現其結構其實跟後來薊鎮使用的步兵大陣有相似處。「寧、紹操練法」的大陣也具備「用陣三分」的性質，只是它設計成前後對稱的方式（見圖 4.5）。其陣形為寬長方形，故十八卷本《紀効新書》收錄時轉了九十度，圖中可看出中軍分成橫列三組，同時中軍前方跟後方皆延伸出兩翼，因此共四組側翼。乍看之下這個陣形似乎「四面如一」，但其實從中軍的方向來看，有一定方向性，即對前或對後。除了中軍分成左中右三部，四組側翼也有前後兩組之別，而非單純環遶中軍。而在薊鎮步兵的配置上，三個部一字橫列之餘，結構上也是前後二分的，方向是對前或對後，中軍藏於兩組橫陣中間。這個陣形其實在裴子法八陣中，也可找到類似的東西，就是「罘罝陣」。〔註 59〕李訓詳考證「罘罝陣」，認為這種以「補獸網」為名的陣，來源可以追溯到先秦時期的《孫臏兵法》，其特色是「左右有翼」、「前後有屯」，指的正是用陣三分之餘，前後又有分層的結構（見圖 4.6）。〔註 60〕裴子法稱罘罝陣「前後橫、中央縱」，即呈「工」字形的結構，這描述與「寧、紹操練法」的大陣非常符合。〔註 61〕相較下薊鎮鴛鴦陣的大型陣法，雖然比較缺乏「中央縱」的設計，但大體上一陣三分、前後二層、可面對前後兩面的設計很相似。罘罝陣既以攔捕鳥

〔註 58〕范中義，《戚繼光兵法新說》，28。

〔註 59〕「罘罝」發音ㄈㄨˊㄐㄩ，也作罝罘，指架設於鳥獸行經路徑，等其自觸而補之的網子。

〔註 60〕李訓詳，〈古陣新探——新出史料與古代陣法研究〉，159～160。陣圖參見曾公亮、丁度，《武經總要》，收入《中國兵書集成》第 3 冊，362～363。

〔註 61〕曾公亮、丁度，《武經總要》，卷 8，〈裴子法〉，收入《中國兵書集成》第 3 冊，368。

獸的網為名，其結構設計便有橫向展開、分層來「攔截」的用意，這一點跟薊鎮鴛鴦陣的設計用意非常符合。另外裴子法中有所謂八陣相剋的觀念，其中罘罝陣剋的對象正是「適合繞敵」的雁行陣。〔註62〕相較下「寧、紹操練法」井字形的「結攢法」，就看不出明顯的戰鬥方向，這可能是待命或集合的隊形，而非戰鬥所用。可惜戚繼光描述不多，無法深入探討之。

圖4.5：「寧、紹操練法」大陣

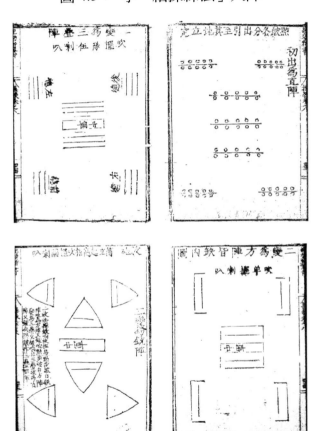

資料來源：戚繼光，《紀効新書》，卷8，〈操練篇〉，8/43b～45a。

<hr />

〔註62〕「雁行陣」顧名思義，即跟大雁「人」字飛行的隊伍一般，以一個狹窄的陣面為頭，形成尖銳的前端，後方則左右斜斜地帶著兩列隊伍。這種構造可視為是緊縮的橫陣，它的人字形拉直便成為橫陣，方便包抄，而縮窄成人字形時，隊伍轉向會比一字橫陣更靈活，裴子法有雁行陣「利繞」的說法，而罘罝陣開展的前後四個側翼，容易截斷雁行陣的移動範圍，且前後兩列六部分容易互相協助夾攻，故稱罘罝陣「利救」。曾公亮、丁度，《武經總要》，卷8，〈裴子法〉，收入《中國兵書集成》第3冊，363～368。

圖 4.6：裴緒「罘罝陣」陣圖

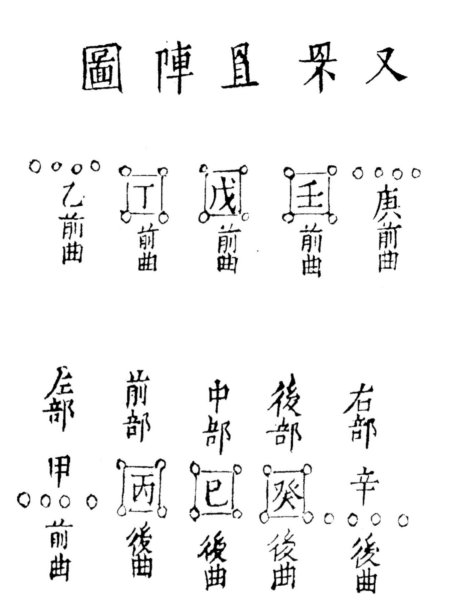

資料來源：曾公亮、丁度，《武經總要》，卷 8，〈裴子法〉，收入《中國兵書集成》第 3 冊，362。

　　若綜觀抗倭、薊鎮、廣東三個時期的鴛鴦陣，會發現其各自反映了當時、當地的作戰需求。抗倭鴛鴦陣適合短期內訓練專打倭寇的士兵，故戰術雖複雜但明確，正、奇戰術都有標準程序。薊鎮鴛鴦陣牽涉較複雜的步、車、馬「協同作戰」，同時又包含了軍事改革的衝突性，所以不但各時期陣法配置不同，陣法操作上也有某些彆拗處（如伍長鳥銃手的變換位置和大棒、夾刀棍並存於同一隊內）。而廣東鴛鴦陣由於區域廣大、戚繼光任期短暫，故當時修訂的十四卷本《紀効新書》內容雖豐富，但實際上戰術操練卻較單純。

　　比較抗倭鴛鴦陣跟薊鎮鴛鴦陣，我們可以發現一個營陣分離跟合一的差異，抗倭鴛鴦陣的老營設於陣法大後方一段距離外，而薊鎮鴛鴦陣無論馬營、步營都將老營設於陣中，而車營自不需贅言，本身即以營為陣，以偏廂車的營壘為防線。李訓詳認為中國古陣法在春秋時期，營法是相當鬆散的，但到戰國時期開始，營壘戰變得流行，營法也逐漸重視壕溝、鹿角（即拒馬）、偵察兵的配置，並出現配備櫓盾的重型戰車，以作為營壘的防禦設施。〔註63〕但李訓詳也指出，到漢代仍有不少營陣分離的戰術型態，例如李陵（？～47BC）伐匈奴、李廣（189BC～119BC）對抗匈奴騎兵，都擅長使用橫開兩翼包抄的陣形，李陵的步兵會先調出營壘再布陣（這點跟戚繼光調兵出方營再布陣類似），而李廣的營壘相當鬆散，以高機動的野戰為主要戰術。故李訓詳以歷代兵書跟文獻中的戰爭記載，認為「營陣合一」轉變成陣法典範的知識變遷，大致發生於漢末至唐、宋之際漫長的時間裡，而於宋代完成，其主要影響動力是中原文明對騎兵戰不斷生疏而棄用，同時農業文明在築城的經驗中，把城守戰的經驗套進營壘戰中，形成獨特的營陣合一文化。〔註64〕

　　但戚繼光鴛鴦陣的發展，卻告訴我們營、陣分合與否，跟地理條件、戰術型態密切相關，而不只是騎兵戰、城守戰二選一的結果。乍看之下，從嘉靖晚期的抗倭鴛鴦陣，到隆慶、萬曆年間的薊鎮鴛鴦陣，短短20多年內似乎發生了營陣分離到營陣合一的發展趨勢，但其實不然。戚繼光的抗倭鴛鴦陣是在「營陣合一」的時代環境下，特化出的營陣分離戰術。在抗倭鴛鴦陣的「方營」工事中，其營壘的柵欄拒馬上，會纏繞一種稱為「布城」的防禦工事，這是一種長布條，纏繞於營柵上以遮蔽敵人視線，而戚繼光是以偏廂車

〔註63〕這種由人力推動的戰車已不同於春秋武士衝鋒用的輕馬車，為防禦型的設備，其結構其實跟明代戰車很像，差別只在當時還沒有銃、炮等火器。李訓詳，〈古陣新探──新出史料與古代陣法研究〉，188～190。
〔註64〕李訓詳，〈古陣新探──新出史料與古代陣法研究〉，188～195。

為概念設計這種布條的：

> 夫南方田水界地，雨濕不可用車，我兵卒然遇敵，緩急無家可
> 依，賊皆洞見，知我無拒禦之備，是敢盡力向我，一遇奔潰，全軍
> 退走。其布城之法，不惟緩急可恃，且足張疑，使賊忽然舉目，無
> 中生有，眼前皆是遮映造次，便不得知我立此主何意，且不得便知
> 我布裏虛實。〔註65〕

從這段描述來看，布城是「車營」的替代品，是戚繼光希望使用戰車來遮蔽士兵，但礙於推車難用於江南崎嶇地形，所做的折衷，布城堪稱是「無輪的偏廂車」。一些學者常認為戚繼光是在北調薊鎮以後，才著手研發車營，故論點多以「在薊鎮創建車營」為出發點。〔註66〕但從布城的設計理念來看，車營的思想已經相當普及。甚至于謙防衛北京城時便已經使用過以戰車掩護圓盾牌步兵的戰術，時間相當早。〔註67〕因此，抗倭鴛鴦陣「營陣分離」的戰術型態，是江南崎嶇地形方便施展步兵包抄戰、埋伏戰的環境下，義烏兵選擇以拆散的隊或哨分進夾擊的結果。李訓詳認為「營陣合一」的九宮八卦八陣，其概念來自築城、城守經驗，這種陣形在薊鎮鴛鴦陣的馬營、步營、車營中都可看到，尤其以車營的戰術展現得最為明顯。這個論點很有啟發性，汪榮祖比較明代南北築城的習慣，發現華北、西北平坦地形的城池多為方形或長方形，但江南地區礙於水道、山陵交雜，城池的形狀非常多變，華中、華東多不規則形，而華南則多圓形，此外尚有橄欖形、蛋形、圓寶石形等。〔註68〕比較薊鎮鴛鴦陣跟抗倭鴛鴦陣，似乎也反映了類似的布陣概念，北方戰場的大陣形狀較偏向方形，而南方則根據地形的崎嶇多變，大陣也不採規則形狀。

這種選擇似乎是必然的，我們從戚繼光抱怨以往浙江軍隊無營陣之法，以致失利的論述，可看出端倪：

〔註65〕戚繼光，《紀効新書》，卷15，〈諸器篇〉，15/17a～18a。

〔註66〕如孫文良、柳海松，〈論戚繼光鎮守薊門〉，收入閻崇年主編《戚繼光研究論集》，295。

〔註67〕范中義認為車步騎營協同作戰的概念來自俞大猷，參見范中義，《戚繼光兵法新說》，351。而周維強則注意到明代自土木堡之變時期便開始使用這類協同戰術，用的證據之一就是于謙的戰術，參見周維強，〈明代戰車研究〉，58。關於于謙戰術的討論，見該論文第80頁。李訓詳則認為宋代以後營陣合一是大致趨勢，對明代陣法中類似戚繼光的特例沒有太多著墨。

〔註68〕汪榮祖，〈明清帝國的空間〉，收入陳永發主編，《明清帝國及其近現代轉型》（臺北：允晨文化，2011），102。

> 浙兵俱系赤體赴敵，身無甲冑之蔽，而當慣戰必死之寇；手無
> 素習之藝，而較精熟巧之技；行無齎裹，食無炊爨，戰無號令，圍
> 無營壁；窮追遠襲，必寄食於旅店；對巢拒守，必夜旋於城郭，而
> 在今不得不然也。〔註69〕

這段論述雖是逐項討論浙兵的弱點，強調當時浙兵訓練的不足，但也描繪了
當時浙兵的作戰習慣。所謂「圍無營壁」、「夜旋城郭」正透露了其營法的疏
陋，自無營陣合一觀念，但這個狀況不一定只是訓練品質差的結果，而是跟
倭寇機動、小股流竄的型態有關。反觀戚繼光的抗倭鴛鴦陣也重視長距離追
剿，只是懂得在交鋒、夜宿時就地紮營，每隊配置火兵做飯，給交戰後的士
兵棲息空間，包圍戰時懂得就地擺出營陣，延長戰力，同時在追剿途中懂得
防範埋伏而已，其戰術一樣要處理「窮追遠襲」的課題，只是戚繼光的義烏
兵方法更完善。

在薊鎮步兵、車營攔阻騎兵，騎兵擔任收尾追擊的戰術取向下，營陣合
一又被採用。但是這個陣法不一定是「四面如一」的，從薊鎮步兵的陣形中，
又發現老營雖置於陣中，但陣形是前後二層、左中右三分，仍非九宮八卦的
空間配置原理，反而跟古陣中攔截敵兵的「罘罝陣」相似。唐順之、戚繼光
自始至終都沒有採用「四面如一」的戰術。抗倭鴛鴦陣跟浙兵的戰術，顯示
在晚明江南的戰場上，「營陣合一」並不是主流看法，而這跟崎嶇、多水田、
樹林、河道、山谷、房舍的戰場空間有關，千人的總尚須拆成三路，路窄時
三五人便可阻塞道路，因此戰陣包著老營的隊伍，很難部署得出來，也因此
「營陣合一」即便是兵學典範，卻似乎從來不曾被施行於江南戰場。

此外，抗倭鴛鴦陣將整批軍隊拆散為正兵、兩翼奇兵、伏兵、繞敵後方
偷襲的戰術，又令人必須反思以往對於鴛鴦陣是「疏散隊伍」或「密集陣形」
的爭論。范中義認為作戰時鴛鴦陣士兵緊隨挨牌手之後，因此是「密集陣形」。
而范中義所反駁的觀點，在楊業進的〈戚繼光戰術的創革與古典戰術的終結〉
一文中論述得非常清楚，楊業進將鴛鴦陣放在中國陣法發展史中，並將中國
晚明陣法發展跟相近時代的西歐戰爭技術相比較，以火器發展史的角度來觀
察鴛鴦陣。他認為傳統中國使用以八陣為代表的大方陣作戰，以遲緩、密集
的陣形壓倒對手，因此有兵法重視靈活但陣法卻無法靈活的矛盾，而這種矛

〔註69〕戚繼光，《紀効新書》，卷首，〈或問〉，首/2b。

盾在銃、炮一類火器流行以後變得更尖銳。〔註70〕楊業進認為明軍在倭亂之
前，墨守對付蒙古騎兵的八陣法，故在面對善於「以寡擊眾」的倭寇時，大
為失利。〔註71〕因此楊業進主張鴛鴦陣捨棄古典方陣（八陣）的寬大陣面，
而採用陣面狹窄的縱形隊形（即結構只有二直排士兵的鴛鴦陣），他認為狹窄
的陣面避免火器射擊帶來的密集殺傷，同時讓每組鴛鴦陣的士兵自主規避危
險，避免了古典八陣「一人失利，萬人奔潰」的缺陷。〔註72〕以上三段論述，
可以看出楊業進跟范中義一樣，直接把「九宮握奇」八陣視為古典中國陣法
的典範，而這種觀念已被李訓詳解構了，八陣其實有兩種體系。而本文第三
章論證抗倭鴛鴦陣其實是採用「用陣三分」的橫陣為主要結構，加上伏兵以
及包抄變形的兩翼，則形成「U字形」的陣法。楊業進沒有注意到抗倭鴛鴦陣
正兵相互之間的位置配合非常嚴格，實際上無法自主規避傷害，只能以盾牌
跟狼筅抵擋攻擊，同時前後層還有間出輪替的戰術搭配。他也忽略了三才陣
的陣面其實非常寬，而且鴛鴦陣即便單隊很窄，但仍強調「把空間佔滿」。因
此楊業進的「疏散小隊說」比較接近現代槍枝發展出自動武器後，軍隊全面
走向散兵戰術（skirmisher）的現象，這跟須要聽著鼓聲緩步前進的鴛鴦陣時
代是不相干的。范中義指出鴛鴦陣是冷兵器戰術，這點比較正確些。

　　但其實楊業進的論述還是歪打正著，說到了一些值得注意的點。他對古
典陣法、鴛鴦陣的運作，在理解上雖然有非常多失誤，但對近代熱兵器戰術
的理解卻是正確的。秘戰鴛鴦陣、抗倭鴛鴦陣，乃至於薊鎮、廣東鴛鴦陣皆
不是單純的冷兵器戰術，秘戰是以鴛鴦陣陣面掩護火器手，抗倭鴛鴦陣的官
級配置一定的火器手於中軍，薊鎮鴛鴦陣早期火器手跟鴛鴦陣小隊是合一的，
後期才在步營中分出火器手隊跟殺手隊，但也代表兩者仍是協同作戰的關係。
在抗倭鴛鴦陣的戰鬥程序中，大兵接敵流程是敵至百步內（約 160 公尺）時
發射鳥銃，然後弓弩手第二輪射擊，敵至二、三十步內（約 32 至 48 公尺）
時才開始冷兵器交鋒。而埋伏戰則在發動攻擊時鳥銃手會一次射完，然後伏
兵衝出。這整套戰術顯示鴛鴦陣自抗倭戰爭起，就是熱、冷兵器混用的戰術

〔註70〕楊業進，〈戚繼光戰術的創革與古典戰術的終結〉，收入閻崇年主編《戚繼光
　　　　研究論集》，92～93。
〔註71〕楊業進，〈戚繼光戰術的創革與古典戰術的終結〉，收入閻崇年主編《戚繼光
　　　　研究論集》，97。
〔註72〕楊業進，〈戚繼光戰術的創革與古典戰術的終結〉，收入閻崇年主編《戚繼光
　　　　研究論集》，99。

了。同時倭寇也會使用火器，唐順之提到鴛鴦陣最大的弱點是挨牌怕被銃打透。〔註73〕田中健夫指出〈倭寇圖卷〉描繪的倭寇裝備鳥銃。〔註74〕太田弘毅則認為硫磺、硝石是倭寇在東亞、南亞海域貿易中重要的轉手物資，同時火繩槍本來就是由葡萄牙人傳入東亞的，這種新武器同時改變了日本和中國的戰爭型態。〔註75〕可見抗倭戰場上戚繼光訓練義烏兵操作鴛鴦陣之前，火器便已造成官兵的恐懼了。

　　抗倭鴛鴦陣「單官作戰」最大的特色便是「四分五裂」，一個官分成五組，除了大兵是正面交戰外，四組伏兵跟偷襲隊伍都是採取零散的隊形攻擊敵人，從每隊應該都會分配到鳥銃手來看，這種偷襲、伏擊應該也是為了在雙方可能都有火器的狀況下，搶奪制敵先機。由於此時期的銃、炮，單支不能連發，即便戚繼光將鳥銃戰術設計成分五層輪流射擊，短時間內一隊銃手能發射的彈藥仍是有限的，這讓冷兵器的交鋒仍維持必要性。也因此火器若能在第一時間擊中較多對手，甚至打亂對方陣形，接下來的短兵相接便更能取勝。這樣看來，戚繼光要求伏兵出擊時鳥銃不分層，一次打完，同時小隊以三才陣的隊伍衝出殺敵，應該就是為了搶奪敵人遭射擊後陣腳大亂的時機。戚繼光要求伏兵以三才陣出擊，理由正是因為奔跑時無法維持緊密的鴛鴦陣隊形。從這裡來看，范中義所謂的「鴛鴦陣是冷兵器戰術」和「鴛鴦陣是緊密隊形」這個論述，其實只說對了一部份。正確來說，抗倭鴛鴦陣的戰術在大兵部分，原則上要求採用緊密隊形，而伏兵的部分採用疏散的隊伍，同時鴛鴦陣始終是熱、冷兵器混用的戰術。大兵採用緊密、緩進隊形是「前膛槍」時代因火器射速有限，冷兵器仍主導戰局，造成隊伍交戰前被迫「正面面對」第一輪射擊的現象。〔註76〕這種現象在廣東鴛鴦陣的設計中更為明顯，戚繼光直接

〔註73〕唐順之，《武編》，前集卷4，〈陣〉，收入《中國兵書集成》第13冊，638。
〔註74〕田中健夫，《倭寇——海の歷史》（東京：教育社，1982），186。
〔註75〕太田弘毅，《倭寇：商業・軍事史の研究》（橫浜：春風社，2002），310～328。
〔註76〕前膛槍是較早期的槍枝設計，每射擊一發前，必須依序在槍管中裝入火藥、彈丸，並以一根叫「搠杖」的棍子壓實槍管中的東西，射擊數發後還必須以搠杖裹濕布擦拭槍管內緣，以冷卻發燙的槍管，避免裝填火藥時槍管高溫直接引燃火藥，故射速有限。前膛槍時代火器無法獨撐大局，輪番射擊時，衝鋒的軍隊仍有很大機會殺到陣面，因此冷兵器隊伍仍會保持緊密的衝鋒陣形，這點跟古代戰術沒有太大差別（由此也可理解快鎗柄毆打、鳥銃手配倭刀的必要性）。這種緊密隊形衝鋒的戰術型態，要等到可以連續發射子彈的後膛槍甚至機槍普及後，才從戰場上徹底被拋棄。後膛槍即現代槍枝設計，每發子彈已經用彈殼裝好火藥、彈頭、底火，故整組彈藥裝入槍膛即可發射。

要求士兵衝刺愈快愈好，並說明敵人最多只有射擊一、二發的機會，言下之意是「自求多福」。〔註77〕薊鎮鴛鴦陣跟廣東鴛鴦陣就是採用火器射擊後全體衝刺的方式，縮短短兵相接前的空檔，以減少傷於射擊武器的機會。

因此無論楊業進持的「疏散隊伍」說，或是范中義的「緊密隊伍」說，都是各執一端、各自有對有錯。要調和這兩種論述其實也不難，把一個鴛鴦陣視為一個人即可。從唐順之的記載開始，鴛鴦陣的戰鬥邏輯就是先用挨牌或狼筅抵擋第一下攻擊，再用長鎗趁空檔殺敵，這個邏輯其實是把好幾個士兵組成一個左手持盾、右手持劍的戰士，先以左手盾牌擋下攻擊，再以右手武器刺殺敵人，而三才陣則是一分為三，中軍以狼筅為守、短兵為攻，兩翼以盾牌為守、長鎗為攻。由此可見鴛鴦陣最大的特色就是把攻、防都給分工化，這是它跟羅拱辰十人小隊最大的不同處。羅拱辰的燕尾牌手自己拿盾、鏢鎗、短刀，長鎗手則在左側身上掛上挨牌，兩者雖然分前後層，也應該有一定程度「長短相衛」的效果，但各自戰鬥的風格比鴛鴦陣重得多。鴛鴦陣則每隊形成極為緊密的分工關係，一個伍便如同一個人。就單隊而言，鴛鴦陣是密集隊形，但隊與隊之間，義烏兵常常採用疏散的戰術。

若要問鴛鴦陣的設計理念是什麼？這個答案恐怕是「讓士兵不再害怕」，在抗倭戰場上，挨牌、狼筅、長鎗、短兵之間攻防分工，讓後方的士兵有所遮蔽，在薊鎮、廣東戰場上，圓牌手讓狼筅手有護衛，而牌、筅二人讓一整伍的士兵都有所遮蔽。唐順之論述「秘戰」時便指出鴛鴦陣解決了浙兵被批評「赤身應敵」的缺陷，也讓士兵進攻時彷彿多了面牆壁，防守時又有屏障，故能讓士兵壯膽，進而能攻破原先難以打敗的頑寇。〔註78〕戚繼光討論狼筅時，也指出這種兵器光前端的枝椏便可遮蔽一個人的身體，因此能「狀膽助氣」，讓士兵交鋒時能穩住氣勢，立定陣腳。有趣的是戚繼光表示若士兵膽大藝高，攻敵氣勢如暴風雨一般，則狼筅還嫌笨重不便。〔註79〕或許鴛鴦陣在

〔註77〕戚繼光，《紀効新書》，卷10，〈實戰篇〉，10/5a～b。

〔註78〕原文為「夫浙兵之不敢戰，謂其以赤身生命抗死寇，無自衛之策也。鴛鴦陣之法最妙者，取其敵之鋒刀不能及兵身，庶兵之膽，可恃以無恐而敢進，退則有蔽於後，進則如載堵牆而前，百戰不殆此也，振勇破堅此也，直擣巢險此也。」唐順之，《武編》，前集卷4，〈陣〉，收入《中國兵書集成》第13冊，637。

〔註79〕原文為「兵中所以必用此（狼筅）者，緣士心臨敵動怯，他器單薄，人膽搖奪，雖平日十分精習，便多張遑失錯，忘其故態。惟狼筅則枝稍繁勝，遮蔽一身有餘，眼前可恃，足以壯膽助氣，庶人敢站定。若精兵風雨之勢，則此器為贅重之物矣。」戚繼光，《紀効新書》，卷11，〈牌筅篇〉，11/27b。

嘉靖 39 年前後，被視為讓士兵從對倭寇的恐懼中走出心理陰霾的新戰術，因此唐、戚二人都做出這種論調。同樣的概念也可放到薊鎮鴛鴦陣上來看，面對騎兵衝鋒時，薊鎮鴛鴦陣陣面的狼筅手和藤牌手，前者用長大的狼筅牽制馬匹，後者掩護狼筅手並攻擊馬腳，其他隊員則趁機攻擊馬匹的各個部位，然後才攻擊敵兵，這一樣是透過陣面的防護跟攻守的合作，而達到使士兵不害怕的效果。

如此看來「陣面有遮蔽」、「攻防分工」就是鴛鴦陣的設計特色，其目的是替士兵壯膽。因此小隊內部的攻防組合成員會保持緊密，但小隊跟小隊間會視戰術調整疏散或緊密。而小隊以上的疏密、空間分布關係，可用古陣裴緒法中的「常山蛇陣」、「牝陣」、「罘罝陣」來理解，從這些觀點下，我們便可以重新理解晚明鴛鴦陣跟中國陣法文化的淵源關係。

三、小結：兵學知識的競爭與鴛鴦陣的設計理念

記載在戚繼光、唐順之、俞大猷、鄭若曾、羅拱辰等人著作中的陣法、武藝史料，為「鴛鴦陣」的起源與發展流變，提供很多線索，仔細分析可看出鴛鴦陣形成過程的複雜性。其中戚繼光由於豐富的練兵經驗跟多產且細膩的著作，成為了解許多嘉靖朝至萬曆朝陣法文化的門路。而兵書也不只是軍事知識的紀錄，它同時也是文化、思想的載體，可以透露軍事知識和軍事家、軍事家群體的人際關係。進一步比較不同人的著作，能看出兵學知識典範的權力帶來了某些話語上的用詞習慣，例如從「一頭、兩翼、一尾、中軍為心」和俞大猷的論述，可以理解「九宮八陣」、「握奇法」等兵學知識典範對明代兵家造成的侷限與塑造，例如它逼得戚繼光把一套有明確方向性、結構為橫向三分的陣法，講成「四面如一」、「觸處為首」的樣貌。而從薊鎮軍事改革中鳥銃、快鎗和大棒、夾刀棍的競爭關係中，我們體會戚繼光所遭遇的軍事改革困境，如何影響了鴛鴦陣的設計。同時，從戚繼光著作的「用語」中，體會他如何在既有典範的侷限中，「趨吉避凶」讓自己的理念生存下來，延續自己的軍事改革。

第三、四兩章試圖從單個鴛鴦陣跟其大型組合陣法著手，重新理解鴛鴦陣跟中國陣法傳統的關係。以單個鴛鴦陣來看，其設計理念是「陣面有遮蔽」、「攻防分工」，目的則是讓士兵壯膽，克服對倭寇、虜騎的恐懼。若以大型組合陣法來看，則三個時期的大型陣法，都不是以所謂「四面如一」的九宮握

奇陣形為理念，而常常是有方向性的，其設計有各自的考量。這些大型陣法雖可看出戚繼光、唐順之等將領的創見，但仍可看出跟古代八陣設計有相似之處，如常山蛇陣、牝陣跟罘罝陣。鴛鴦陣正是又具有延續性，又具有創新性的陣法。本文藉助李訓詳對中國古典陣法的研究成果，重新釐清鴛鴦陣跟中國「古典八陣」實際上的陣法思想淵源。但本章也指出抗倭鴛鴦陣其實透露江南戰場始終沒有實際使用「營陣合一」的布陣觀念，即便明代主流陣法思想如同李訓詳所言，以「營陣合一」為典範，但實際上江南戰場的運作似乎始終都是「營陣分離」的，這顯示陣法受地域文化影響很深。

此外，本章也透過重新檢視楊業進、范中義的論述與爭論，調和「疏散隊形」和「緊密隊形」兩種鴛鴦陣論述。本章認為這兩個看似矛盾的論點，其實講的是鴛鴦陣複雜面向的不同位置，而透過對鴛鴦陣戰術建立較完整的認識，會發現這兩個論點去除掉部分錯誤認知後，都有可取之處。

第五章　抗倭戰場的厭勝之戰

一、蝴蝶陣與演禽戰法

　　在十八卷本《紀効新書》第十七卷〈旌旗篇〉中，記載了一套複雜的旗幟，除了用於指示號令、方位、標示主將位置的五色旗等相關旗幟外，還收入一套以多種神祇為圖樣的旗幟。相較於五色旗、主將旗只以五色來表示五個方位，或以「三軍司命」等字樣來表示主將、中軍的位置，裝飾了神像的旗幟顯得繁複許多，也跟鴛鴦陣的戰術號令較無直接關係。這些神明包含五營神將、二十八星宿、六丁六甲。要解釋為何這類旗幟被戚繼光的義烏兵採用？以及發揮何種功能？應該要從文化思維的角度來探討。

　　抗倭戰場的「戰鬥」，雙方除了在兵器、武藝、陣形、埋伏戰交鋒外，還有一種具有「法術」、「幻術」性質的「知識」在互相角力。明代文獻常提到倭寇會使用一種被稱為「蝴蝶陣」的戰術，較常被學者引用的文獻是采九德（生卒年不詳，親身經歷嘉靖 30 年代的浙江倭亂）《倭變事略》（嘉靖 37 年（1558）成書）和鄭若曾《籌海圖編》的紀錄。其中《倭變事略》如此描述「蝴蝶陣」：

> 有稱二大王者，年二十餘，每戰輒揮扇，用幻術惑眾，獨衣紅袍，騎而行……萬將軍素好施捨，有少陵僧者，自幼行腳江湖，語武藝。手執鐵棍，以古大錢貫鐵條於中，長約八、九尺，重約三、四十斤。嘗德萬公施，欲為其女婿報仇，曰：「吾輩不願受中丞約束，願為公滅此賊。」隨集黨八十餘迎擊賊。賊戰，每搖白扇，僧

識為蝴蝶陣，乃令軍中各簪一榴花，僧手撐一傘以行，但作採花狀。
賊二大王者，望見僧，即若縛手然，蓋以術破之也。僧以鐵棍擊殺
之，并殺勇戰者十餘賊。僧欲盡滅此賊，俾無子遺，我兵從征者，
爭奪首級，至有自相殺傷者，僧怒，闔其傘，賊遂能應敵，且四遁
矣。〔註1〕

引文中省略的部分，是描述「二大王」的隊伍劫掠了哪些地方、殺了哪些官
兵，大致上是敘述其繞開城池、劫掠市鎮，且一路上攻勢佔上風，但沒提及
關於「蝴蝶陣」的戰術內容。鄭若曾《籌海圖編》的描述則是：

倭夷慣為蝴蝶陣，臨陣以揮扇為號，一人揮扇，眾皆舞刀而起，
向空揮霍，我兵倉皇仰首，則從下砍來。〔註2〕

對於「蝴蝶陣」的研究，多數學者僅提及而未深入探討。石原道博認為「蝴
蝶」是明人對揮扇、舞刀形象的想像，並認為持扇發號施令是日本戰國武將
常用的戰法，故認為「蝴蝶陣」是明人譬喻倭寇戰鬥形象而取的名稱。〔註3〕
太田弘毅則認為刀、扇是 16 世紀日本輸入中國最大宗的商品，也認為「持長
刀」、「搖紙扇」已經變成 16 世紀明人對日本人形象的印象。〔註4〕石原、太
田對扇子跟蝴蝶陣的論點，都以鄭若曾的描述為基礎。上面兩段史料中，鄭
若曾的描述比較像是一種武術或戰術，利用舉刀揮舞的動作吸引明軍注意上
方，再冷不防由下方砍來，搭配揮扇跟舉眾突然揮刀的動勢，確實有點像石
原所說的如蝴蝶般飛舞。但從采九德的描述來看，卻可發現「蝴蝶陣」不單
純只是一種隊形或武藝，而是具備幻術、巫術性質的儀式，因而能被「厭勝」
的方式，以一套相應的儀式破解、剋制。

唐順之在《武編》中收錄的「演禽戰法」，可能就是蝴蝶陣，或至少是極
為類似的東西。其實在《武編》中也提過「蝴蝶陣」，唐順之整理了七個簡易
的倭寇陣法破解方式，其中第三個「扇陣」又稱之為蝴蝶陣，破解法是先預
備扇子，當見到對方揮扇之時，將官要立刻拿出扇子模仿其揮扇動作，再扯

〔註1〕采九德，《倭變事略》，收入鄭樑生編，《明代倭寇史料》第 7 冊（臺北：文史
　　　哲出版社，2005，點校、排印明天啟三年海鹽刊本），2726～2727。
〔註2〕鄭若曾，《籌海圖編》，卷 2，〈寇術〉，收入《中國兵書集成》第 15 冊（北
　　　京：解放軍出版社，瀋陽：遼瀋書社，1990，影印嘉靖 41 年胡宗憲刻本），
　　　264。
〔註3〕石原道博，〈倭寇の戰術について〉，《海事史研究》，20（東京，1973）：16。
〔註4〕太田弘毅，《倭寇：商業‧軍事史的研究》（橫浜：春風社，2002），270～281。

壞手中扇子。〔註5〕這段描述雖未提及「演禽戰法」，但由於演禽戰法中大量儀式包含揮扇子的動作，破解法也包含「跟著揮扇再扯破」，因此演禽戰法跟蝴蝶陣可能是同類儀式發展下的產物，它可能有多種不同程序的儀式跟戰術（或說演變分支），但應該反映同一套信仰思維。

唐順之在《武編前集・陣》的篇章最末部分，依序記載「演禽戰法」、「二十八宿操練之法」、「煉飛刀法」、「鍊飛鎗法」、「二十八宿像」、「二十八宿遁藏身法」、「二十八宿破陣法」、「二十八宿藏身破陣之法」。其中「演禽戰法」的核心觀念是一套對應二十八星宿的請神儀式，共二十八組陣法。這些陣法各有其戰術跟儀式，除了在調動陣法前請神外，也會用特定儀式來施展「藏身法」隱匿行蹤，這些儀式都可以被另外某種儀式破解。飛刀、飛鎗則是「演禽戰法」在戰鬥中會使用的兵器，故這幾項描述應該是圍繞著一套互有關聯的信仰或文化思維。

「演禽戰法」的敘述方式非常特別，是以倭寇第一人稱視角書寫，《武編》原書該章節在標題「演禽戰法」四字下，就用兩行小字附註：「凡稱『我』者，倭自謂也；稱『彼』者，謂官軍也。以此推之，章章自明矣」，這種筆法在明代兵書中極為特殊，可謂不可多得的文獻。〔註6〕演禽戰法的運作概念類似「請神降臨」，包含二十八組儀式，分別召喚不同的星宿神祇，施術者可依情況從中選擇。二十八宿在遁甲、占卜的用語裡，有時會被稱為「宿禽」，泛指所有的星官，不一定是指鳥類，故「演禽戰法」語意上相當於「二十八宿陣」。各組請神儀式各有需要的道具、咒語、程序，也有相呼應的破解法，但有時會附帶被官兵破解時，用以解救的另一組儀式或方法。二十八組陣法整理見表5.1，表中順序展現的是一種陣法轉換的順序，一陣被破即轉用下一陣。

〔註5〕唐順之，《武編》，前集卷4，〈陣〉，收入《中國兵書集成》第13冊（北京：解放軍出版社；瀋陽：遼瀋書社，1989，影印明萬曆46年徐象橒曼山館刻本），700。
〔註6〕唐順之，《武編》，前集卷4，〈陣〉，收入《中國兵書集成》第13冊，643。

表 5.1：演禽戰法的儀式與戰術

陣名	儀式	戰術	破解法	藏身法
女土蝠	先鋒俯白扇向前，對官兵潑之。	成員鼓譟群擊而前。	官兵亦用白扇潑之、裂之、收踏足下，令軍士用紅布纏頭，左右各插竹枝一根（名「牯牛釵」）群擊而前，手執細梢竹一根，向賊群擊之。或以油浸燈芯拋入敵陣，軍官念咒「宛亥臭陀衣子聿殺殺殺訶訶訶」。隊伍一層拿手網一層拿大刀殺敵。女土蝠陣若被前述「牯牛釵」、「細梢竹」破解，要夾道埋伏躲避官兵，但若官兵再有大斧、長鎗，執彩扇胥前拍拍而來，則該陣又被破，要變成「尾火虎陣」。	成員頭頂一瓦片、手持一瓦片，施法者念咒「宛玄靈陀元爾聿殺殺」。
尾火虎	主將默念「唵吽吽哈哈哈叱叱叱」，扯裂白扇棄於地上或水中。	成員群聚蹲踞，咆哮而前，執短刀分兩翼橫跳而進，官兵若潰敗要收兵歸營，不可深追。	官兵一起拋棄草鞋一隻，投入敵陣中，鑼聲大震而進，主將披髮直前。或不斷敲鑼射弓弩，或用紙畫獅子戴頭上、草紮獅子拋入敵陣，或拋肉塊進敵陣，主將念咒「圖龍圖龍赤易訶訶」。	成員用大木葉插頭上、花黃紙畫佛字、王字綁額頭上，施法者念咒「佛王山王！勇猛誰當！千軍萬將！一吼歸降」。
參水猿	先鋒執紙蓋，直衝其前。	成員用「率然之勢」，首尾句招合擊（即首尾兩翼包抄的「常山蛇陣」）。	官兵白棒向前，鎗斧居次，先斬執蓋者，次斬先鋒。如不能斬之，就令婦人裸體，用簸箕向敵兵扇。該陣若遇裸婦人扇簸箕破解，則用箒彪溺洒之。另一破法，官兵學狗叫，用鮮棗鮮桃、紙畫弓箭丟入敵陣，官兵拿繩索，一層火把，一層拿大刀長槍殺入敵陣。軍士要大喊「火來了」，施法者念咒「唵唵山神神摩訶訶」。	成員頭裹草、手拿柳枝出發，施法者念咒「陵十巨炎炎」。
箕水豹	主將默念「唵咖囉吵」九遍，用劍橫畫地上，直躍而前。交鋒時以扇拍胥，口念「唵吽吽嚰嚰嘟」九遍，用劍直指官兵前，這樣交鋒時會起霧。	成員群聚蹲踞，滾刀而前。	官兵用疊陣破之：槌斧長鎗居前、中，勁弩在後，以次而進；主將用扇，橫分左右扇之，收踏腳下。也可使用尾火虎陣的破解法。	成員用蘆花、竹葉、木葉插頭上，黃布畫金錢花紋披背上，施法者念咒「羅命尾曲」九遍。成員出發前學老虎叫。

角木蛟	先鋒頭戴一牛角、披髮、頭纏紅巾，直突衝擊官兵之陣。	成員先斬官兵先鋒馬足，再攻擊官兵。	官兵夏月斬蛇，冬月編草繩為蛇，投入敵陣中，以「笓籬」（竹挨牌）遮蔽前鋒，勁弩後發射於後，兵士脫去襦袴。 另一破法：取一包或一片生鐵，或犁頭鐵拋入敵陣中，角木蛟會怕鐵而退避。官兵執黑旗，念咒「唵唵吒吒割你頭角殺殺殺」。	施法者取一大盆水，用一根竹子攪拌，念咒「水流水流！洒我軍頭！敵人相遇！一鼓而休」，等水靜止後，成員用竹葉沾水洗面、目、手、足，再用竹子沾水灑我軍上方。
斗木獬	主將默念「唵吽吽叱叱叱叱殺殺殺」九遍，交鋒時主將用扇向前頭上，雷雷之聲如招人狀。	成員分五陣，四面而進。	官兵用米撒敵陣內，去下袴，羣執重器，火炮半路邀擊。 另一破法，官兵學烏鴉叫，先拋擲石塊打入敵陣，再用長鎗、三股叉殺入，施法者執青旗念咒「先羅知知唵吒吒」。	施法者用一盆水讓成員洗面、目、手、足，並用碗舀水潑揚，念咒「水揚水揚！神水到處！無人敢當！吒吒吒」，成員橫跳出發。
亢金龍	用兩卒，口銜刀，手執白紙幡而夾攻陣中。	成員群刀手大噪而進。	得上風則令官兵燒其幡，無風，用梢竹群集突入陣內，弄斷白紙幡則陣法崩潰。 另一破法：將大塊生鐵拋入敵陣中，施法者念咒「唵吒！斬你頭！割你角」，官兵口中念「唵唵」之聲不絕，手執長鎗大斧殺敵。	施法者用一盆水，用手潑揚，念咒「水神水神！變化過靈！與敵交鋒！不見身形」，成員用水沾濕手，出發前用手作雷聲。
井木犴	主將默念「唵嚱嚱嚱嚱嚱囉哆攝」九遍，用劍尖指揮而退。	成員所至處先令人放火，使煙焰衝天，然後埋伏草野，以次而進。	官兵各執五指釵而進，魚叉亦可。 另一破法：官兵分兩層，前持繒網、火把，後持大刀、長鎗，口中大呼「魔王魔王」而進，施法者執青旗念咒「天魔魔速殺殺」。	用布畫五待安上寫雲字，令成員戴頭上，內裹蘆荻葉，施法者念咒「震沱天子吒吒吒」。
翼火蛇	先鋒頭頂一方板，手執長蛇而進。	成員橫跳而進，又名「倒戈陣」。	官兵大礅居前，或鼓哨、披髮、斜行，大斧直向，先斬先鋒，次擒上將。 另一破法：官兵作鴉聲，手執蛤蟆拋入敵陣，用大刀殺敵，施法者執紅旗咒「神羅火兵摩摩摩」。	成員拿紙畫龍做成紙帽，用草綁在頭上出發，施法者念咒「毒龍聿起起呵呵」。
奎木狼	主將默念「唵咖囉哪囉煞」，用劍虛刺而進	成員伏地而來，先截尾陣，次及先鋒，其勢如山。	官兵用大槌、大斧、鐵鞭、長箇，群聚而進攻，務擺圓、尖二陣。 另一破法：官兵鑼鼓齊鳴，用石子打入敵陣，再持刀砍入，施法者執青旗念咒「唵唵摩尼尼」。	成員拿木葉插頭上，口中不停吐氣唾，施法者念咒「雋去命元隱隱隱」。

畢月烏	先鋒口銜短刀，兩手如翼向後。	成員後兵吶喊而進。此陣用於突圍，以後陣為向前衝鋒主力，可能類似間隊戰術。	官兵令一卒執一紙傘突入賊陣，先斬後陣，則前陣、中陣自然離散。同時拿四張紙，用弓箭射出去，並將死雞拋入敵陣中，施法者念咒「火光火光神鴉鴉吒吒」。	成員頭插木葉、手拿樹枝出發，施法者念咒「徃律勿靈啄啄」。
觜火猴	主將臨陣，默念「天轉地轉吵囉嚘」。衝鋒時執紙蓋、短幡直衝，斬柳枝投入官兵陣內。	成員先令人登高樹、屋頂觀望，然後以多組伏兵伺機攻擊。	官兵用火龍鎗直倒賊陣。也可使用參水猿陣的破法。	同參水猿陣。
婁金狗	主將用扇拍拍而來，唸咒曰「吒利利那囉囉」。	成員二十人手足抓地，作犬聲而進，隨用大斧、長鎗殺來。	官兵頭扎虎頭形盔帽，作虎聲向前，拿肉十數塊拋入敵陣，鼓翼而進。 另一破法：官兵作虎聲，先將滾水潑入敵陣，再持栓牲口的繩索，以大斧、砍刀殺敵。施法者執白旗旋繞念咒「神獒神獒！吒吒訶訶」。	成員頭裹亂草、手拿亂草桿，作犬聲，施法者念咒「婆盧旋云」。
星日馬	主將臨陣，默念曰「變！移移！星神聽令！可」劍一指。	成員跑跼哮叫而進，一衝其陣，勢如劈竹。	官兵用料豆、繩索拋入敵陣，以鞭、槌、叉、棍大刀、大斧殺入敵陣。施法者執太陽紅旗旋繞念咒「宗氣赤晶趕趕趕」。	成員用紙畫馬鞍戴頭上，作馬聲奔跑出發，施法者念咒「勿它童尪台尪台」。
柳土獐	主將執黑旗在手，左旋不住，默念「速速來！摩囉摩囉」。	成員手執鋒刃三尖刀，一跳十數步，橫奔而來。	官兵持三股叉、藥弩箭向前，作犬聲。 另一破法：官兵作犬聲，用紙畫弓箭丟入敵陣，隊伍拿繩索、大刀殺敵。施法者執黃旗念咒「原蛤震山訶訶」。	成員頭戴木葉當帽子，手拿一塊石子出發，施法者念咒「氣熅六四四摩呵呵呵」。
昴日雞	先鋒兩手如飛鳥粗似，張翼前進。	成員後兵執大刀吶喊殺來。	官兵用米穀灑去，手執竹棒打去，飛槌殺入。 另一破法：官兵作鴉聲，將米穀拋入敵陣，用砍刀殺敵。施法者執太陽青旗念咒「太陽太陽烏烏殺殺」。	成員頭裹茅草，手拿茅草出發，施法者念咒「火羿亥四四殺殺」。
張月鹿	主將以頭結物而進，手執黃旗旋轉，默念「黃由由，頭角崢嶸，速速唵唵」。	成員士卒群聚殺。	官兵作犬聲，將花拋入敵陣，以三股魚叉、藥弩、網索齊進。施法者執太陰黑旗揮進念咒「聿侖允川進進」。	成員用草裹頭上，口銜花枝木葉出發，施法者念咒「宛黃由蛤蛤趕」。

虛日鼠	主將手握皂旗、披髮、按上中下口噴淨水，念咒：「唵囓呤呤鼠即精」。交鋒時主將用軫扇拍拍不住。	成員分天、地、人三陣而進。天陣部分叫「天鼠」，持大斧、大刀飛奔前進；地陣部分叫「地鼠攢穴」，持短刀喊叫，滾地向前；人陣部分持飛槌、飛刀齊進。三陣齊發叫「日鼠飛躍心」。本陣特別描述天、地、人三陣戰術。	官兵手執竹葉長竹，口作貓聲，以破天鼠。手執團牌、短刀，齊隔飛槌、飛刀、飛鏢，牌下短刀砍賊腳，口亦作貓聲前進，以破人陣、地陣。施法者執五彩旗，旗子中心畫一日，念咒「唵唵訶訶摩尼尼薩呵呵」。	成員頭上裹一包土，手拿茅草，口中作呷呷聲出發，施法者念咒「天鼠鼠不怕泰山土埕一衝而透進進進」。
心月狐	主將默念「狐精救我三軍！唵吒吒摩哩哩」。	三軍喊呼向前，各執長鎗、三尖利刃。	官兵作犬聲，紙畫婦人掛脖子上。持破網長索，用大刀殺敵。施法者執青旗，旗上畫四道月亮，念咒「鬱草子羅度路殺殺進進」。	成員把茅草紮成三五把，將桐樹大葉裹身上，手持石塊打出，不停大喊「打打打」，施法者念咒「唵唵！茅草遮身木葉安！敵兵見我舉足眠！殺殺殺」。
牛金牛	主將默念「嘻哩哩殺殺」。	成員各執大刀、大斧，口作牛聲而進。	官軍各執長鞭，口中唸「啼」，大喊齊進。另一破法：官軍用鹽塗手、足，持長鞭，作虎聲，用大斧、斬刀殺敵。施法者執白旗念「囉命命尼曲曲唵摩摩」。	成員用草插頭上頂角，作牛聲，施法者念咒「唵先羅羅于呵呵打打」。
鬼金羊	主將默念「魍魎魍魎！助我真常！吒吒囉囉速速疾」。	成員以頭向敵，各執短刀、短鎗，如風齊進。	官兵頭頂虎頭狼面，作聲，大刀、尖刀殺入。另一破法：官軍作虎聲、犬聲，用紙畫虎頭或狼面綁頭上，用大石頭打入敵陣。施法者執白旗念咒「唵宛延豆屬殺殺」。	成員頭戴竹葉為帽，施法者念咒「演羅蔚聿進進」。
室火豬	主將默念「鐵腳田王！速速當當！飛揚飛揚」。	成員各執飛刀，捲地而入。	官兵拋糟入陣，作虎聲，手執長索、尖刀、鐮鈎，大喊「殺殺」。施法者執紅旗揮入，念咒「熒惑熒惑吒吒尼尼」。	成員用紙畫山如石洞，綁頭上，手拿土一包，出發時撥土，施法者念咒「吒吒殺殺呵呵」。
壁水貐	主將默念「大悲龍神！救我兵人！速疾疾唵吽吽吒吒吒」。	令成員各用三尖大刀、大斧而進。	官兵口作犬聲，將繪網拋入敵陣，持三股魚叉、大刀殺敵。施法者念咒「阿互車陁呪呪」。	施法者拿水一盆用柳木棒攪拌，念咒「寇師欝單」七遍，令成員用水洗面、目、手、足，在頭上插草，出發不停念前述咒語。
胃土雉	主將默念「吒吒那那，飛飛殺殺」。	令成員手執三尖刀、三股叉，齊聲吶喊，大叫殺入官軍。	官兵頭上插茅草、柳枝，手持長繩、網羅，用三股叉、大刀、弓弩殺敵。施法者執黃旗念咒「唵唵中尖囉吡吒殺殺呵麼麼」。	成員頭插柳葉枝，手拿茅草，出發時口中不停作吒吒聲，施法者念咒「尸原巨光光」。

房日兔	主將呼曰：「三陽三陽！速來軍旁！水護水護！勿懼勿懼」。	士卒呼喊「殺殺」，手執大斧齊進。	官兵用紙畫虎或狼、犬面戴頭上，口作虎聲或犬聲，將料豆拋進敵陣、手持捆索，用大斧、砍刀殺敵。施法者執青旗，旗心畫一太陽，念咒「唵唵囉囉摩那那」。	成員用茅草插頭上，或用黃紙畫五綵圓月光放頭上，施法者念咒「月光月光！玉兔深藏！敵兵遇我！一陣而亡！」成員奔跑吶喊殺出。
危月燕	主將將皂旗旋轉，默念「悉怛怛社公公速至至」。	成員各執雙刀，如鳥翅飛開，殺聲不住，一躍前進。	官兵手執竹桿，望空不停打下，長鎗隨後迎敵，或點火把燒去。施法者手執太陽青旗念咒「巨完皁炎皁炎」。	成員用一團茅草紮頭上，手拿土一窩，出發時口作支支聲，施法者念咒「唵唵支支摩阿阿殺殺」。
氐土貉 軫水蚓	主將用淨水三口噴去，大聲喝云：「土神、水神！遠至遠至！唵哩唵哩殺殺殺」。	令成員分兩邊，各執短刀一路，長鎗一路，迅速齊到，勢不可止。此二陣於危月燕陣被破時同時施展，儀式、戰術均為一體。	官兵以鋤頭、大刀破入，鑼聲不絕，口作貓、犬聲齊進，無不勝矣。 另一破法：對付氐土貉陣，官兵用黃紙畫青雲拋入敵陣，作貓狗聲、敲鑼，以大刀殺敵，施法者執杏黃旗念咒「唵哞哞網羅羅捉捉大勝而歸」。對付軫水蚓陣，官兵作鴉聲，將鐵鋤頭拋入敵陣，用長鎗、砍刀殺敵。施法者執皁旗揮進，念咒「摩訶訶咤哩哩殺」。	氐土貉陣藏身法：成員用青竹葉包頭，另插一支在頭頂，施法者念咒「竹葉插頭！殺人最毒！百萬敵兵！一陣而伏！」成員口呼「殺殺」。 軫水蚓陣藏身法：成員以茅草為頭巾，手拿一塊土出發，施法者念咒「戌已唵那那殺殺」。

參見唐順之，《武編》，前集卷4，〈陣〉，收入《中國兵書集成》第13冊，643～698。

　　從表格的整理中，我們可以注意到「演禽戰法」同時具備陣法跟咒術兩種性質，還搭配一種出動時幫助己方「隱身」的藏身法儀式。從深具二十八星宿信仰的架構跟儀式，天、地、人的分類術語，搭配三股叉、飛鎗、飛刀等兵器來看，「演禽戰法」深具「中國色彩」。因此扇子和「潑扇」、「揮扇」、「拍扇」等動作在這裡，顯然不能直接斷定為日本戰國武將的軍扇與指揮動作，而可能是施展咒法的道具和儀式。在明代神怪小說的鬥法情節中，扇子並不缺席，《西遊記》第五十九回中，羅剎女持「芭蕉扇」將孫悟空搧飛了五萬里。〔註7〕《封神演義》第八十一回中，楊任持「五火扇」跟呂岳的「瘟瘟傘」鬥法。〔註8〕這顯示扇子跟傘在民間思維中，可以是某種作法、戰鬥用的法器或武器。

　　除了表格中整理的演練順序，唐順之又紀載兩段資料，展現另外一組調

〔註7〕（明）吳承恩，《西遊記》，（臺北：台灣古籍出版社，2005）593。
〔註8〕（明）許仲琳，《封神演義》（臺北：台灣古籍出版社，2005），671。

動方式，這是以角木蛟陣、尾火虎陣、室火豬陣、女土蝠陣組成的戰術，也分成天、地、人三組隊伍：

> 角木蛟蛇頭人身，着五采袍，手持三尖兩刃刀，率領蛇廂等兵交鋒，一變尾火虎，或變室火豬，各領部下兵，交戰日在於卓（桌）上操演。〔註9〕

以及：

> 交鋒時角木蛟用扇拍拍，所領軍五人為伍，前二人後三人，彼此背後相靠，見扇拍時一跳丈餘，殺至彼營尚不知也。少時，中陣尾火虎埋伏在草莽或山岩、空谷之中，見敵迎來，陡起來殺，變為虎陣，乃人陣法也，專恃隱伏邀擊。一變為女土蝠陣，乃地陣法也，或為天陣遊奕，或為人陣牙兵，不拘常也，或伏飛刀向前鎗在後，或飛鎗在前藥弩在後，出沒隱伏，交鋒迎敵更難測度。〔註10〕

這二十八組陣法如何運作？其陣法混合咒法特色有何意義？下面章節將分別就戰術跟巫術探討。

二、戰術與巫術

（一）衝刺、埋伏、包抄

「演禽戰法」的二十八組陣法，運作時有個調度習慣，會把出擊的軍隊分為前、中、後三組隊伍，分別稱為「天陣」、「人陣」、「地陣」。「天陣」為先鋒，負責突擊或誘敵；「人陣」和「地陣」可能是中軍遊兵，有時支援天陣，有時天、地二陣靈活調度成伏兵或奇兵，常用來攔截逃跑敵人或迂迴偷襲敵軍，有時用作特殊目的的調遣，如放火或偵查。二十八組陣法中以長兵器衝鋒者，多從天陣調遣；潛行埋伏者多由地陣或人陣調遣，常使用飛刀、飛鎗、短刀，並以機動輕疾的方式行動，兵器選用也較靈活。從戰術的角度來看，「女土蝠」、「井木犴」、「奎木狼」、「觜火猴」四陣帶有埋伏的戰術，而埋伏方式略有不同；「尾火虎」、「參水猿」、「氐土貉」、「軫水蚓」四陣則使用兩翼包抄的戰術；「斗木獬陣」採用分散小隊四面圍攻戰術；「箕水豹」、「角木蛟」、「亢

〔註9〕唐順之，《武編》，前集卷4，〈陣〉，收入《中國兵書集成》第13冊，663。

〔註10〕按：唐順之在同書644頁，對人陣跟地陣的敘述和這段相反，考量奇襲跟埋伏兩種戰術在戰場上應會視情況調整，故人、地二陣角色有時可能會互換。唐順之，《武編》，前集卷4，〈陣〉，收入《中國兵書集成》第13冊，665～666。

金龍」、「翼火蛇」、「婁金狗」、「星日馬」、「柳土獐」、「張月鹿」、「牛金牛」、「鬼金羊」、「室火豬」、「壁水貐」、「胃土雉」、「房日兔」、「危月燕」等十五陣用於衝鋒，而「畢月烏」、「昴日雞」二陣類似衝鋒，但似乎是專用於突圍的衝鋒，「虛日鼠」、「心月狐」二陣則是天、地、人三陣皆發動突擊的衝鋒兼包抄圍攻。演禽戰法的二十八星宿編排，在變陣時並沒有按照星宿原先的順序，也沒有反映七曜中五行間的生剋關係。

　　若從角木蛟轉換尾火虎、室火豬、女土蝠這段描述來看，這樣的戰術是以角木蛟陣為天陣，負責衝鋒突擊，會是首先接觸官兵的部隊，而同時尾火虎、室火豬、女土蝠三陣相關的人手會潛行部屬於戰場，等待角木蛟陣佯敗退回諸陣包圍好的陷阱中，但後三陣也可以更積極地繞到官兵背後襲擊。跟本文第三章整理的戚繼光抗倭鴛鴦陣相比，「演禽戰法」與其有很多相似之處，飛鎗應該就是鏢鎗，而三股叉則跟銳鈀形制接近。在表 5.1 整理的戰術上，女土蝠陣到尾火虎陣的轉換，呈現一個衝鋒交戰後佯退、夾道埋伏後誘敵直進，再兩邊夾攻的戰術，這跟鴛鴦陣作戰時的伏兵戰術很像。斗木獬陣分兵五部、四面包圍敵人，這也和義烏兵單官作戰時分五面圍攻的戰術很像。從人數來看，文獻提及天、地二陣各用數十人或百人組成，而中軍人陣的人數似乎較不固定，對照義烏兵編制，一總中的前營人數不含拋射武器手，是 160 人，而一官中前哨的持冷兵器者人數則是 40 人，實際上戚繼光的義烏兵，作戰時也是以數十人到百餘人為作戰規模，同時無論是抗倭鴛鴦陣或演禽戰法，都是將後陣當伏兵來調遣，兩相對照，其實鴛鴦陣跟演禽戰法在規模跟戰術上，有很多相似的地方。甚至於在氐土貉、軫水蚓合用的戰術中，可以看到長鎗手、短刀手協同作戰的配置，這可能反映某種「長短相衛」的設計。在戚繼光的描述中，倭寇即便「尺木斗塹」也能藏個一、二人，伺機偷襲官兵，這種戰法在「地陣」、「女」、「井」、「奎」、「觜」等陣的描述中皆可找到。女土蝠陣是佯退埋伏，井木犴陣則是先沿途放火製造煙霧跟戰場上的心理壓力，再伺機分組，埋伏潛行，靈活發動一波波的奇襲。抗倭鴛鴦陣跟倭寇的演禽戰法，其戰術相似性是相當值得注意的現象。

　　演禽戰法就戰術來看大約可分為衝鋒突擊、包抄包圍攻擊、伏擊三大類戰術，但還有個重要特色是其「演變」的性質。這二十八組戰術會在前一個被破解時，轉變成下一個，不斷的流轉除了可能是平時操練的程序外，在戰場上應該也是實際使用的作戰方式。確實，在戰場上不太可能僵硬地照順序

一個個使用，但如果我們把一連串二十八個小陣法，分別拆成幾組，則「演禽戰法」的奧妙之處或許就能展現出來。

女土蝠、尾火虎、參水猿三個陣法連續施展，會變成先進攻再佯退、夾道埋伏，再分兩翼橫跳而出發動攻擊，最後以常山蛇勢首尾包抄對方，這樣就變成一組較完整的戰術程序了。箕水豹、角木蛟、斗木獬、亢金龍四個陣法連用，則會變成先採用兩支部隊突擊敵軍陣面，再以伏兵包圍對手，最後再以一支部隊突破對方隊伍。照這樣來看，前面兩組突擊一來方便打破對方陣法的穩固性，製造防線缺口，二來能吸引對方注意力，方便第三順序出場的斗木獬士卒調遣、潛行，在斗木獬陣四面圍攻敵人時，第四順序的亢金龍陣便直攻敵軍要害。這種打法在順序上，先鋒首先迎敵，奇兵再從不同方位攻擊，擾亂敵方陣腳，己方後陣再伺機出動的戰術，跟第三章戚繼光鴛鴦陣單官作戰時，中軍前鋒先迎敵，接著兩翼包抄敵兵、同時後哨往前埋伏、包圍敵軍，最後中軍後陣間出而前、推進的打法，在節奏跟戰術思維非常相似。

以下這組戰術則跟其他倭寇描述可以相互對照。井木犴陣是一套先沿路放火，製造滿布煙塵、火光、廢墟的環境，然後軍隊埋伏、「以次而進」發動攻擊的陣法。這個「以次而進」，可能就是結合後面幾個順序戰法的戰術：緊接而來的翼火蛇、奎木狼、畢月烏三陣都是突擊，但是功能略有不同，翼火蛇陣沒有明確的專用場合，只有提到橫跳等特殊動作，可能是較為泛用的衝鋒戰術，而奎木狼陣是先襲擊對方陣尾，然後才攻擊先鋒，所以應該是一種伏擊的戰術，畢月烏陣是專用於突圍的突擊戰術，確實可能用於混戰狀況，因為隨時可能陷於包圍，但也有可能是演禽戰法在訓練上，刻意把突圍陣法塞進演練的程序裡，就像武術套路一樣，抓個大概的情境模擬，用連續動作方便學習記憶而已。演禽戰法在描述上，由於使用「主將見一陣被破，要立即轉換成下一陣」的敘述方式，容易讓人覺得不同陣法不會同時使用，一個個輪流上場。但這可能不是文獻的原意，例如從翼火蛇陣到奎木狼陣的轉換，前者突擊敵方前鋒，後者則攻擊對方陣尾，以邏輯上來看，同一批軍隊不太可能先進攻對方前鋒失利後，又再繞到對方背後攻擊，比較可能的方法是原先就埋伏了多組士兵，看時機攻擊對手，一支先鋒先打對方前陣，戰況膠著或對方陣腳移動時，另一支伏兵就順勢擊向對方後陣，這樣翼火蛇陣跟奎木狼陣就變成附屬於井木犴陣下的小陣了。

觜火猴陣與其後幾個陣法，也可套用前述井木犴陣的理解方式。觜火猴陣

的戰術內容是先爬到樹上眺望一定範圍內的軍情，然後士兵「四野伏殺」，這跟井木犴陣相比，幾乎只差在有沒有放火而已。婁金狗、星日馬、柳土獐、昴日雞、張月鹿等陣，基本上都是衝鋒、突擊的陣法。昴日雞陣跟前面的畢月烏陣在儀式跟戰術上都很接近，雖然文獻上不像畢月烏陣般註明「用於突圍」，但井木犴陣加上後面連續的婁金狗、星日馬、柳土獐、昴日雞等陣，其戰術程序很像前面井木犴、翼火蛇、奎木狼、畢月烏等陣連續施展時的樣貌，都是先埋伏再分組出擊，中間夾雜一個突圍陣法，這在演練上有某種對稱性跟重複性，跟武術套路的設計有異曲同工之處。井木犴到畢月烏，以及觜火猴到昴日雞，這兩組陣法組合，可能是兩組相似的戰術，先埋伏、次襲擊、再突圍逃脫。

　　張月鹿陣的用途比較難解釋，唐順之的記載是「令士卒群聚殺」、「沖擊官軍」，但究竟「群聚」起來如何「殺」？持何種兵器？唐順之沒說清楚。〔註11〕張月鹿陣可能是前面觜火猴陣下伏擊用的小陣，但也可能應視為跟後面虛日鼠、心月狐等陣歸在一組。「虛日鼠陣」的描述最為特別，唐順之說此陣最為猛惡，施展時天、人、地三陣會同時出擊，天陣以大刀、大斧突擊，地陣則持短刀「滾地而來」（應該是包抄偷襲的戰術），人陣則持飛槌、飛刀齊進，這個三陣同時進攻的戰術，被稱為「日鼠飛躍心」。虛日鼠陣最大的特點就是一陣就含天、地、人三陣，而非由不同宿禽陣法各自擔負天、地、人三陣的工作。張月鹿陣可能是虛日鼠陣出擊前的集結，也有可能是虛日鼠陣發動大波攻勢前的先發隊伍，用來影響、動搖對方陣勢。而在虛日鼠陣之後施展的是心月狐陣，這個陣法的請神咒語跟戰術內容，暗示它極可能是虛日鼠陣的配套戰術，心月狐陣的咒語是「狐精救我三軍！唵吒吒摩哩哩」，而諸陣法提到「救」字的咒語並不多，這顯得心月狐陣可能真的是用來「救」虛日鼠陣的，它的戰術是三軍執長鎗、三尖利刃前進，這些都是長兵器，相較於虛日鼠陣只有天陣持長兵，人、地二陣都是持奇襲用的短兵、投擲兵器，心月狐陣可能設計上就是虛日鼠陣的後援，負責在「日鼠飛躍心」戰術打亂敵人陣腳時作為第二波攻勢，因此一樣分三軍進攻，但是採穩重姿態推進。陣法中的「救」字不只表示救援而已，也有助攻、增援的意涵，本文第三章第二小節第一部分，引述鴛鴦陣的戰術「交鋒，筅以救牌，長鎗救筅，短兵救長鎗」，其「救」字指的更像是助攻。第四章第二小節第二部分，註腳討論罘罝陣「利救」的特性，也主張其分層分組的小陣，在戰場上方便攔截時的夾攻。由此

〔註11〕唐順之，《武編》，前集卷4，〈陣〉，收入《中國兵書集成》第13冊，656。

類推，心月狐陣很可能就是虛日鼠陣的第二波增援攻勢。

在心月狐陣後面的牛金牛、鬼金羊、室火豬、壁水貐、胃土雉、房日兔、危月燕等陣，都是衝鋒陣法，戰術上的差別不大，大概就是三尖大刀、三股叉、大斧等長兵器，突擊前進，比較不一樣的是室火豬陣使用飛刀，採用「捲地而入」的戰術；危月燕陣使用雙刀，施展時兩手張開如鳥，所以應該是雙手各持一刀。氐土貉、軫水蚓兩陣是演禽戰法操練順序的最末兩陣，同時施展，採用兩陣分兩邊包夾敵軍的戰術，值得注意的是一陣持長鎗，一陣持短刀，長短懸殊。

演禽戰法的二十八個陣，除了少數提及包抄、包圍、埋伏者，或是虛日鼠陣三軍齊進的陣法以外，大部分的描述缺乏對隊形的敘述，這些缺乏隊形描述的陣法，逐一檢視時會有差不多的感覺，幾乎就是持特定幾種長兵器，或是短刀、飛刀等短兵、投擲兵器來衝鋒。這些本質上差異不大的衝鋒小隊，如果理解成會在戰鬥中不同時機，針對官兵不同位置，用特定武器發動攻擊，則可推論演禽戰法利用不同星宿神祇代表不同的進攻小陣。這樣的陣法設計發揮了兩種功能，第一、對官兵而言，敵人採用了零星、機動的小隊，不時地突然出現攻擊自己，交戰時遭擊退後又會不時冒出新的敵軍，防不勝防。第二、對演禽戰法的施術者而言，不同星宿神祇的演變提供了某種戰鬥上的信心，讓成員在交戰時不用擔心太多風險，只要別遇到厭勝的招數，自己就處於神祇保佑的狀態。即便陣法被破或戰況膠著，也會適時出現另一隊由另一個神祇所庇佑的友軍來支援自己。如此一來，小陣輪流上陣的戰術，除了讓神明也輪流上場發揮庇佑的力量外，也讓不同組的士兵得以輪番休息，神祇的輪替降低法術被破解的風險，士兵的輪替則延長戰鬥的持續力（這某種程度上發揮了間隊的效果）。透過分散的信仰儀式、分散的作戰部署，演禽戰法把戰場的風險分散了，也同時降低了每個人精力上的負荷。

（二）巫術內容

唐順之在記錄演禽戰法時，一開始就說明「此法不擇日、不擇門、不避孤虛，惟用棗木刻二十八宿真形，行則配之，立營隨方供之。」〔註12〕這個描述頗具深意，意指演禽戰法把傳統兵陰陽家對於看時辰、選日子、遁甲選門、看方位的禁忌觀念都拋棄了，而將吉凶評估標準的「典範觀念」轉移成

〔註12〕唐順之，《武編》，前集卷 4，〈陣〉，收入《中國兵書集成》第 13 冊，644。

一套託付在二十八星宿信仰下的儀式體系，並為其設計獨特的吉凶標準與禁忌。值得一提的是選日、選門的觀念在中唐李筌《太白陰經》、北宋許洞《虎鈐經》、北宋《武經總要》都有提及，這代表擇日、擇門、避孤虛的禁忌可能長期以來都被兵家相信、操作著。演禽戰法獨特的行動法則，可能會造成倭寇的行動更難預料，因為官兵無法以既有的占卜法則來推測其行動。

以研究者的角度來看，這是一種陰陽五行、神靈仙佛深入人心的時代下，盜匪挪用信仰思維，卻改造了其內涵的現象。施術者試圖超脫官兵的思維，但是並沒有超脫信仰體系的思維。他們似乎仍被禁忌體系綁著，這些「倭寇」雖然拒絕了傳統吉凶法則的束縛，例如在選日子、選方位上更具彈性，但還是接受了「有陣必有破」的思維。

在演禽戰法的邏輯下，施術者的焦慮會轉向到是否確實執行儀式上，我們也因此可以理解為何士卒會在作戰時集體做出「橫跳」、「口作牛聲」、「頭上綁東西」、「手足抓地」、「像馬一樣踴跳」之類的動作，甚至有人拿紙傘，有人彷彿舞龍舞獅一樣在戰場上高舉白紙幡。這種動作無關武術，而是類似宗教儀式的行為，在意義上可能代表迎神、神靈附體，有加強士卒「相信神明已經降臨」的功用。演禽戰法使用二十八組小陣，一來方便變換多組戰術時，讓每一組戰術都找得到神明來對應，二來也方便將士兵分組、分散作戰。這套以二十八星宿為名的陣法，是一套同時結合巫術跟戰術的作戰方式，舉凡調度、變陣、潛行都有相應儀式。雖然這些儀式許多成分看起來可能無關打鬥，但當這種儀式變成體制化的集體行為時，它就不再只是「無關於戰鬥的動作」了，反而可能為軍隊帶來極高的信心，並成功使主將能分組調度士兵。

演禽戰法重視機動的小隊分組戰術，也反應在「藏身法」的思維上。藏身潛行的隊伍一樣忌諱破陣的厭勝儀式，不一一贅述。從二十八組陣法跟藏身法害怕同一套儀式來看，這套藏身法的概念應該也是請神，即透過星官神祇的力量，達到隱藏形跡的能力。又從二十八組陣法各自擁有一套「遁藏身法」來看，我們可以猜測演禽戰法每一種小陣都可能單獨調遣，或被用於埋伏奇襲，或是在衝鋒突擊敵兵前有一段需要隱匿行蹤的行軍調度過程。以埋伏戰來講，形跡隱密會是勝負關鍵。這自然會形成軍事行動中士卒在意的課題，把這種焦慮放回到義烏兵的埋伏戰術上，也可看到共通處，戚繼光的兩種埋伏戰術中，伏兵在大兵前有「非大成即大敗」的風險，而大兵先進、伏兵在後的戰術則要「防前兵膽怯」。對演禽戰法的施術者而言，類似的風險、

焦慮也存在，故演禽戰法刻意用二十八組有助於藏身的咒術儀式，來幫自家士卒「壯膽」。澤田瑞穗在《中國的咒法》（中国の呪法）一書中整理了許多關於「隱身術」的描述。其整理的儀式中，可以看到持有特殊芝草、古木，或是利用木、石、土、水、火等物，或是召喚蟲、霧氣等方式，被視為可以隱藏形跡，這類描述在演禽戰法上可以找到類似的概念。〔註13〕

　　同時我們也可發現，施術者對厭勝的觀念有時相當直觀，例如虛日鼠怕貓聲、牛金牛怕鞭子、張月鹿怕捕獸網跟獵叉、婁金狗會因拋入陣中的肉塊而分心，如同虛日鼠看到米灑入陣中也會分心一樣，而神明一旦受驚或分心，便不會再保佑請神的士兵了。這種直觀的忌諱有時顯得有點「幼稚」，彷彿貴為天神星官的張月鹿會怕凡間的捕獸網一般，但這其實很能反映「宗教儀式」介入「戰爭活動」時，背後運作著某種「規訓」的權力。主將在平日的訓練中把士卒的思維重整，讓士兵不再擔心跟演禽戰法體系無關的吉凶概念，但同時施術者也配合著某套很單純的邏輯，去「定義」演禽戰法的弱點，這種塑造出來的弱點，概念愈單純，反而愈顯得簡單而強烈，給人的說服力愈大，就像老鼠怕貓、狗愛吃肉一樣地直覺。而一旦弱點被定義的同時，則代表著「其它的問題都不是問題」的觀念也成形了。舉例言之，朝虛日鼠陣丟把米，並一邊學貓叫一邊拿著兵器攻擊，這種破解法看似粗陋，但實際上在「日鼠飛躍心」三陣齊攻之際，又有多少挨打的官兵懂得灑把米再學貓叫？更何況這套戰術背後的邏輯也不是公開的知識。反觀主將限定士兵「弱點就是被灑米跟聽到貓叫」這樣的思考方向後，戰場上的颱風下雨、打雷起霧，乃至於交鋒時偶然的小勝小負，都不再是「值得害怕」的事了。這就是演禽戰法透過儀式跟超自然的信仰來規訓人的權力運作，透過規訓人「只能怕什麼」，進而把概念轉換成「只須要怕什麼」，再達到「其它的都不用怕」的效果，所謂的「不擇日、不擇門、不避孤虛」，可能就是這種禁忌儀式操作下所得到的結果。

　　二十八位神祇的流轉交替，其實可以把戰場多變、危機四伏所帶來的焦慮感，半強制地轉移成要求參與者將心思關注在對神明的信心上，這其實是種轉移焦慮的手段。唐順之指出該法無視既有陰陽五行的生剋關係，也不受吉凶日期、方位的束縛，說得正是演禽戰法的精髓。透過挪用、改造既有信仰，「倭寇」發展出這種獨特的作戰方式。

〔註13〕澤田瑞穗，《修訂中國の呪法》（東京：平河出版社，2005），108～119。

三、與人類學巫術、禁忌理論之比較

馬凌諾斯基（Bronislaw Malinowski，1884～1942）在《巫術、科學與宗教》一書中提出巫術的解釋體系能幫「偶發事件」賦予「意義」的觀點，這對理解演禽戰法相當有啟發性。〔註 14〕在《倭變事略》中采九德記載了這樣的事件：

> 省城周都闈及指揮徐行健，率兵兩路追賊，周自山南下，徐自山北合，徐失期。周行至菩提寺前，陣如半月形，賊望見，齊呼為「牛角陣」，以術魘之，周墜馬、被殺，兵亡過半。〔註 15〕

平原騎馬戰鬥尚有墜馬之虞，以江南的山區而言，墜馬恐怕更像意外，但在采九德的描述下，周都闈的墜馬跟殺身之禍被罩上了一層「遭詛咒」的陰影。馬凌諾斯基的田野調查經驗指出，超布連群島（Trobriand Archipelago）的土著沒有一個認為園藝可以僅憑巫術坐享其成，但是他們認為在自身能力以外，還有某種力量左右了他們的成敗。因此馬凌諾斯基認為人們試圖掌握未知風險，才是巫術誕生的原因。〔註 16〕

《倭變事略》歸結出的倭寇戰勝原因很多，從兵器優良、武藝高超到戰術詭詐都有，這點已有學者研究過。〔註 17〕「幻術」只是眾多造成官兵挫敗的因素之一，但透過幻術的解釋，戰場上的「意外」便被賦予了意義。巫術不只可將敵軍偶然的失利，歸功於巫術的效果，還能進一步轉移士卒對戰場風險的焦慮，或是透過儀式操作、參與，讓士卒產生參與感，透過團體感的建立提振士氣。文中倭寇對周都闈施展巫術的時機，是在兩軍交戰前一刻，周都闈擺出陣式時，這是戰況一觸即發之際，倭寇此時施展巫術，可能就是戰前激勵士氣的手段。值得注意的是在這段描述中，倭寇似乎是自己把官兵的半月形陣稱為「牛角陣」，並自己定義厭勝方法的。官兵是否認為自己正在施展一種叫「牛角陣」的戰術或儀式，就文意是看不出來的，但在《倭變事略》的記載中，倭寇在這場帶有巫術色彩的交戰中獲勝了。

馬凌諾斯基在美拉尼西亞（Melanesia）島嶼的田野經驗，有一些觀點值得跟演禽戰法的思維作比較。他指出美拉尼西亞島嶼土著的思維裡，巫術跟一般

〔註 14〕 馬凌諾斯基（Bronislaw Malinowski）著、朱岑樓譯，《巫術、科學與宗教》（臺北：協志工業叢書出版社，2006），49～50。
〔註 15〕 采九德，《倭變事略》，收入鄭樑生編，《明代倭寇史料》第 7 冊，2736。
〔註 16〕 馬凌諾斯基著、朱岑樓譯，《巫術、科學與宗教》，49～50。
〔註 17〕 賴育鳴，〈明嘉靖年間的海寇〉，《中興史學》，9（臺中，2003.4）：15～22。

的技藝、知識，分別掌管對神聖跟非神聖領域的事物處理方式。例如對超布連群島的土著而言，夠寬的船板可以防止船隻翻覆，這是造船技藝的知識，但是面對不同的出海捕魚範圍，超布連群島的土著仍會施展不同儀式的巫術，以避免發生意外，而這是巫術的知識。他們的巫術思維，有一套非常精密的儀式程序，以及相關的禁忌，任何相關的偏差、觸犯都會造成巫術失靈。同時，美拉尼西亞的巫術思維，認為任何一套巫術，都有相應的反制巫術，當反制巫術的力量大於前者時，該巫術就會因被剋制而失效。〔註18〕馬凌諾斯基認為巫術的思維並不空疏，一樣有著面對各種外在情勢的對策或解釋方式，面面俱到。只是巫術不同於科學立基於經驗、邏輯、理性，而是立足於一個信念上：希望發生的事情總有某種辦法可使其達成。在此思維下，巫術把人主觀上覺得相關連的事物、概念集合在一起，形成不同於科學的認知體系。〔註19〕

　　演禽戰法正是服膺「有術必有破」的概念，並將多種禁忌、儀式跟二十八星宿神祇相關的概念聯繫在一起。破解女土蝠陣要用細竹枝揮打敵兵，其形象是模仿民間用細竹枝抓蝙蝠；破解角木蛟陣時要拋擲斬死的蛇屍體，是以視覺呈現蛟蛇被斬殺的畫面；破解尾火虎陣需投擲草鞋，這是模仿獵戶抓老虎的習慣，在老虎行經處放一隻草鞋，使老虎見到鞋子猶豫觀望，進而被擒捕。〔註20〕這類儀式具有龐雜的思維依據，很多來自民間的生活經驗，並以聯想、類比的方式，被賦予了影響其他事物的能力，巫術的體系便由此建構起來。

　　福雷澤（James G. Frazer，1854～1941）在《金枝》一書中，提出了「交感巫術」的理論，可提供參考。「交感巫術」被用來解釋巫術思維中，一件事物如何影響另一件事物的認知方式。福雷澤認為巫術感應的模式分為兩種，一種是「順勢巫術」，一種是「接觸巫術」。「順勢巫術」又稱為「模擬巫術」，其思維是概念上相關的事物，即使不相接觸也會發生影響，施加於其中之一的活動，影響力會感應到另一方上。〔註21〕「接觸巫術」的觀念是曾經接觸或曾屬於一體的事物，即便分開以後，互相仍會影響對方。〔註22〕演禽戰法的儀式跟破解

〔註18〕馬凌諾斯基著、朱岑樓譯，《巫術、科學與宗教》，109～110。
〔註19〕馬凌諾斯基著、朱岑樓譯，《巫術、科學與宗教》，111。
〔註20〕唐順之，《武編》，前集卷4，〈陣〉，收入《中國兵書集成》第13冊，646。
〔註21〕福雷澤（James G. Frazer）著、汪培基、徐育新、張澤石譯，《金枝》（北京：商務印書館，2013，翻譯 The Macmillan Company 1925 年英文版），28。
〔註22〕福雷澤著、汪培基、徐育新、張澤石譯，《金枝》，68。

法，主要是採用類似「順勢巫術」的概念，例如模仿對方揮扇，再撕破、踩踏自己的扇子，以破壞對方揮扇所施展的巫術。此外捉虎、補鹿、鞭打馬匹的展演，也都是自備道具，然後在敵方面前模擬傷害對方神明的儀式。

《金枝》也收入了不少跟禁忌相關的田野調查經驗，其中鐵器的禁忌可以跟角木蛟陣、亢金龍陣忌諱生鐵塊、犁頭鐵的描述相比較。書中指出 19 世紀的李氏朝鮮和柬埔寨、古代羅馬、猶太人、西歐各地，在漫長的時代裡，很多文化圈都有對鐵器的禁忌。鐵器在很多神聖的場何不得被使用，但有時鐵器也是防禦惡魔的道具。〔註 23〕在晚明出版的《本草綱目》中，也有許多鐵器用於醫療的紀錄。李時珍（1518～1593）指出鐵器用於醫療雖然使用種類、治療對象、醫療方法繁多，但大致上觀念不出於「解毒」。〔註 24〕《本草綱目》亦有記載「鐵犁鑱尖」，但用途是治療中硃砂、水銀、石亭脂毒，似乎跟角木蛟陣的儀式不相關。〔註 25〕但是「故鋸」（舊的鋸子）的醫療用途就很具備「順勢巫術」的概念，《本草綱目》記載燒紅的舊鋸片浸入酒中，熱飲可以治療誤吞竹、木入喉，鋸子本為鋸斷竹木所用，或許這個醫療過程，取用了鋸子鋸竹木的概念。《本草綱目》亦記載了鐵馬蹬摩擦的聲音，可以使奪人精氣的田野燐火熄滅。〔註 26〕如果把演禽戰法中生鐵、犁頭鐵可以破解角木蛟、亢金龍等陣的觀念，拿來和《本草綱目》中鐵器可以解毒、消滅鬼火的觀念結合著看，會發現晚明的鐵器，也和《金枝》所整理出的概念類似。鐵器蘊含了某種力量，可以破壞正面或負面的事物秩序，因而是許多場合的禁忌，但也可用於救人。

把演禽戰法的內容拿來檢視《籌海圖編》記載的倭寇戰術，可以發現一些符合處。例如「又為『長蛇陣』，前耀百腳旗，以次魚貫而行，最強為鋒、最強為殿、中皆勇怯相糸」一段，這種前中後三分的配置描述的可能就是天、地、人三陣的配置法。由於天陣跟地陣一個負責衝鋒、一個負責埋伏，故使用「選鋒」組成；人陣調度較為靈活，且屬第二波攻擊的協助隊伍，故不優先配置精銳。而像「隊不過三十人，每隊相去一、二里，吹海螺為號，相聞

〔註 23〕福雷澤著、汪培基、徐育新、張澤石譯，《金枝》，373～377。
〔註 24〕原文為「時珍日：舊本鐵器條繁，今撮為一。大抵皆是借其氣，平木解毒重墜，無他義也。」李時珍著、劉衡如、劉山水點校，《本草綱目》（北京：華夏出版社，2002），350。
〔註 25〕李時珍著、劉衡如、劉山水點校，《本草綱目》，352。
〔註 26〕李時珍著、劉衡如、劉山水點校，《本草綱目》，351。

即合救援，亦有二、三人為一隊者，舞刀橫行」、「布陣必四分五裂，故能圍」、
「衝陣必伺人先動，動而後突入，故乘勝長驅」、「戰酣必四面伏起，突遶鎮
後，故令我軍驚潰」這類描述，可能就是類似演禽戰法「小隊分散行動」、「零
星衝鋒跟埋伏相協助」、「等待對方陣腳混亂時突入」的戰術，將布陣、衝陣、
戰酣伏起等交戰順序，拿來對照前面章節中分析的演禽戰法作戰程序，會看
到很高的相似性。「鈀鎗不露竿，突忽而擲，故不測」似乎可以跟「飛刀」、「飛
鎗」的戰術相比較。而像「每用怪術，若結羊、驅婦之類當先，以駭觀，故
吾目眩」這句，用幻術來解釋「怪術」就比較說得通。〔註 27〕石原道博將結
羊、驅婦解釋成以財物、貌美婦人誘惑敵軍，製造對方疏忽的效果。〔註 28〕
但是若這樣解釋，則這個戰術效果應該是「誘惑」而非「駭觀」，反觀演禽戰
法的參水猿陣，包含了讓裸婦以簸箕搧向敵人的儀式。〔註 29〕同時在演禽戰
法相鄰的章節，唐順之也記載了「羊陣」，該陣的儀式是向對手放一隻羊去，
而其破解法是模仿，官兵也拿一隻羊放出去即可，這就很接近上述的「怪術」
了。〔註 30〕《籌海圖編》所載的「結羊」、「驅婦」，可能就是類似羊陣或裸婦
施法的幻術儀式，這種活動才比較可能達到「駭觀」、「使敵目眩」的效果。

　　蔣竹山在〈女體與戰爭〉一文中主張裸體婦人用於戰場上的厭勝，最早
例子可以追溯到萬曆元年（1573）李錫鎮壓廣西清州瑤、獞、伶、侗族群反
叛的戰役，並認為陰門陣起源跟這些西南民族的咒術有關。〔註 31〕蔣竹山舉
出的厭勝法正是裸體女性用簸箕搧向敵人，因此《武編》的資料應該可以讓
這種戰場厭勝法的歷史，再上推到嘉靖 39 年（1560）以前。蔣竹山還認為這
種厭勝法跟後來專門對付炮的陰門陣，在觀念上有明顯的延續性。蔣竹山只
把陰門陣的起源，上推到萬曆初發生於廣西的戰爭中，並推論裸婦搧簸箕是
廣西土著民族的巫術文化，但根據上述唐順之的記載，這一文化尚可上溯到
嘉靖 39 年以前的江南地區。裸婦搧簸箕可能是廣西文化，後來傳入江南，因
為廣西狼兵曾被調入江南地區剿倭，甚至可能曾被制度性地要求訓練江南鄉

〔註 27〕鄭若曾，《籌海圖編》，卷 2，〈寇術〉，收入《中國兵書集成》第 15 冊，264
　　　　～266。
〔註 28〕石原道博，〈倭寇の戰術について〉，《海事史研究》，20：18。
〔註 29〕唐順之，《武編》，前集卷 4，〈陣〉，收入《中國兵書集成》第 13 冊，647。
〔註 30〕唐順之，《武編》，前集卷 4，〈陣〉，收入《中國兵書集成》第 13 冊，700。
〔註 31〕蔣竹山，〈女體與戰爭——明清厭砲之術「陰門陣」再探〉，《新史學》，10.3
　　　　（臺北，1999.9）：163。

兵。但筆者認為也有可能是江南在地發展出來的戰爭文化，被狼兵帶回廣西。另一個可能是這種戰爭文化同時存在於江南跟廣西，只是保留至今的記載不多。

李建民在〈陰門陣新論〉一文中，主張裸婦、生殖器的厭炮文化，是轉換自「煉丹、配藥忌諱接觸婦女」的觀念，陰門陣反向操作女體的污染力，將其轉換為攻擊對手的儀式。〔註32〕這個觀念很適合解釋參水猿陣中的裸婦搯簸箕儀式，因為施術者必須經過十四天戒五葷、三厭、持齋、戒酒、不近女色、終日危坐收心的齋戒儀式，才能開始修煉演禽戰法相關的咒術。〔註33〕這表示接觸女性也是演禽戰法相關的禁忌，使用女性的身體來破解演禽戰法，便符合李建民「反向操作污染力」的解釋。李建民還指出婦人月經布亦被拿來治療箭傷、炮傷，進而論述「婦女身體的污染力，同時也能拿來『降服』敵人的箭矢、炮彈」。〔註34〕同一種力量可以正、反兩向施展，這觀念也可跟前面提到的「鐵器禁忌」相比較。蔣竹山跟李建民均提到使用男性生殖器的「陽門陣」，有時可發揮破解「陰門陣」的效果。正巧在角木蛟陣的破解法中，士兵也會使用脫褲子的儀式。雖然裸婦跟脫褲子士兵沒有直接對應在一起，但男性公開裸露生殖器的戰術，在演禽戰法中被提到了。

「裸體婦女」被用於攻擊或反抗的儀式，出現在中國文獻的時間很早。《史記·周本紀》記載褒姒（791 BC～？）頗具神話色彩的出生時，便提及一段經過裸體婦人鼓譟後，庭中溢流的「漦」（龍的唾液）變成了「玄黿」（黑色大鱉）的故事。〔註35〕在這段記載中，周厲王（857 BC～841 BC 在位）就試圖以裸女鼓譟的方式，清除庭中溢流的龍口水。而脫鞋投擲的厭勝儀式，紀錄也相當早，《睡虎地秦簡·日書》中的〈詰〉篇，記載用投擲鞋子驅趕「飄風」的儀式，類似儀式也出現在唐代釋道世的《法苑珠林》（668 年成書）中，這點已被學者注意到。〔註36〕蔣竹山與李建民皆著眼於厭炮跟女性身體帶來

〔註32〕 李建民，〈「陰門陣」新論——明清身體的文化小史〉，《東華人文學報》，21（花蓮，2012.7）：71。

〔註33〕 唐順之，《武編》，前集卷4，〈陣〉，收入《中國兵書集成》第 13 冊，701。

〔註34〕 李建民，〈「陰門陣」新論——明清身體的文化小史〉，《東華人文學報》，21：69。

〔註35〕 司馬遷；楊家駱主編，《新校本史記三家注并附編二種》，卷4，〈周本紀〉（臺北：鼎文書局，1987），147。

〔註36〕 張瓊文，《《睡虎地秦簡·日書》巫術文化研究》（臺北：國立政治大學中國文學系國文教學碩士在職專班碩士論文，2012），122。

的污染，而演禽戰法的記載，正好可以提供一個更廣的議題範圍，因為該陣法將多種不同儀式，整合進二十八組互有關連的戰術中。在這些儀式的操作中，我們可以把裸體跟其他與身體相關的動作放在一起看，例如「披頭散髮」、「脫鞋」這類儀式。「束髮」其實也是服裝的一環，在演禽戰法的儀式中，披頭散髮、脫鞋、脫褲子、裸體可能要放在一起看，將它們視為不同程度的「服裝改動」，這可能用於象徵某種秩序的打亂、或是力量的釋放。

李建民主張的污染理論可能反映了某些層面的思維，例如女性的身體同時是禁忌，但也是武器。但若整合性地看演禽戰法的儀式，則會發現這些儀式似乎反映的不是「拿髒污的東西污染某對象」的意向，而是一種「改變事物樣貌以衝撞原先秩序」的概念。披頭散髮、脫鞋、脫褲子、裸體其實應看成一種「力量的衝撞」，而不代表「污染」對方。例如主帥披頭散髮，這儀式打亂了穿衣服的規則，象徵了打亂戰場上的秩序；把被衣服、冠帽隔離的身體暴露出來，或是取下部分的衣物，象徵釋放某種力量，就像生鐵、犁頭鐵一樣，身體髮膚也蘊含了某些力量，當衣服被脫去時、束好的頭髮披散時，力量就會釋放，穿過的衣物可能也夾帶來自身體的力量，因而能衝撞別人原先做好的儀式。用「衝撞」取代「污染」可能是更好的解釋，因為若在戰場上令婦人裸體、士兵脫褲，兩方士兵都會面臨這股來自身體的力量，那對方會被擊倒而我方卻能獲勝，靠的就不是「戰場上有污染源」，而是「對方先做好的儀式秩序被衝撞干擾」。演禽戰法的神祇、物品也透過特定儀式，被配置在各種戰術中，成為兵刃之外的力量，或許用另外的儀式喚出另外一股力量，可以動搖原先的儀式。我們可以看到扇子、傘、竹枝、乃至鈀、叉、大斧等武器同時是布陣的武器也是破陣的道具。有時甚至連「叫聲」也在儀式中參與了「立」與「破」的運作。

蔣竹山很敏銳地意識到女體被專門化地用於厭炮，主張這反映了火器在戰場逐漸普及時，帶給軍事家的焦慮。〔註37〕這個觀點很有啟發性，但他似乎礙於史料侷限，未將此論述鋪陳得更清楚。演禽戰法正好提供了良好的旁證，說明此一觀點之可行性，因為無論是附屬於參水猿陣的裸婦掏簸箕，還是破解角木蛟陣的士卒脫褲子，都沒有特別針對火器。基本上演禽戰法所有的儀式僅概括地針對敵人進行詛咒，或是加強己方的戰鬥力量或隱匿能力。

〔註37〕蔣竹山，〈女體與戰爭——明清厭砲之術「陰門陣」再探〉，《新史學》，10.3：172。

相較於後世專用於厭炮的陰門陣，演禽戰法幻術施展的時機更為廣泛與全面，幾乎涵蓋所有盜匪需要的戰術，並自己形成一套可以連續、組合操演的戰術體系，依託於二十八星宿的名號下。雖然演禽戰法只有提昇戰鬥力量及隱匿行蹤的效果，而未提及類似「使人刀槍不入」的概念，但是若配合前面論述的，所謂「利用幻術使士卒轉移焦慮、壯膽」的功能，演禽戰法應該還是能為義和團研究提供時代、文化思維的上溯參考。

四、演禽戰法與「倭」寇

　　如何解釋「倭寇」居然使用深具中國特色、依託二十八星宿的戰術？吳大昕〈海商、海盜、倭：明代嘉靖大倭寇的形象〉一文對於「嘉靖大倭寇」形象如何被塑造的研究，或可作為參考。他從中晚明江南地區仕紳和中央及剿倭將領，其地方與中央、仕紳與將官等權力關係來分析，指出紀錄倭寇的專書文獻，其實有刻意把各股零星流寇、盜匪塑造成一個大型倭寇集團的問題。吳大昕認為一來倭寇本來是零散的盜匪組織，而江南居民在明帝國長期跟日本疏遠的歷史背景下，其實分不太出倭寇、海外之人甚至外地人之間的差異，同時在倭寇製造的恐慌氣氛下，任何零星、突發的劫掠活動，都被視為「倭寇」所為。〔註 38〕這個觀點其實可以和唐順之對「演禽戰法」淵源的描述相互參照。唐順之在逐一介紹各組儀式、戰術時，先介紹整個「演禽戰法」的淵源：

> 此法自晉孫恩海上作亂，樓船千艘、賊兵萬數，然出敵不過數十人、囤聚不滿一二百，而專恃此法，人號長生，百誇神算，天厭其亂。能破之者，有劉牢之也，大戰海洋，賊眾覆敗，孫恩溺死，盧循繼反，劉牢之復破而滅之。此法傳自榜葛剌、彭亨、倭奴諸島者，至今兩廣猺、獞、苗寇皆效之也。〔註 39〕

這裡提到了一個時間上及於東晉晚期「孫恩、盧循之亂」（延續時間為 399～411），空間上及於榜葛剌（今孟加拉）、「彭亨（今馬來西亞彭亨州）的「源頭」，但是唐順之沒有說明時空上傳承的系譜，此外他提到倭寇、兩廣特定族群都會使用演禽戰法。孫恩、盧循的事件固然跟五斗米道組織有關，但這個描述

〔註38〕吳大昕，〈海商、海盜、倭：明代嘉靖大倭寇的形象〉（南投：國立暨南國際大學歷史學研究所碩士論文，2002），65～66。
〔註39〕唐順之，《武編》，前集卷 4，〈陣〉，收入《中國兵書集成》第 13 冊，643～644。

欠缺證據佐證，難以判斷是否真與一千多年後的倭亂有關，地理上的溯源亦然。但是我們大致可推定這是一套被倭寇使用的戰術，且深受唐順之重視。至於「猺、獞、苗寇」是否真的也使用「演禽戰法」，還是另有信仰體系，本文尚無暇顧及。

　　唐順之的資訊，或許採於口耳相傳，或許來自他親歷倭亂荼毒地區所做的採訪，但可以看出孫、盧起事以及地緣源頭跟該陣法中星宿神祇儀式細節，其之間的傳承關係很模糊。要了解「演禽戰法」的性質，尚可從《武編》的體例來參考，《武編》前集中卷三跟卷四的標題是〈陣〉，內容是按時間先後逐一記載、評論歷代陣法。「演禽戰法」列於卷四末尾，是整個〈陣〉篇中最後一個被記載的陣法，在「演禽戰法」之前就是「秘戰鴛鴦陣」，更前面是許洞《虎鈐經》的陣法（唐順之誤以為北宋許洞是元代人），又更前面則是宋代陣法。換言之「演禽戰法」雖號稱傳自孫恩、盧循，但《武編》的編排卻暗示唐順之視其為明代抗倭時期的陣法，且由倭寇所使用。更有趣的一點，是唐順之《武編前集‧陣》紀載的明代陣法，就只有秘戰鴛鴦陣和演禽戰法兩個。

　　《武編》在萬曆 46 年（1618）由曼山館刊刻前，都是以手稿的形式保存，沒有廣泛流傳。其刊本中殘留不少敘述雜亂、文字遺失的情形，對研究者的解讀帶來一些不便，但好處是這代表刊本很大程度地「再現」了「讀書筆記」的抄本樣貌，用來研究唐順之的兵學時，《武編》是很珍貴的早期版本兵書。「演禽戰法」在敘述上有些雜亂，常常同樣資訊重複書寫，這可能就是《武編》原稿的樣貌，也反映唐順之可能不是僅靠一次的調查、見聞去理解「演禽戰法」的。從唐順之的年譜來看，其生涯最後兩年投入抗倭戰爭，並於海上剿倭的戰役中病逝。「演禽戰法」不一定要等到抗倭時才開始接觸，但部分零散雜亂的描述，可能就是在唐順之開始剿倭到去世的這兩年內收入《武編》原稿的，而年譜透露這段時間內唐順之礙於戰事奔波，因此唐順之可能尚未來得及將多次的筆記，整理成一個連貫的描述就去世了。這也能解釋為何「演禽戰法」的記載被置於〈陣〉篇卷末，正因為它是作者最晚近得知的時下倭寇戰術，同時比起自己軍隊的秘戰鴛鴦陣，這套屬於敵人的戰術，尚未被唐順之研究、整理完。

　　孫恩、盧循皆非海外之人，這套蘊含二十八星宿信仰的戰爭儀式，有著一個難以考證的「內地始祖」，自孫、盧起兵失敗到明代嘉靖朝，相隔了一千

多年，但這個傳說並無明確的傳承譜系，使之看起來更像後天塑造的偽託。但這種說法似乎和倭寇中「內地奸民」遠多於「真倭」的現象相呼應，呈現一種打打殺殺繞了一大圈，卻發現倭寇其實多是內地人組成的意象。同時演禽戰法傳自榜葛剌、彭亨、日本的傳說，也似乎是內地奸民出海勾結四方夷人，回頭上岸作亂的形象投射。

吳大昕認為嘉靖 32 年以來的倭亂文獻，反映了「謠言傳播」在社會中扮演了一種權力運作：讀書人透過掌握資訊，取得優先討論傳聞的地位，進而在公共議題上取得話語權。〔註 40〕在抗倭戰爭中，知識份子往往積極地傳播其所聞見的訊息，吳大昕認為這些訊息仍是道聽塗說的內容，往往侷限於躲在州縣城牆裡的仕紳見聞，故無法精確掌握倭寇人數、動向、劫掠現場的概況。他們大多對於倭寇只留下難民遷徙、遇襲城鎮有火光的印象。吳大昕進一步主張很多的謠言其實來自倭寇，用來虛張聲勢，嚇阻官兵跟鄉兵，而實際上倭寇不如傳聞中的規模龐大、所向無敵。

有點可惜的是，吳大昕雖多次引用《倭變事略》，但他討論「謠言」與「文獻中的倭寇形象」時，並未討論采九德提及倭寇善用幻術的敘述，也沒有引用唐順之的描述。該篇論文的研究主題是「一般仕紳對倭寇的傳言」，而非當時抗倭的兵法，因此該文在取材上就略過了兵書。但唐順之的身份是讀書人，在嘉靖年間閑居自學，並以通曉兵法聞名，而於嘉靖 37 年受明政府起用，投入抗倭戰爭。唐順之的身份剛好亦文亦武，雖然他應該也和當時的讀書人一樣，受資訊傳播的侷限，但是就前面小節對「演禽戰法」的分析來看，演禽戰法跟其他文獻記載的倭寇戰術，有很多相符合的地方，故這個記載應非空穴來風。

演禽戰法其實是幫助理解倭寇形象的重要史料，甚至能串起鄭若曾、采九德等人的倭寇敘述，告訴我們「某些倭寇」的戰術、信仰思維。吳大昕討論文獻中倭寇形象之形成過程與其「虛構」性質，這點值得拿來反思所遇到的倭寇史料，但這無法否定兵書本質上傾向記錄真實、實用知識的特性。因此，即便倭寇文獻的作者受自身偏見、誤解等「主觀」成分誤導，但他們仍仍然傾向於紀錄其所認定的「事實」。若是研究者能夠發現兵書資訊足以串連出具某種程度完整性的戰爭文化樣貌，那此時史料內容就不能說都是虛構的了，而是透露了某種程度的「真實」。

〔註 40〕吳大昕，〈海商、海盜、倭：明代嘉靖大倭寇的形象〉，67～68。

五、戚繼光的厭勝之術

（一）神像旗

透過演禽戰法理解倭寇戰術的巫術特質後，再回來看義烏兵的神祇旗幟跟祀牌儀式，就能理解戚繼光的用意。他雖然只訓練士兵透過五種顏色，來理解布陣方位、隊伍調遣等資訊，但義烏兵卻同時配備好幾組的方位旗，其中繪製了特定的神像，而非只使用單色的「五行旗」。它包含四組神祇信仰：第一組是有青龍、白虎、朱雀、玄武跟騰蛇，叫「五方真形旗」（見圖 5.1）；第二組是「五方神旗」，屬「五營神將」的信仰體系。戚繼光採用的是東方溫元帥、南方關元帥、西方馬元帥、北方趙玄壇、中央王靈官的組合（見圖 5.2）。「五方真形旗」跟「五方神旗」似乎是並用的，但營柵四個轅門口還會另外立兩面「門旗」，圖樣與「五方真形旗」相同，相較於用於戰場者，營門口的「門旗」的旗桿稍矮一些。（見圖 5.3）

第三組是呈現二十八星宿的旗幟，分兩種。第一種叫「二十八宿號帶」，又叫「演禽真形」（見圖 5.4）。這是長條形的巨幅旗幟，分四幅，每幅按四方所屬的七個星宿直條排列，故四幅旗幟其實象徵了東、南、西、北四個方位。「二十八宿號帶」又大又重，故不用於戰場，而用於平日操練時立於教場四方。但是第二種「二十八宿真形旗」就會用於戰場了，這是二十八幅旗幟，分別裝飾二十八星宿（見圖 5.5）。這二十八組旗幟在戰場上有三種功用：一是隨方位擺設於營區，二是立於士兵出入的營門，三是按照星宿所主順序，用符合日子的旗幟領軍。第四組則是「六丁六甲旗」，按照丁、甲神明，分為十二幅旗。這組旗幟用途跟「二十八宿真形旗」是一樣的，按照十二地支的方位排列。（見圖 5.6）

這三組旗幟跟「五行旗」一樣都是方旗，以旗桿高度和旗面邊長來看，這些神祇旗幟最高的是「二十八宿真形旗」，一丈六尺（512 公分）；其次是「五方神旗」，一丈五尺（480 公分）；最矮的是「六丁六甲旗」，一丈三尺（416 公分），除了「二十八宿真形旗」旗面六尺（196 公分）以外，其它旗面都寬五尺（160 公分），換言之所有方位旗出現在戰場時，除了醒目的「五行旗」、「角旗」之外，尚有許多配合五方顏色的神祇旗幟夾雜於戰場，其中最高、最寬的是「二十八宿神真形旗」。

圖 5.1：五方真形旗

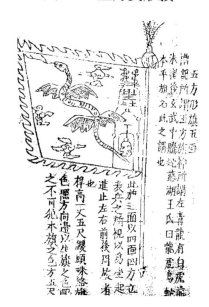

這張是騰蛇、屬土、黃旗，象徵中央，代表中軍，當砲響舉黃旗時，代表中軍要變動。

資料來源：戚繼光，《紀効新書》，卷 16，〈旌旗篇〉，16/41b。

圖 5.2：五方神旗

這張是「五營神將」中鎮守東方的溫元帥，這張旗子在戰場上的指令相當於青旗
跟青龍旗，用來調度左營（官）。

資料來源：戚繼光，《紀効新書》，卷 16，〈旌旗篇〉，16/44a。

圖 5.3：門旗

這張是西邊轅門用的，圖案是白虎，每個轅門會立兩根門旗。

資料來源：戚繼光，《紀効新書》，卷 16，〈旌旗篇〉，16/40b。

圖 5.4：二十八宿號帶

書中解釋即提到「演禽真形」四字，這副裝飾的是象徵東方的七個星宿。

資料來源：戚繼光，《紀効新書》，卷 16，〈旌旗篇〉，16/48b。

圖 5.5：二十八宿真形旗

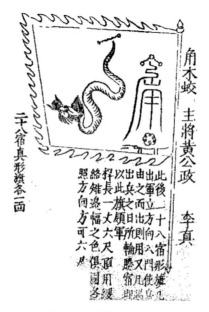

資料來源：戚繼光，《紀効新書》，卷 16，〈旌旗篇〉，16/51a。

圖 5.6：六丁六甲旗

這幅是丁卯神將，形象是十二生肖中的兔。

資料來源：戚繼光，《紀効新書》，卷 16，〈旌旗篇〉，16/65a。

　　「二十八星宿」、「六丁六甲」、「五方真形」、「五營神將」，這些神祇為鴛
鴦陣的運作，提供了「空間」與「時間」的秩序。例如在戰場、營區的一定
範圍內，四方邊界跟中軍將官所在處，就會看到相應的神祇旗幟安置在現場。
這樣隨方擺設的視覺效果是很明顯的，其「鎮守」的意味非常強烈，帶來一
種宣示：天兵神將入主此空間了。我們從「五營神將」旗的使用，也可以藉
此猜測，為何《紀効新書》中雖然一個駐紮的大方營由一總構成，但一個總
之下的四官和中軍又被稱為「五營」，這極可能就是在五營神將鎮守五方的信
仰下，刻意地操作語言跟信仰的痕跡。單官不會獨自紮營，五官之所以稱五
營，概念可能無關陣法，而是為了附和五營神將的信仰而在稱呼上做的更動。
　　而「二十八星宿」在信仰上會週期性不斷循環「值班」，以庇佑士兵，這
為戰場提供了一種循環的「時間」秩序暗示。戚繼光會使用「二十八宿真形
旗」當最顯眼的神祇旗幟恐怕不是偶然的，因為這種作法等於是在宣示「尊
星官為主神」。關於「二十八宿真形旗」的儀式也特別豐富，除了利用二十八
星宿來宣示空間的掌控權力，也利用它來操演時間的循環推移，更利用將主
日星官置於營門出入口，讓通過、穿越軍營內外的官兵自神旗下出入軍營，
體驗神明保佑的莊重性。相較之下，旗桿短而固定配置的「門旗」就像一般
門神一般，僅按照方位設置，而高大、每日會變動的「二十八宿真形旗」顯
得位階更高，而設計較為短小的「六丁六甲旗」放在一邊，就顯得像二十八
宿星官身旁的「副官」了。這很可能就是針對倭寇的「演禽戰法」所做的安
排，用來削弱演禽戰法對二十八星宿「法力」的壟斷。「演禽戰法」雖然特色
是「不擇日」，似乎和戚繼光採用的規律不同，但雙方在戰場上，仍會產生兩
套二十八星宿請神儀式並行的事實，如此一來互相較量的局面便無法避免，
而這應該是戚繼光故意的，就是一種對敵方儀式的衝撞。

（二）祀牌符咒

　　抗倭鴛鴦陣還會操作一種祭祀盾牌的儀式，針對的是伍長所持的長挨牌，
內容包含一定的造牌、祀牌日期，並會在挨牌正面畫上特定的符咒。（見圖 5.7）
戚繼光對這套儀式的敘述非常有啟發性：「其符法乃兵家厭昧之術，激我士心
而疑敵者也，非真以此為恃，後人毋惑之，而為所誤。」〔註41〕這段話幾乎
赤裸裸地把義烏兵各種儀式規定的目的說出來了。這個祀牌儀式真正的目的

是心理戰。在第三章的分析中，我們知道義烏兵的抗倭鴛鴦陣在運作時，陣面上最顯眼的東西就是長挨牌，同時伍長就是隊伍動作核心。所以這個祀牌儀式所畫出來的符咒，會成為戰場上諸多宗教圖像中，另外一個看起來頗具法力的亮點。當倭寇攻擊一組鴛鴦陣時，他會先看到一副畫了醒目符咒的挨牌，兩旁各伸出半截枝椏叢伸的狼筅與尖銳的長鎗，而在挨牌邊還有個藤牌手；當義烏兵以哨為一字橫陣攻擊倭寇時，四組符咒圖案會讓四個盾牌形成的橫列陣面，在視覺上更有某種法力加持的威嚇感。鴛鴦陣的戰術是守中帶攻的，挨牌跟狼筅變成交戰時陣面推進的主體，如此一來符咒若能促使敵人恐懼盾牌，那這心理戰的效果便會相當強烈。

圖 5.7：祀牌符咒

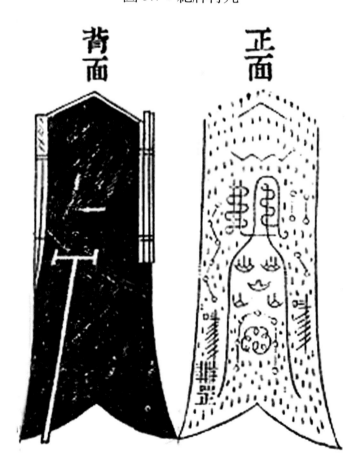

挨牌除了具有尖頂、燕尾結構以外，正面還繪製了極為醒目、深具視覺效果的符咒。
資料來源：戚繼光，《紀効新書》，卷 15，〈諸器篇〉，15/19a。

　　如果比較唐順之跟戚繼光所採用的厭勝法，會發現唐順之傾向模仿或操作儀式來破解敵方的幻術，他破解法演禽戰法的方式，是確實地操作打聽來的厭勝儀式。戚繼光則主張「兵家厭昧之術」的功能是激勵我軍士氣和使敵人不敢輕舉妄動，本質上只是輔助的策略，而非殺敵的根本之計。因此在面對操作巫術的敵人時，戚繼光採用邏輯上比較單純，但重視視覺效果、儀式參與感的策略。唐順之所記載的二十八宿破陣法，操作起來相對費事，例如主將要準備各色紙扇，以備撕毀踩踏，此外白紙幡、紅布巾、細竹條、三股叉、繩索、網子等道具也要事先預備。〔註42〕相較下戚繼光的對策就顯得「以簡馭繁」，其關鍵是靠神像旗跟祀牌符咒，讓鴛鴦陣直接展現強烈的巫術色彩，激勵士兵跟嚇阻敵人，實際上操作的步驟卻單純許多。

六、小結

　　演禽戰法是一種結合巫術與戰術的陣法，透過集體參與的儀式，讓人分工完成具有一定複雜度的戰術運作。同時這套儀式應該具有轉移參與戰爭相關身心壓力的功能。演禽戰法暗示我們，嘉靖30年代的江南戰場，民間各種武裝勢力可能很流行結合巫術的戰術。演禽戰法文獻的價值，在於將軍事巫術的操作流程，描繪得特別詳細，又匯集成二十八組具有一定整體性的戰術體系資料。它可以幫助理解較為零散的「陰門陣」史料，也能幫助研究者理解嘉靖倭亂時期部分戰爭中巫術文化的思維。

　　如果比較演禽戰法跟鴛鴦陣的旗幟、盾牌，可以發現演禽戰法將請神儀式結合在一組組的小陣裡，並以此發揮分散、機動，可以一波波出動的戰術特色。而義烏兵的抗倭鴛鴦陣則利用祀牌儀式讓每一小隊的伍長，多了不少幻術的色彩，同時結合了行動指令跟宗教符號的五方旗幟，又為抗倭鴛鴦陣在戰場上建構了一個充滿「法力」和時空秩序展示的視覺形象。演禽戰法用二十八星宿為倭寇壯膽，而神像旗幟跟祀牌符咒，則給義烏兵小隊提供更多心理支柱。

　　在武藝的較量上，若撇開鴛鴦陣獨有的陣式，則發現雙方都裝備長鎗、鏢鎗、鈀叉這類兵器，也都擅長調動後陣操作伏兵戰術，倭寇甚至也會使用「常山蛇陣」來包抄對手，人數規模也相似。義烏兵的鴛鴦陣有其特殊性，在靈活、分散的大陣法下，使用緊密隊形的鴛鴦陣小隊為單位，陣面上多了

〔註42〕唐順之，《武編》，前集卷4，〈陣〉，收入《中國兵書集成》第13冊，662。

狼筅、挨牌等兵器，但倭寇的天陣一樣有五人一伍背靠背的打鬥習慣。在小隊分組攻擊、一字橫陣包抄敵軍、調遣後陣埋伏偷襲對手、四分五裂包圍敵人等戰術上，義烏兵跟倭寇有著驚人的相似性。

在「法力」的較量上，演禽戰法透過獨特的儀式來「震駭」對手，並以機動、小隊分組作戰的方式使各自的風險分散，同時善用偷襲取得以寡擊眾的效果。鴛鴦陣則透過多組神祇旗幟，建構了一個也符合二十八星宿信仰的儀式系統，以衝撞對手的信仰體系，並以祀牌符咒將鴛鴦陣「法術化」。神祇旗幟、符咒圖像跟鴛鴦陣戰術被整合成一個武術、法術兼具的陣法，透過視覺性的展示，在儀式「派頭」上壓迫對手。「倭亂」是成員、活動非常複雜的事件，被稱為倭寇的人群之中，或許有不少來日本的成員，但這樣一套信仰二十八星宿的陣法，卻流行到吸引了唐順之的注意。目前很難考證到底「演禽戰法」實際上是被哪些人使用著，但從唐順之、鄭若曾、采九德的描述，再比較戚繼光的戰術設計，我們可以看到江南抗倭戰場上，隱隱約約進行著一場「厭勝之戰」。

這套儀式似乎只流行於南方抗倭戰場，戚繼光在薊鎮練兵時似乎沒有操作這套東西。同時，因為薊鎮鴛鴦陣取消了挨牌手，因此連祀牌儀式也不見記載。廣東鴛鴦陣一樣沒有部署挨牌手，甚至連伍長都不設立，自然也沒有祀牌儀式。但是在廣東練兵時期，二十八星宿演禽、五方真形、五營神將等神祇旗幟仍被使用，被載入了十四卷本的《紀効新書》。

第六章　物質文化、體感與鴛鴦陣

一、軍旅生活的空間、時間節奏

（一）軍令的規訓

　　鴛鴦陣高度分工化的戰術，需要一套精確、細膩的命令及訓練體系方能實現。大部分研究者都注意到戚繼光對士卒的「規訓」非常深而廣，成功將鴛鴦陣跟士兵的生活結合成一體。〔註1〕但這套訓練體制何以無孔不入？能夠概括且具體描述的學者不多，大多只能就訓練的細節項目一一陳述，有時甚至只是為了呈現戚繼光有多先進，而落入「進步史觀」的窠臼。〔註2〕因此本章希望用軍事訓練所建構的「體感」來貫串兵書中的資訊，呈現一個生動、「有血肉」的史料分析，說明為何鴛鴦陣軍隊會做特定的事。戚繼光的三部兵書，呈現的資訊非常細膩龐雜，即便相關研究汗牛充棟，仍有許多值得注意的點。

　　這套規訓的體系若用「體感」說明，可以概括地看成一套把人放入「時間」、「空間」秩序中的體制，這樣的觀察方式會方便研究者勾勒一個軍旅生活的圖像，而進一步方便我們去看各個環節中，外在體制如何塑造人的感官，進而產生制度、物品與人的互動方式，以及思維方式在其中的運作，這就是「文化」。第五章討論神像旗時，本文指出戚繼光用兩類神像旗，替軍隊製造

〔註1〕例如范中義點出義烏兵平時一個小隊即一起生活、訓練，士兵互相熟悉，如此一來戰鬥時密切協同，其整體戰力便比烏合之眾不知增強幾倍。范中義：《戚繼光兵法新說》，185～186。

〔註2〕本文第四章的主軸，便主張應以各時期的鴛鴦陣如何因應當下需求為切入觀點，而非以一種「累積」、「進化」的觀點去理解各時期的鴛鴦陣。

了「五方」（空間）和「二十八星宿循環」（時間）的時空秩序。空間的概念，小至個人攜帶、使用軍器，大至陣法運作、軍營生活；時間的概念，小至一場操練、一日生活，大至每月循環的操練跟考核，以及戰場上的生活、戰鬥節奏。戚繼光麾下士兵生活的空間概念基礎是鴛鴦陣，往上再按照科層組合擴大，形成一種空間體感。每小隊平日的活動，無論是否在操演戰術，十二個人都要習慣性地維持鴛鴦陣的隊形順序。〔註3〕這種共同生活的規範，深入義烏兵成員的習慣舉止，在平日無警時，即便在常居的地方，各級軍官仍有規定的便服規格，同時各階級官兵間，雖一定程度准許以同鄉的方式對待，但下屬跟長官共處一處時，仍規定不能齊肩平列，須以「側侍」的姿態相處。〔註4〕這種訓練，強化了士兵透過視覺，去認知、感應個人肢體姿態如何在群體中發揮影響力。太高的坐姿、過於隨意的行動，在十二人需維持一定次序的日常生活中是個災難，而次序混亂的下場是捆打懲罰，上級會給予肉體疼痛來加強記憶。

在戰場，無論是行軍、紮營或借宿民宅，行動的空間概念都配合著鴛鴦陣小隊。一般紮營日落後不可點火，以避免洩漏行蹤，但在與敵人對壘時，每隊會負責在營柵外二十步點起一圈火堆，以防範敵人潛行接近。〔註5〕火堆也是配合著環遶營柵守衛的士兵，一隊一堆。借住民宅時一隊一定要借住同一間房子，房屋太小時也要住隔壁或對門，不可間隔住宿，哨、官以上便直接透過街、巷、戶為單位管理駐紮士兵，一如里甲制度。〔註6〕行軍路上的上廁所問題是在路邊解決的，這時整個小隊要待在原地等，完事後整隊再快速跟上趕回原哨位置上行軍，戚繼光還規定這種延後不得超過二里（約1公里）。〔註7〕

這種十二人隨時集體行動的訓練，建立了小隊空間概念上的默契。士兵平日生活中，就要學習怎麼讓自己的行、動、坐、臥都能跟隊友協調，並服膺於一套符合階級的從屬關係，熟習自己在鴛鴦陣序列中的位置。如此一來，戰場上以伍長為中心，一陣三分的抗倭鴛鴦陣，或是垂直分層的薊鎮、廣東鴛鴦陣，其透過陣形得到的分工關係，便能在平常生活中練習空間體感。士兵透過眼睛

〔註3〕戚繼光，《紀効新書》，卷1，〈束伍篇〉（臺北：國家圖書館藏明嘉靖東牟戚氏家刊本），1/8b。
〔註4〕戚繼光，《紀効新書》，卷5，〈法禁篇〉，5/45b～46a。
〔註5〕戚繼光，《紀効新書》，卷7，〈行營篇〉，7/63b～64a。
〔註6〕戚繼光，《紀効新書》，卷4，〈諭兵篇〉，4/36b。
〔註7〕戚繼光，《紀効新書》，卷4，〈諭兵篇〉，4/36b。

觀察跟隊友的距離、位置關係，去學習該怎麼在各種情況下維持陣形的完整。透過科層間的號令發放、階級高低等制度，讓隊、哨、官、總等規模的部隊仍夠迅速動員跟部屬，安置到需要的地方，故同時方便了調度跟管理的工作。在第三、四章的陣法分析裡，我們可以看出鴛鴦陣作戰時至少會以「伍」為單位，單兵若因落單而陣亡則隊友須受罰，這種緊密關係的建立，方法是把硬性的制度結合進日常作息，使士兵的生活即是操演陣法，進而產生體感。此外還有一種空間體感是戰鬥時的體感，這將在後面討論武藝時詳述。

　　除了「空間體感」以外，義烏兵的制度還會產生循環的「時間體感」。其中一個較大的時間循環感來自定期考試（稱為「比較」）。在《練兵實紀》中，薊鎮士兵的「比較」以月為循環，每局（三旗，共九個鴛鴦陣小隊）的百總在「入操日」考核一旗，週而復始。〔註8〕義烏兵的考核卻沒有明確按月規定，但似乎也是每個操練日都會考核不同小隊，故仍具有一定循環規矩，其考試時間是在例行的操練完，官兵休息片刻之後，這時營中會吹響「哱囉」（一種號角），接著中軍會升起五色旗幟，並點名叫出要考核的隊伍。〔註9〕每隊輪流的考核跟每日例行的操練，構成義烏兵平日的生活節奏。除了個別演練武藝外，考核中的「試挨牌」跟平日集體的操練，鴛鴦陣小隊會是一起行動的。

　　在戰場上時間的節奏會受到戰事影響，但從第三、四章的鴛鴦陣運作規律中，我們可以看到義烏兵在行軍、紮營、拔營、警戒、作戰時都有一定的操作程序。即便行軍間偶然遇警，戰鬥都有清楚的擺陣、推進、包夾、退兵等程序，伏兵戰術中誘敵部隊在佯退時，也不是「一鬨而退」，而是規律穩定地抽隊退後。這些動作都在平日教場上操練過，而這些戰術本身有一種程序感，一個動作接著一個動作，透過密集訓練，他們能幫士兵建立一種「時間體感」。

　　吃飯跟睡覺也是一日中重要的時間轉折點，義烏兵平日起床時間是五更（約凌晨4點前後），會在辰時吃一次正餐（上午8點前後），此外可能還有一到兩次正餐，可能在午間與晚間，但文獻沒表示清楚。〔註10〕薊鎮士兵則五更起床、早晨跟午時（約中午12點前後）跟晚間都有吃一次正餐。〔註11〕

〔註8〕戚繼光，《練兵實紀》，卷4，〈練手足〉（臺北：國家圖書館藏明萬曆25年薊遼總督刑玠刊本），4/2a～b。

〔註9〕戚繼光，《紀効新書》，卷6，〈比較篇〉，6/53b～54a。

〔註10〕戚繼光，《紀効新書》，卷7，〈行營篇〉，7/60a～b。

〔註11〕關於早飯見戚繼光，《練兵實紀》，卷3，〈練耳目〉，3/9a。關於午飯見戚繼光，《練兵實紀》，卷5，〈練營陣〉，5/7b。

戚繼光曾於《練兵實紀》中要求薊鎮將領晚飯後閱讀兵法、百將傳之類書籍。〔註12〕一南一北，兩邊官兵的作息習慣不一定能完全比照，但大致可以透露其生活作息。在出征、作戰時，吃飯、睡覺時間可能會因突發事件而變得不固定；無警時吃飯時間可能在收營出發前、剳營駐紮後，或是行軍中途，由每隊火兵以配備的銅鍋煮食。〔註13〕從第三章的分析來看，單總、單官作戰時火兵會先回到營內做飯，而薊鎮、廣東的鴛鴦陣營陣合一，因此火兵應該會留在營內，大體上可以推算戰鬥時吃飯時間可能是每次會戰結束、士兵回老營後，而攻堅對壘時就無法推算。

整體而言，《紀效新書》跟《練兵實紀》對官兵一天吃幾餐、時間點並沒有交代得很詳細。而在睡覺時間方面，平日比較容易理解，除了午睡休息以外，晚上至清晨大概就相當於傳統社會日出而作、日落而息的睡覺時段。而出兵在外，紮野營或借宿民宅時，義烏兵會由中軍抽調一哨（四隊）的官兵負責巡夜，有警時會舉火、放炮，這時全軍就會警戒。〔註14〕看起來戚繼光儘量讓士卒在戰爭期間也能睡飽，但在對壘、包圍之類的緊張情況中，可能會採用比較緊繃的作息。

在《練兵實紀》中有一段關於士兵日常作息的描述：

> 同夥住歇兵士，入晚則安眠靜睡，以養精神，不許枕上嘔吟唱曲，以耗精氣，勾惹淫念，鼓惑思鄉。仍輪流餵馬，務要勤起添草。白晝早起，梳洗畢，各團聚一處，將所給號令，逐款聽一識字人講說一遍。早飯畢，各出當差、放馬、買賣等事。午間休息，或坐或睡，務在安閒。日西，各于便處習學武藝，或學弓馬，或學披甲，至昏而止。每五日一次，將自己器械，應磨光者磨光，修利者修利。〔註15〕

從這裡就可以看出南北士兵訓練時的作息有些不一樣，義烏兵是在夜間誦讀號令，而薊鎮士兵則是在清晨。薊鎮士兵在上午負責「公差」以及包含馬匹、

〔註12〕戚繼光沒說清楚將領讀書活動的細節，且戚繼光曾指出薊鎮軍官的識字率不高，因此這個政策的實踐程度頗令人懷疑，但至少能推測將領可能晚間才有空閒時間，畢竟戚繼光還是建議軍官晚上讀書了。戚繼光，《練兵實紀》，卷9，〈出征篇〉，9/33b。

〔註13〕戚繼光，《紀效新書》，卷2，〈操令篇〉，2/21b。

〔註14〕戚繼光，《紀效新書》，卷7，〈行營篇〉，7/67b。

〔註15〕戚繼光，《練兵實紀》，卷2，〈練膽氣〉，2/14a〜15a。

軍器在內的物資保養，下午練習武藝。薊鎮兵似乎只在「入操日」才上教場操練，平日下午只是「就便處」練習武藝或其他軍事技能。但是義烏兵似乎天天都要上教場操練。〔註16〕從這裡也可看出義烏兵的訓練較薊鎮士兵密集，義烏兵於嘉靖 38 年（1559）年秋季成軍，訓練不及二年即赴戰場，或許正是焦急的戰況，造就了較為嚴格的訓練。〔註17〕

在平時操練跟戰場活動上，還有一個比較特別的循環時間體感，就是「保持肅靜」跟「允許說話」間的變動。在戚繼光的軍規號令中，處處可見軍中「肅靜為第一要務」的描述，這條戒律不斷被重申。戰場自不需贅言，而在平日操練時，士兵也應保持肅靜，只有在特定時候才允許說話。透過罰則強制規定士兵可否說話，這點又可以跟「坐」、「作」之間的規定相比較，戚繼光在《紀效新書》中提到集合就定位時，軍官須要求士卒坐地休息，讓士卒不容易亂走動，再進一步才是訓練他們行動規範。〔註18〕肅靜的軍隊可讓戰場的號令傳達得更為清楚，也同時讓士兵把感官集中在接收訊息上。坐地也是行軍時休息、紮營時待命的基本姿態，有警時才會以哱囉聲或炮聲命令士兵執械起立。這種訓練，會壓抑士兵表達意見的敏銳性，從而把精力集中在觀察長官、旗幟的訊息上，因此軍旅生活中少說話、多觀察、沒事即靜坐待命、聞號令即執械而起、隨時維持鴛鴦陣小隊的隊形，就成為士兵身體運作時的基調了。

戚繼光嚴令士兵坐地待命、不得說話、隊伍空間次序嚴明，是有其社會背景的。晚明政府間的管理能力，某些方面來看相當脆弱，邱仲麟注意到嘉靖年間由於世宗倦勤，連中央政府的朝參禮儀都嚴重敗壞，大臣上朝出現玩鬧、家僕隨行入朝堂、次序混亂、吵鬧、轎馬直行中道等離譜情事。〔註19〕上樑不正下樑歪，嘉靖三十年代的官兵恐怕就是在這波社會風氣下，軍紀惡化不堪，以致於連金皷號令皆無法有效操作。〔註20〕戚繼光透過姿態、肅靜等手段訓練軍隊，其實是一種振興軍紀的作法。但他並非只靠嚴刑峻法壓迫

〔註16〕戚繼光，《紀效新書》，卷 5，〈法禁篇〉，5/44b。
〔註17〕戚國祚，《戚少保年譜耆編》（北京：中華書局，2003），30。
〔註18〕戚繼光，《紀效新書》，卷 1，〈束伍篇〉，1/6a。
〔註19〕邱仲麟，〈點名與簽到——明代京官朝參、公座文化的探索〉，收入胡曉真、王鴻泰主編，《日常生活的論述與實踐》（臺北：允晨文化出版社，2011），40～42。
〔註20〕戚繼光，《紀效新書》，卷 16，〈旌旗篇〉，16/38a～b。

士卒，義烏兵操練雖嚴，但中午有一段休息時間，吃飯也相當規律，即便戰場上的夜營，也僅輪調少量士兵守夜，讓大部分軍隊睡眠充足。

　　無論操練或征戰，戚繼光的軍隊有著一張一馳的操演規律，這一樣是「循環」的時間體感，這個循環背後意味的是一組小的命令或任務。無論是肅靜、說話或坐地、起立，還是一日中的操練考試、休息睡覺，戰場上的行軍、作戰、吃飯、睡覺，都有緊繃、放鬆的循環。這些活動推到最細膩處，大部分都是很基本的身體姿態，但透過戚繼光細膩、不厭其煩地陳述，研究者可發現這種小地方的操作，就是訓練士兵的基礎。就是因為管理的層面細膩，因此可以滲透進日常生活，進而能塑造出可操作細膩陣法的士兵。

（二）鴛鴦陣的權力關係

　　鴛鴦陣和軍隊科層間，軍官與士兵間有著特定的權力關係。戚繼光以傳統里甲、耆老、父母官等概念向士兵宣導服從的觀念，他以父母官比喻高階軍官如把總、大將，以里長、戶長來比喻隊長、伍長，以老人來比喻哨長，以教師來比喻武藝、號令的教練，並告誡軍中犯錯的罰則比平日法律更重，輕則捆打，重則斬首。〔註21〕這個權力關係除了展現在閒居時的服儀、坐姿關係上，也反映在下級見上級時叩頭、做揖等禮節，跟傳達號令時低階軍官、士兵跪聽、叩頭俯伏的關係上。〔註22〕

　　即便是同個小隊，一個鴛鴦陣中除了伍長以外，士兵間大至平等，但仍有些玄機。不上陣交戰、專管炊爨的火兵，在小隊中處於一個微妙的權力位置上。火兵雖不必接受考核，但戚繼光聽任勤學的火兵習練武藝，同時火兵也可自願參加考試，武藝精熟者便可升為士兵，而士兵中武藝生疏者會被替換下來改任火兵。〔註23〕如此看來「任火兵」似乎還是種懲罰方式。火兵選兵的素質要求是「老實、有力、能肩負、甘為下人者」，戚繼光進一步解釋理由為「欲力，負鍋裏之重；性下，肯為同類所役」。〔註24〕從「甘為下人」、「性下」來看，火兵似乎在小隊中地位最低，甚至到了戚繼光要求先確認對方能「甘心」居於人下才能任命。而從「同類所役」來推敲，可看出鴛鴦陣小隊中，火兵雖也是隊中成員，跟其他士兵位階一樣，可稱為「同類」，甚至戰場

〔註21〕戚繼光，《紀効新書》，卷4，〈諭兵篇〉，4/41a～42a。
〔註22〕戚繼光，《紀効新書》，卷5，〈法禁篇〉，5/46a～b。
〔註23〕戚繼光，《紀効新書》，卷4，〈諭兵篇〉，4/39a。
〔註24〕戚繼光，《紀効新書》，卷1，〈束伍篇〉，1/7b。

上論斬首數量給賞時，同隊火兵也有分，但由於分工項目不同，火兵似乎容易被視為「下人」。﹝註25﹞火兵負責食物採買、樵汲、按時做飯、背負各兵糧食，工作也不算輕鬆，但在分工上「不上陣」，生命危險較小，似乎就造成火兵跟士兵間的地位不對等，且難以改變。

在以鴛鴦陣為編制核心的軍隊中，似乎隱約飄盪著一種士兵對火兵的蔑視，文獻雖沒指明，但火兵極可能在訓練的緊繃環境、戰場的焦慮情境下，時常要受同隊同袍的氣。戚繼光將「火兵」的職位也作為懲罰怠惰士兵的手段，就是一個旁證，但他同時又為火兵開了扇在軍中晉升、翻身的門，如此一來，每隔一段時間的考試，有著讓基層士兵「階級流動」的機會。這種週而復始的考核機制，稱得上是種把地位不平等轉變為督促士兵上進動力的手段。底層間微妙的階級流動，自然也成為「時間體感」的一部份了。

二、軍器、物資與人的關係

（一）金鼓旗號與感官

鴛鴦陣的運作，牽涉非常多的軍器，從掌管號令的金、鼓、哱囉、天鵝喇叭，旗幟、燈籠、火把、三眼銃，到兵器、盔甲、防守器具，乃至於糧食跟雜用物品。這些軍器不少學者都探討過，本文無意逐一贅述，僅就幾個能說明「體感」的議題補充。﹝註26﹞從金鼓旗號的運作，其實很能反映「體感」跟「物質文化」，因為透過分析號令運作方式，我們可以推知戚繼光那個時代的戰場通訊設備，操作起來是什麼樣貌？以及效率極限在哪裡？﹝註27﹞

﹝註25﹞戚繼光，《紀効新書》，卷3，〈陣令篇〉，3/29b。

﹝註26﹞例如王兆春，《戚繼光對火器研製和使用的貢獻》，收入閻崇年主編，《戚繼光研究論集》（北京：知識出版社，1990），136～156。周維強，〈明代戰車研究〉（新竹：國立清華大學歷史研究所博士論文，2008）。范中義，《戚繼光評傳》，（南京：南京大學出版社，2004）。范中義，《戚繼光兵法新說》（北京：解放軍出版社，2008）。范中義二本書是目前戚繼光研究專著中討論最深入、論點最廣泛者，《戚繼光兵法新說》一書更就《紀効新書》跟《練兵實紀》逐卷的註解，因此幾乎都有碰觸到軍器、武藝、戰法等課題。但他討論軍器、物資時主要是以實用性為切入點，而本文將進一步論述人跟物互動時，牽涉怎樣的「體感」建構，並進一步探討人跟物的互動，背後是不是反映某種文化觀念。至於范中義的陣法觀點，本文在第三、四章已提出不少反駁與修正。

﹝註27﹞關於金鼓旗號的內容，鄭樑生於〈靖倭將軍戚繼光〉一文中雖有整理出號令內容清單，但是只有列舉而已，沒有進一步論述。鄭樑生，〈靖倭將軍戚繼光〉，收入氏著《中日關係史研究論集》第14冊，45～47。

　　旗幟中蘊含最多號令訊息的是「五方旗」，這是五面近乎純色的方形旗幟，分別以象徵五方的五色為底色，中央再各自以絹布裝飾金、木、水、火、土等字樣，旗面邊緣飾有牙狀邊框，也用同個顏色。除了黑旗以白絹裝飾「水」字，剩下的四面旗幟都用黑字，戚繼光要求五方旗色調單純，以避免傳令混淆。（見圖 6.1）這種五方五色的編制，只用於象徵五個方位，相關的生、剋關係沒有特別被強調。〔註 28〕此外仍有標示中軍位置的「主將旗」，隊、哨、官、總長官的「腰旗」等。此外仍有具有宗教色彩的五營神將旗、二十八宿旗、六丁六甲旗。此外還有一種「高照」，這是頂端有兩個燈籠的長條旗幟，與「五方旗」一樣設計，用於夜間調度士兵（見圖 6.2）。以上大致是戰場上以「視覺」傳達指令的設備。五方旗的五個方位，指的並非移動方向，而是一總之下的五個營（四個官和中軍），用東、南、西、北、中來表示左、前、右、後、中營，凡點兵調派，士兵只要看哪一支或哪些旗子豎起，就知道哪一營要準備出發了。〔註 29〕而行軍方向是透過「點旗」這個動作傳達，例如後營兵跟左營兵分別調往東面跟西面時，全體士兵會在炮響後，看到黑旗往東點、青旗往西點。五方旗也用來立表，標示營區的四個方位與中軍所在，在立表時五方旗還會另外搭配四面「角旗」，角旗形制一樣但一面有兩個顏色，立於角落，一次標示兩個方位的顏色，這樣老營四周八個方位就都有一面旗幟了。在這樣的旗號下，除了宗教性的旗幟外，對戚繼光的士兵來說，校場、戰場、軍營的視覺觀感，都是一個由五方顏色所構成的空間架構，透過五方旗幟，士兵雖然無法辨認地理上的四方，但是可以知道軍營自身的方位結構，以及個人在軍隊集體中，處在哪個空間位置下。這其實是一種可以牽連集體感、乃至於向心力建構的暗示。對戚繼光的士兵而言，外在的世界架構，相對於軍隊自身的空間觀是次要的，重要的是自己有沒有維持處於正確的軍中位置上。

〔註 28〕例如書寫金、木、水、火、土的五方旗，旗幟跟邊框都是純色，以求醒目、明確，僅其他具有神祇形象的旗幟，邊框會要求用「生色」，忌用「剋色」，例如紅底的朱雀旗（南方、前方、火），邊框會用青色（木），忌用黑色（水）。此外並無特殊忌諱。

〔註 29〕戚繼光，《紀效新書》，卷 2，〈操令篇〉，2/20b～21a。

圖 6.1：五方旗

資料來源：戚繼光，《紀効新書》，卷 16，〈旌旗篇〉，16/42a。

圖 6.2：高照

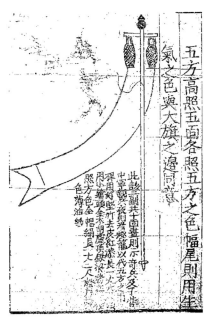

資料來源：戚繼光，《紀効新書》，卷 16，〈旌旗篇〉，16/47b。

　　旗號會搭配金、鼓、哱囉、喇叭、三眼銃等「聽覺性」取向的軍器，搭配不同旗號動作，組合出各種訊息。〔註30〕指示隊伍移動方向主要靠「點旗」，但同時也會搭配「點鼓」的聲音，控制行軍節奏，點鼓時每敲一下鼓士兵走十步。〔註31〕點鼓也是抗倭鴛鴦陣交戰時大兵推進時的號令，隨著節奏稍緩的鼓聲，四組正兵推向敵兵。在交鋒時會採用較急促的擂鼓，以壯大聲勢，而交戰片刻後擂鼓會稍緩，這就是要求後隊準備往前，陣面「間隊」交換的訊號。相較下薊鎮鴛鴦陣跟廣東鴛鴦陣採取衝刺的戰術，故直接採用急促的擂鼓聲。此外伏兵的隊伍也需要喇叭手、炮手等號令兵，以控制開火時機，故可推測戰場上號令是由多組人員分頭進行的，而且鼓手的站立位置就在陣面後方不遠處，以便就近指揮。在采九德（生卒年不詳，親身經歷嘉靖30年代的浙江倭亂）的《倭變事略》（嘉靖 37 年（1558）成書）中，記載一場嘉靖32年（1553）明軍的敗仗，便提到陣面被攻破時，一名擂鼓催戰的鼓手被倭寇「一鎗連鼓釘在地上」的慘狀。〔註32〕鼓手夾雜在陣間的身影，在世傳仇英（約 1494～1552）《倭寇圖卷》中也留下了記錄。（見圖 6.3）

圖 6.3：鼓手

資料來源：東京大学史料編纂所編，《描かれた倭寇：「倭寇図巻」と「抗倭図巻」》（東京：東京大学史料編纂所，2014），25。

〔註30〕范中義將「哱囉」解釋為軍用號角。哱囉是何種材質，一時難以考證，例如號角可能以獸角或海螺製作，倭寇則常以海螺為號角。范中義：《戚繼光兵法新說》，119。
〔註31〕由於搭配鼓聲節奏，這邊的步可能是指踏步，即鼓響一聲踏十步，而非指距離單位的「步」。戚繼光，《紀効新書》，卷 2，〈操令篇〉，2/22a。
〔註32〕采九德，《倭變事略》，收入鄭樑生編，《明代倭寇史料》第 7 冊，2726。

五色旗也可用來打旗語，例如「塘報」（偵察兵）發現敵人蹤跡時，要以旗語通報敵人多寡、來勢緩急，或是僅發現敵蹤但因地形障礙，一時難以接觸等資訊。塘報要以不同顏色的組合，做「磨旗」這個動作，這個訊號會向點烽火一樣，後方部隊看到就跟著磨旗，一路將訊息傳到中軍。〔註33〕所謂「磨旗」是指雙手高舉旗子後，整個人「伏身」、「轉腰」，讓旗子在頭頂繞一大圈後再舉高。〔註34〕夜間則以加了燈籠的高照當作五方旗，遇大風雨則使用火把代替燈籠。〔註35〕

而駐紮地放火兵外出採買食物、砍柴汲水，或是夜間關營門等事項，也都以旗幟或金鼓喇叭號角指示。軍營中由於相較於民間，集體參與的事務更多，這類眼觀或耳聽的旗幟、金鼓喇叭號角，構成來自上級的「規訓」內容，主宰著義烏兵生活的時間跟空間。這類號令雖然在感官上只要求眼睛分辨旗子顏色、動作，耳朵分辨聲音種類、節奏，但這四種訊號可以組合成很複雜的訊息，仍須每日誦讀書本、進教場操練身體才會熟悉。

（二）抗倭戰場的「視覺感受」

在營區、城池或有大旗桿可以升旗，但在野外時旗子一般只高一丈到兩丈間（320 至 640 公分），這種限制來自於衝鋒、行軍時太高太重的旗幟行動不便，也不方便埋伏戰時隱藏。野戰旗幟的尺寸限制了訊息傳播的距離，從一波一波回傳敵人消息的磨旗號令，便可知道旗子傳播訊息的速度，雖然不慢，但也有個時間差。從《倭寇圖卷》中可以看到倭寇兩人作為偵察兵的樣子，其中一人站在一人肩膀上，共持一根長鎗桿穩住身體（見圖 6.4）。若以一人身高約 170 公分來估算，兩人相疊的高度也跟旗子差不多。當然野外還有站上屋頂、城樓、樹梢，山壁等眺望方法，但若地勢平坦，則嘉靖 30 年代的倭寇跟官兵，在野外的「視線高度極限」大概就在兩人高左右。視線高度的限制，讓野戰中的偵察兵仍然有探查能力的極限，這點便為戚繼光所注意。在守城器具中，有一種名為「布城」的軍器，這是排起來為一長條的布幕，

〔註33〕戚繼光，《紀効新書》，卷9，〈出征篇〉，9/50b～51a。
〔註34〕戚繼光，《紀効新書》，卷6，〈比較篇〉，6/53b。（按：范中義將「磨旗」解為「摩」旗，認為是來回搖動旗幟，但其實《紀効新書》〈比較篇〉規定考核旗手事項時，剛好舉了磨旗動作為例，所以這個「磨」字應該是部首從石沒錯，也跟搖動無關，因為旗子隨人上半身轉一圈的動作跟推石磨旋轉的樣子很相似。「摩旗說」參見范中義：《戚繼光兵法新說》，128。）
〔註35〕戚繼光，《紀効新書》，卷7，〈行營篇〉，7/64a。

繪有磚石的色彩、紋路，用在野外紮營後，環遶在拒馬營柵上。戚繼光說這種布城布置速度很快，而且在一段距離外看起來很像真的城牆，可以很大機會讓對手遠遠觀望後打消偷襲的念頭。即便敵人靠近，布幕做的假城牆依然能遮蔽營內狀況，但士兵仍能在布幕的縫隙間，以鳥銃、佛郎機、弓弩攻擊對手。「布城」的欺敵戰術很大程度透露了江南抗倭戰場上的「視覺展示」，這種布幕每一片高度僅四尺（128 公分）、長一丈五尺（480 公分），排起來時自然還有縫隙，但是它仍然足以騙過遠處窺探的盜匪。

圖 6.4：眺望敵情的倭寇

資料來源：東京大学史料編纂所編，《描かれた倭寇：「倭寇図巻」と「抗倭図巻」》，16。

　　跟視覺展示相關的例子，還有夜間配合特殊目的使用的燈籠，這種燈籠刻意用四層黑油布包住，專門用於夜間偷偷遷徙營柵位置，或是誘敵偷襲老營時掩蓋跟掀開，使漆黑一片的營區突然間燈火通明。因此老營雖然隨時點著燈，但又可以藉由此設備，隨意調整營區的明暗（見圖 6.5）。〔註36〕這種帶布罩的燈籠，應是由中軍遊兵、親兵、巡夜哨隊掌管，而夜間一般士兵應是正常睡覺的，有警時再鳴炮、開燈即可，故作息不必跟平常操練時不同，也因此夜間不需要太多巡守的士兵。此外守城時，夜間也會從城牆懸掛燈籠出來，垂至牆腳離地七尺（224公分）處（見圖6.6）。這種燈籠頂部裝了一個斗笠來擋雨，值得注意的是離地七尺的懸吊設計，這讓夜間靠近城牆的外人無所遁形，但是城牆頂上仍然一片漆黑，守城人不容易淪為箭靶。〔註37〕

圖 6.5：裝黑布罩的燈籠

資料來源：戚繼光，《紀效新書》，卷1，〈束伍篇〉，1/14a。

〔註36〕戚繼光，《紀效新書》，卷1，〈束伍篇〉，1/14a。
〔註37〕戚繼光，《紀效新書》，卷17，〈守哨篇〉，17/82a～b。

圖 6.6：城腳懸掛式燈籠

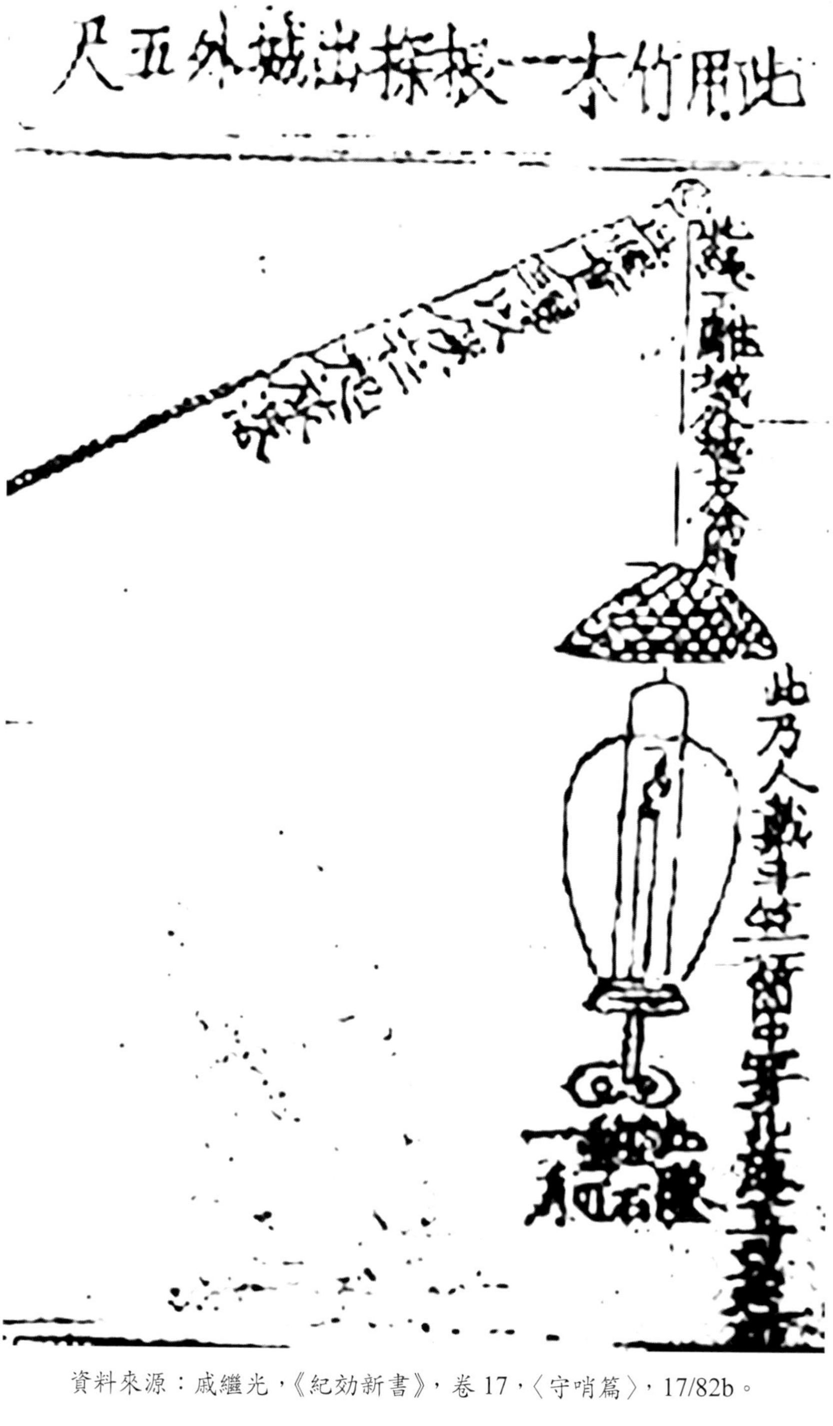

資料來源：戚繼光，《紀効新書》，卷 17，〈守哨篇〉，17/82b。

（三）連結人跟物品的體感

　　前述的布城，僅是木架跟布條，除了視覺上的遮蔽，防禦能力有限。在布城前方地面尚鋪有數排的「鐵蒺藜」，阻擋敵人擅近，布城後則有拒馬跟用以減緩鳥銃鉛彈衝力的「軟壁」，這幾層設施構成簡易的防禦工事（見圖6.7）。鐵蒺藜形狀類似今天的「雞爪釘」，中間有孔，用繩子串連以方便收放，平日收營後則掛帶於藤牌跟挨牌上。從這裡看來，一串串的鐵蒺藜還為盾牌提供額外的殺傷力。「布城」效果雖大，但其實就材料來看僅是底下有插土尖釘的木棍，外面蒙上兩層布，拒馬則是由三根木鎗桿中間以鐵環箍住的設計，材料跟結構相當簡單。這些東西平日行軍時由每隊士兵輪流搬運，預警、駐紮時則由留守的剼老營兵負責布置營柵。

　　「軟壁」隱含了一些玄機，這個軍器是以硬木製作的木架，外面再披上厚棉被而成，木架上頭還有釘子，以阻止敵人推倒之（見圖6.8）。軟壁防禦的是義烏兵最害怕的銃、炮等火器。在戚繼光的著作中，提及敵人使用火器的次數並不多，但每次都耐人尋味。早在戚繼光之前，唐順之就指出「鴛鴦陣」戰術的唯一剋星是火器，因為陣面的挨牌無法抵禦銃子。在江南抗倭時期，戚繼光掌握了一種被稱為「剛柔牌」的新式盾牌，該設備曾被唐順之於書信中提及，並表示對它的重視。〔註38〕這是一種加了很多層緩衝物的挨牌，一定程度可以抵禦鳥銃的鉛彈。其最裡面是一副木盾，往外第一層用生牛皮裹三斤（約1.5公斤）絲棉在內，再往外的一層用桑皮紙揉成小球，整齊排滿牌面（每顆球用兩張桑皮紙揉成），再往外又蓋上五斛（約30公斤）絲棉，然後以灰漆、油厚塗，並打上竹釘固定各夾層。這樣一副盾牌可重達十五斛（約90公斤），價錢則超過五兩白銀，是相當昂貴、沈重的軍器。戚繼光說當時流傳的抵禦銃子法很多，如鵝毛、人頭髮、緊密堆疊的紙、上漆的皮革、削出尖脊的竹木等，但他經過實驗，發現只有剛柔牌有效，但是也只能抵禦五十步（約80公尺）外射來的鉛彈，距離近於三十步（約48公尺）時，剛柔牌一樣會被打穿。〔註39〕戚繼光對這點的解釋是剛柔牌仍堪用，因為鳥銃多在百步左右發射，好保持距離以免和敵人短兵相接，所以當時不會有近到三十步才射擊的戰術，但是剛柔牌昂貴的價格、沈重的盾身，使其無法普及地被裝備於義烏兵。火器難以抵禦，這問題似乎到戚繼光晚年也還沒解決，

〔註38〕唐鼎元，《明唐荊川先生年譜》，收入《宋明理學家年譜續編》第5冊，23。
〔註39〕戚繼光，《紀効新書》，卷15，〈諸器篇〉，15/21a～b。

鎮守廣東時他能做的，也只是要求士兵盡快衝入短兵相接的距離而已。戚繼光要求士兵不要在原地跟敵人用鳥銃對射，認為這樣互相損失人員，最後只會把士氣消磨掉，而要求士兵聽鈸聲時以鴛鴦陣隊形快跑、衝鋒殺敵，並說明在這種速度下對方鳥銃最多只有射兩發的機會。〔註40〕或許這是個辦法，但這也間接承認了火器的「不可抗性」，在戰場上有聞鈸聲不進者割耳的罰則，所以戚繼光算是半哄半逼地讓士卒自行去吸收火器帶來的風險。此外剛柔牌使用了牛皮、蠶絲、桑皮紙等材料，這反映了種桑養蠶的江南經濟背景，這裡的人們很早就注意到蠶絲的高韌性。這種材料選用的觀念，也可以和上面列舉的鵝毛、人髮相比較，這些都是「從人或動物身上取下的物」，或許背後有某種身體觀。例如《本草綱目》記載鵝毛「柔軟而性冷」。〔註41〕李時珍對於人頭髮，記載了一則「生人髮掛果樹上，烏鳥不敢來食其實。又人逃走，取其髮於緯車上却轉之，則迷亂不知所適」的描述。〔註42〕人髮似乎有阻擋鳥雀的「法力」，但鵝毛跟人髮為何在當時被認為可以抵禦鳥銃鉛彈？礙於戚繼光透露的資訊過少，恐怕無解。但是可以確定的是，以牛皮、絲棉、桑皮紙製作的剛柔牌，是經過戚繼光實際測試而確認有防彈實效的，還得出了五十步外可防，近至三十步會被打穿的經驗。

黃一農注意到在明清鼎革之際，黃宗羲記載江陰之變（1645）的城守戰役中，守軍用竹器鋪木棉、浸水架於城牆上，以抵禦清軍西洋炮鉛彈的紀載。黃一農認為這則傳說明顯是受《三國演義》「草船借箭」故事的影響，因為以火炮的動能，鉛彈發射途中不可能被竹器攔下來。〔註43〕黃一農的質疑有其道理，因為火炮跟鳥銃的動能確實不可同日而語，這段描述真的很像起源於對「草船借箭」的想像。但是剛柔牌是以木、皮革、絲棉、紙張等材料製作的，這種材料跟竹材、木棉有一定相似性，而軟壁也是以木架跟厚棉被為材料製作。經戚繼光實驗，剛柔牌在五十步外可以抵禦鳥銃鉛彈，而軟壁更是常備設施，因此江陰之役的守軍若把竹器做得夠厚重、木棉鋪得夠多，說不定以城牆跟地面射手的距離，這種設備可能一定程度能吸收鳥銃一類輕型火

〔註40〕戚繼光，《紀效新書》，卷10，〈實戰篇〉，10/5a～b。

〔註41〕李時珍著、劉恆如、劉山水校注，《本草綱目》（北京：華夏出版社，2002），1697。

〔註42〕李時珍著、劉恆如、劉山水校注，《本草綱目》，1915。

〔註43〕黃一農，〈官方與民間、史實與傳說夾縫中的江陰之變（1645）〉，收入陳永發主編《明清帝國及其現代轉型》（臺北：允晨文化，2011），155。

器的鉛彈動能，即便無法完全擋下，也能降低其致命程度。江陰之役中守軍若真的採用過這個戰術，恐怕不只是受《三國演義》啟發而已，而可能受過某些抵禦鳥銃的知識經驗傳承。

圖 6.7：方營的外圍防守

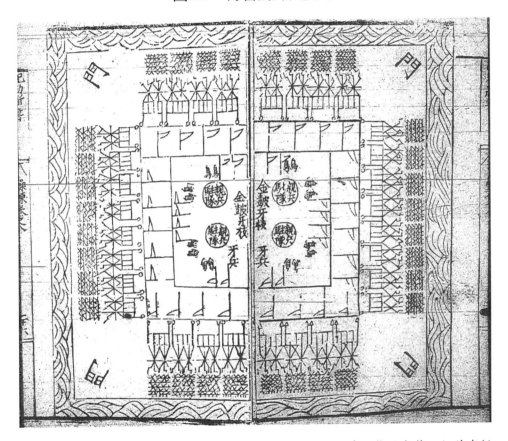

本圖跟圖 3.20 所指的其實是同一個「方營」，都是野戰時駐紮的老營。但前者描繪的是營中個別隊伍的排法，本圖則描繪外圍防禦工事的結構。本圖由營外往營柵內開始算，最外面的是數條橫向排列的鐵蒺藜串，再往內是兩個一組的「拒馬」，再往內則是「布城」。

資料來源：戚繼光，《紀效新書》，卷 8，〈操練篇〉，8/25b～26a。

圖 6.8：軟壁

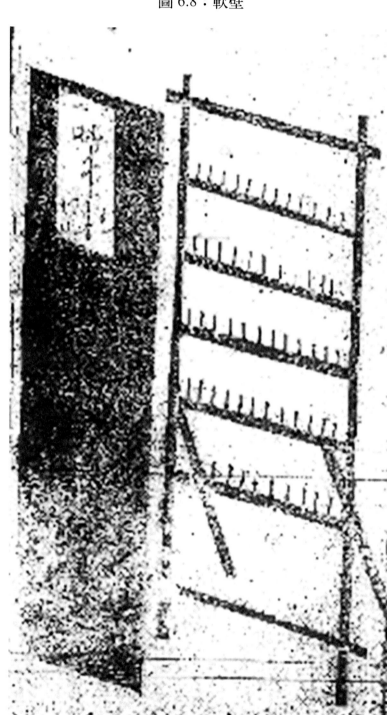

資料來源：戚繼光，《紀効新書》，卷 15，〈諸器篇〉，15/20b。

（四）軍旅中的物質文化

　　除了軍器的保養跟修理外，糧食、飲水、柴薪的補給也是軍中重要的物質生活基礎，戚繼光透露了一些就地購買糧食的訊息：

　　　如今年，我自己的兵，宿有程頭，火兵先定歇處，挨次而入，起行依號，紮營點步鼓，挨次而行，經過百姓們聞說到，殺豬牛、販酒米等待；是箇店上，也要留住一日，他有生意，這方是兵民相體的光景。暑行千里，我不曾打一箇兵五棍，可不也省了多少打殺？兩家都有便宜，却不是好也。〔註44〕

這段描述本用於規勸士卒不要欺壓沿途百姓、竊盜財物，在這段引文之前，戚繼光先申明嚴查、嚴懲相關違禁，接著說明他對行軍的理想。過去鄉兵、客兵留下不少騷擾居民的不良紀錄，但戚繼光認為民眾無非希望官兵剿賊順利，因此軍隊若做到規矩地和民眾相處，是很可能建立互助關係的。〔註45〕他的描述透露一個訊息，即軍隊相當多的物資，須就地尋求，而物資的取得，手段是靠交易而非徵調，因此當軍紀良好時，軍事活動可能還有促進當地商業的效果。行軍住宿民家時，會由火兵先進入城鎮找定「歇家」，然後軍隊按照科層、小隊入駐當地借宿，此外每日火兵會例行進城買菜。這段史料也能旁證第三章所推論的，倭寇活動常以民間商業市鎮為目標，故抗倭戰爭也發生在這些地理空間的觀點。駐紮在外地時，每天早上，義烏兵會在例行性地確認駐紮地四周安全後，開門放火兵外出樵採、汲水，及進城買菜，樵採三日一次，每日的汲水限四刻鐘（約1小時）完成、買菜限一時辰（2小時）完成，傍晚申時（下午4點前後）還會再放火兵汲水一次，但進城買菜只限早上。〔註46〕這段敘述其實透露了不少與商業型態、日常生活相關的訊息，即便是倭亂頻仍的地區，商業仍然是活絡的，甚至若軍紀風評佳，商人還會主動攜帶貨物前往，這顯示軍隊調至一地區，如果管理得當，也可以是一種「商機」。而柴薪、生活用水這類問題就在駐紮地附近解決。

　　除了農產品等食材以外，布料、紙、木炭、鋼鐵金屬、火藥、藥材等也是軍中常需補給之物。布料用於衣服、旗幟，而紙除了用於公文書寫、印書

〔註44〕戚繼光，《紀効新書》，卷4，〈諭兵篇〉，4/39b～40a。
〔註45〕從這段描述來看，文字寫成之時，義烏兵剿倭已有相當時日，故已有相關行軍經驗可供戚繼光宣講，可見《紀効新書》的文本會不定時增補新的段落，而非一個時間點完成的著作。
〔註46〕戚繼光，《紀効新書》，卷7，〈行營篇〉，7/59b～60b。

外，還是盔甲的材料。很多學者皆注意到抗倭浙兵常穿一種「紙甲」，是用多層紙張層層疊成的甲片綴成。這種甲片最厚處可達三寸（9.6 公分），包含衣甲、臂手等部分，臂手綁於手臂上，分兩節，關節可動，衣甲則如連身裙，裙長及膝。早期紙甲常被視為粗劣的廉價軍器，但後來有些研究反駁了這種看法。〔註47〕郭永芳指出紙甲這種設計，可能起源於唐末民間動亂，而在宋代開始被官方軍隊採用，作為正式裝備的鎧甲，其實是實用的軍器。〔註48〕戚繼光指出紙甲比起鐵甲，質輕、便宜、不會生鏽，特別適合須在江南潮濕環境長途行軍的步兵，同時以防護能力而言，紙甲能擋下銃炮以外大多數的武器，並非不實用。〔註49〕

　　除了正餐以外，義烏兵還有一種特製的隨身乾糧。這是一種每人隨身攜帶的「備用」糧食，做法每人份是以兩升炒黃的米、兩升麵粉為原料，經過一套複雜的加工手續製成，麵粉部分會混合香油，部分會蒸熟後浸泡燒酒、鹽醋，最後製成曬乾的、磨碎的粉狀物，分組包裹攜帶，戚繼光規定這種粉狀口糧非被圍困時不可使用，出征前查驗，遺失或忘記攜帶則按軍器遺失相關罰則處分，可見其重視程度。〔註50〕而民間所傳，戚繼光發明中間打上一孔的「光餅」事蹟，則在《紀効新書》、《練兵實紀》中沒有相關記載，極可能只是附會的傳說。〔註51〕

　　在軍中，一般物品是小隊內部自己隨壞隨修、隨時重製補充的，除非是士兵無法處理、製造者，不然不會動請中軍的工匠。軍器的檢核工作在平日

〔註47〕例如黃仁宇將紙甲視為明帝國物質生產效率低落的反映，認為比起皇城集中能工巧匠，製作精美的鎧甲，地方軍隊卻只能裝備內襯鐵片的棉襖，或是紙筋搪塞而成的紙甲，參見黃仁宇，《萬曆十五年》（臺北：食貨出版社，2003），181～182。

〔註48〕郭永芳，〈紙甲〉，《中國科技史料》，10.3（北京，1989）：80～81。

〔註49〕戚繼光，《紀効新書》，卷7，〈營陣篇〉，7/32a～b。

〔註50〕戚繼光，《紀効新書》，卷5，〈法禁篇〉，5/44a。

〔註51〕一人四升的粉狀口糧會分裝成「一升炒米」、「一升磨粉的炒米」、「一升拌香油的麵粉」、「六合浸過燒酒又曬乾、磨碎的蒸熟麵粉」、「四合浸過鹽醋又曬乾、磨碎的蒸熟麵粉」等五包，這個包裝應該有顧及防水，同時浸漬配料的工法相當繁複，因此傳說戚繼光為了方便士兵攜帶，而發明打了孔、穿繩掛身上的「光餅」，相較下並不符合義烏兵攜帶、調配乾糧的思考方式，於戚繼光著作中也沒記載，故極可能只是後人附會的傳說。關於戚繼光發明光餅的事蹟，不少學術著作都有提及，但都沒有提出確切的歷史淵源，僅指出是民間傳說。參見朱亞非主編，《戚繼光志》，（濟南：山東人民出版社，2009）191。王儀，《明代平倭史實》，（臺北：中華書局，1984）168～169。

跟定期武藝考試一起處理。〔註52〕戰爭期間軍器會耗損得很快，戚繼光提及大約兩場戰鬥後，即使戰況順利，兵器仍會大量損壞，須要維修或更換。〔註53〕嚴重損壞的兵器由中軍親兵先調補新的，而輕微損壞者，可能就由士兵自行修補了。戚繼光要求狼筅的枝椏盡可能達到九層以上，以利於格檔敵兵，他同時提醒若原本的竹子枝椏過少，可以採集細竹枝綁上去補充。〔註54〕因此我們可以推論，戰場上狼筅的枝椏折損，應該也是以同樣方式修補，這樣隨地採集材料，在江南的抗倭戰場也還算方便。從物品使用、製作的細節去分析人與物的關係，可以得到相當多關於戰場事物運作的信息，戚繼光由於實施了透過書本文字來教育、訓練士兵的制度，因而在著作中留下了大量關於物品使用、體感建立相關的資訊，是讓人進一步理解嘉靖30年代到隆慶年間、萬曆10年前後的這半個世紀，江南、薊鎮、廣東等地軍事文化的好材料。

三、武藝所操練的體感

（一）「花法」的再檢視

關於軍事文化中，人如何藉由和物品建立體感，武藝訓練是個非常重要的議題。在戚繼光軍隊裡，武藝訓練要把士兵原先的身體觀念、打鬥觀念整個解構掉，再重新塑造成適合鴛鴦陣戰術的模式。這個重新塑造過程是非常強烈、強勢的。很多學者都有注意到兩個重點：一是戚繼光三申五令的「禁止花法」政策，二是「長器短用」跟「短器長用」等武術訓練。

關於「花法」，大部分學者將其視為華而不實、江湖術士圖人前美觀的「表演用」武術，與之相對的是戚繼光所謂的「真藝」，則是不好看但實用的「廝殺用」武術。〔註55〕這種接近好、壞二分的觀點，很大程度是受戚繼光論述的影響，但若仔細檢視戚繼光討論花法的內容，則會發現若直接把花法、真藝劃分為不實用跟實用，似乎有不夠周延之處。例如戚繼光在一段問答中，指出「花法」不實用是因為不適合緊密隊形使用，而非本質上不實用：

〔註52〕戚繼光，《紀效新書》，卷6，〈比較篇〉，6/49b。

〔註53〕戚繼光，《紀效新書》，卷首，〈總敘〉，首/29a。

〔註54〕戚繼光，《紀效新書》，卷4，〈手足篇〉，4/21b。

〔註55〕范中義直接論述當時的武藝分為兩種，一種是「遊蕩江湖」、「舞槍弄棒人」的武藝，另一種是戰場廝殺用的武藝；戚繼光稱前者為「花法」，重美觀，稱後者為「真藝」，重實用。范中義，《戚繼光評傳》，191～192。陳學文也認為戚繼光的武藝訓練崇尚「實用」。陳學文，《戚繼光與戚家軍》，收入閻崇年主編，《戚繼光研究論集》，112。此類論述非常多，大同小異，不一一贅述。

> 或問曰：平時官府面前所用花鎗、花刀、花棍、花叉之法，可
> 以用於敵否？子所教，亦有是歟？光曰：開大陣對大敵，比場中較
> 藝、擒捕小賊不同，堂堂之陣千百人列隊而前，勇者不得先，怯者
> 不得後；叢鎗戳來，叢鎗戳去，亂刀砍來，亂殺還他，只是一齊擁
> 進，轉手皆難，焉能容得左右動跳？〔註56〕

若仔細閱讀文句脈絡，會發現戚繼光指出密集隊形陣法（開大陣），和場中較
藝、擒捕小賊是不同的戰況情境，而他將後者拿來跟開大陣對大敵做對比，
以回應預設問題中「花法」是否可應敵的論點，其實暗示了「花法」可能就
是場中較藝（一對一單打獨鬥）或擒捕小賊（零星、雙方人數不多的戰鬥）
用的武術，其實指的仍是實戰的技法，而非表演用的雜耍。

　　戚繼光對「花法」的描述有著各種意涵，像批判處州狼筅教師時，指出
其訓練內容有「回轉」動作，戚繼光認為狼筅長而重，回轉在陣中既不便，
還容易打到旁邊隊友。〔註57〕而對於銳鈀、叉、鉤鐮等兵器，戚繼光則批判
傳統練法兩手執在兵器中央，左右兩頭橫打，多有旋轉、跳躍等動作，認為
這在密集的陣形中施展不開，且兩頭橫打，兵器超出手的長度便只剩一尺左
右（約32公分），攻擊距離非常短，對付敵人一丈七、八尺（約560公分）
長鎗時一點勝算都沒有。〔註58〕而長鎗則除了圈串（絞開敵人兵器的動作）
和刺擊以外，回轉動作也是「花法」，原因跟狼筅一樣。〔註59〕以上三段批判，
就是支撐前述學者主張「花法」不實用論點的基礎史料。

　　但若我們再仔細檢視戚繼光的說法，就會發現一些不一樣的線索。關於
藤牌中的花法，戚繼光的描述是：

> 藤牌，單人跳舞免不得，乃是必要從此學來，內有閃滾之類，
> 亦是花法。定須持標與長槍對殺，先標使去，亦要不早不遲；標既
> 脫手，要進得速、出刀快，方為成藝。〔註60〕

這邊語氣上「花法」的問題就沒有那麼尖銳了。在藤牌手的訓練跟考核中，
戚繼光保留了傳統操練圓牌手的「大七星牌歌」，但這類套路動作中，翻身、
跳躍、閃滾之類的動作非常多，而戚繼光仍將這種操練列為平日學習、考試

〔註56〕戚繼光，《紀効新書》，卷首，〈總敘〉，首/9a～b。
〔註57〕戚繼光，《紀効新書》，卷首，〈總敘〉，首/31b～32a。
〔註58〕戚繼光，《紀効新書》，卷首，〈總敘〉，首/10a～b。
〔註59〕戚繼光，《紀効新書》，卷首，〈總敘〉，首/9b。
〔註60〕戚繼光，《紀効新書》，卷首，〈總敘〉，首/10a。

的項目。從〈比較篇〉的內容來看，藤牌手有三階段的考試，第一階段就是考前述的跳牌，即套路演練。這考驗的是藤牌手能否在複雜的動作轉換中，維持藤牌持續保護住身體，同時眼睛跟腰刀能不被藤牌所阻礙。第二階段用長鎗手刺擊藤牌手，考驗藤牌手能否用短很多的盾牌跟腰刀架開長鎗的攻擊，並成功闖入鎗桿範圍內殺向對手。第三階段則考鏢鎗投擲的準度。仔細一看，三階段的考試都有實用目的，「花法」在這裡反而變成訓練身體靈敏、協調的方法。換言之戚繼光的狼筅、鋭鈀、長鎗等武術，使用簡單化、直線化的攻擊模式，其實是因應鴛鴦陣戰術「特化」發展出來的武藝。

如此看來，「花法」可能不完全如戚繼光所言的那麼不堪，甚至很多被他斥為「花法」的東西，可能屬於另外一套武術概念。戚繼光所要求的武術，其實是專用於密集陣法的武術，因此重視的是「攻擊距離長」跟「只進不退」，動作則朝向單純化發展，強調猛攻敵人要害。在此訓練模式下，長大、笨重的狼筅，動作就只剩下六招，不外乎直、橫、斜的格檔或下壓，以及刺擊，這就是「陣法專用的武術」。而鋭鈀、叉、鉤鐮、偃月刀等兵器，則一律要求以俞大猷（1503～1579）的棍法方式訓練，用所謂的「流水點戳」為招式，就是不間斷的在敲擊（點）跟刺擊（戳）間轉換動作，攻擊節奏就變成直上直下的敲擊，夾雜直進的刺擊。〔註61〕這種打法放棄左右橫揮，因此更方便與隊友貼身站立，一起往前攻擊敵人。從第三章「試挨牌」的分析中，我們可以注意到鋭鈀的招式在鴛鴦陣中是配合前面兩名長鎗手的，兩邊同進同出之際，鋭鈀手利用較短的柄身，形成長鎗手身側的第二道防線，攔截闖入鎗桿範圍內的敵人，這麼狹窄的範圍內，最適合的攻擊方式自然就是下劈跟直刺了。

但這種一打一刺的武術，在單打獨鬥時恐怕就沒那麼靈光了。沒有密集陣法的空間布置，單調而直進的攻擊，容易被人從旁邊繞過。就舉長鎗手為例，正好就是因為他們的鎗法已被制約成往前圈串、往前刺擊，因此在偶一刺歪或被格開，或僅刺在鎧甲上時，長鎗手容易被對方搶入槍桿後的空間，也正因為在密集陣法中他沒地方躲，長鎗也不能橫掃自救，因此戚繼光除了重視「長器短用」的訓練，也為長鎗手配置了鋭鈀手，作為陣法戰術風險的彌補。同樣的道理也可以套用到其他兵器上，那些被戚繼光斥為無用的跳躍、旋轉、閃滾，極可能是民間械鬥時的武術。對沒有被訓練成習慣密集隊形作

〔註61〕戚繼光，《紀効新書》，卷12，〈短兵篇〉，12/22b。

戰的人而言，在戰鬥中靈活移動找尋對手空隙並不奇怪，也不可說無用，閃滾、旋轉、跳躍之類的動作反而是追求靈活身法的訓練手段，只是這種武術不適合密集陣法使用而已。所謂「江湖遊食者」不一定只是舞鎗弄棒的賣藝人，也有可能是商旅、富豪的護衛，甚至可能是幫派中的打手。

藤牌腰刀在鴛鴦陣中便成了特例，由於藤牌手必須靈活穿梭在狼筅叢間，時而跳閃、時而跪伏，橫行陣面機動殺敵，因此他保留了最多單打獨鬥的風格，也因此還保留了一些「花法」。戚繼光指出藤牌跳舞中的「閃滾」是花法，語氣上應該是連著後面的鏢鎗戰術一起說的，意思是指平日免不得要練這類花法，但是對敵時不能僅靠著閃、滾動作來欺近像長鎗手一般的敵人，因為風險仍舊太大，所以要改用鏢鎗投擲，趁對方閃避或格擋鏢鎗時持腰刀殺入。由於戚繼光的藤牌手是將羅拱辰燕尾牌手跟俞大猷福建藤牌手組合出來的產物，這門武術本身就深具流動、不斷修改的性質，在薊鎮時由於鴛鴦陣戰術改緩進為衝刺，因此薊鎮時期的藤牌手連後退動作都不練了，推測這種後退動作是衝出陣面攻擊後，再躲回狼筅保護區域內的動作，這在抗倭戰場的緩慢推進戰術中或許需要，但在薊鎮的衝刺突擊中就顯得沒必要了。

在唐順之、戚繼光的長鎗論述中，有所謂「閃賺是花鎗」的說法。《紀効新書》所載「六合鎗」鎗法共有六組動作，都有「閃賺」的描述。[註62]「閃」有虛晃一下的意思，而「賺」有哄騙的意涵，《水滸傳》第七回，陸謙哄騙林沖妻子上酒樓，原文便作「賺得他來到樓上」。[註63]長鎗施展假動作被稱為「花鎗」，很可能是因為虛晃欺敵需要較靈活的變化動作。由此也可看出「花」這個詞語，放在武術的用語習慣中，未必是貶意，也不見得是不實用的戰術。不過在鴛鴦陣由盾牌、狼筅先抵擋，長鎗直接趁空檔刺擊的分工戰術中，長鎗手欺敵的需求可能較低。

但是藤牌手由於橫行出沒於陣面，故保留了誘敵動作的訓練，戚繼光的藤牌刀法有一招叫「躍步勢」，其口訣為「此乃騎龍如探馬，刀前牌後誘人來，轉過牌來刀在後，低平坐下靠和挨。」[註64]從文意來看，這招要牌手先把

[註62] 兩段紀錄分別參見戚繼光，《紀効新書》，卷 10，〈長兵篇〉，10/5a～b。唐順之，《武編前集》，卷 5，〈鎗〉，收入《中國兵書集成》第 13 冊（北京：解放軍出版社；瀋陽：遼瀋書社，1989，影印明萬曆 46 年徐象橒曼山館刻本），789～790。

[註63] 施耐庵，《水滸傳一百二十回》（臺北：臺灣古籍出版社，2005），76。

[註64] 戚繼光，《紀効新書》，卷 11，〈牌筅篇〉，11/24b。

刀舉在身前，盾牌藏於身後，展現正面防禦薄弱貌，當敵人攻擊過來時，則迅速轉身讓盾牌移到身前，腰刀順勢轉到身後，並採取低姿勢靠緊對手，然後攻擊。這樣的誘敵動作，甚至可以在羅拱辰的狼兵燕尾牌刀法中找到類似招數，極可能就是戚繼光這招的源頭。〈牌論〉記載此招數為：牌刀手臨敵時，將盾牌略微閃到身後，微微露出前半身，等對方刀砍過來時，左手盾牌由下往上架起敵刀，右手則持刀攔腰砍殺敵人。〔註65〕兩招略有差異，但似乎都可算是「閃賺」一類技巧的應用。

因此戚繼光對「花法」、「真藝」的評價立場，其實是站在只重視緊密陣形戰術的立場上而言，隊形密集、攻防分工的鴛鴦陣對單打獨鬥的武術有排斥性。面對這種需求，戚繼光便以強硬的手段完全解構士兵舊有的觀念，重新訓練。但也因為這是有政策目的的用語，故在概念上不得不把武術給化約了，這種話語的背後，是主將用教育跟賞罰，重新塑造一個人身體觀、武術觀的權力展現。「真藝」不見得完全能取代「花法」，而「花法」也不見得只中看不中用，因此研究者若持「密集隊形武術」和「疏散隊形武術」兩種概念來理解「真藝」和「花法」會比較周延。

學界很早就注意到戚繼光選兵時偏好農民（鄉野老實之人），忌諱城市居民（城市油滑之人）。黃仁宇認為鴛鴦陣是特別設計給農民使用的戰術，故重視較為單純的打鬥戰術，並以嚴屬的連坐法，相當於短工的基本薪資，跟高額的殺敵賞金，讓農民兵願意赴湯蹈火。〔註66〕不過黃仁宇在討論戚繼光的武術觀念時，雖點到「陰陽並立」、「起、當、止」、「聲東擊西」等概念，但沒有討論「花法」跟「真藝」的差別。〔註67〕

從第三、四章的論述來看，鴛鴦陣並不是單純的農民兵戰術，無論抗倭

〔註65〕原文為「與賊相近，以左手執牌，將牌略閃身後，露身前半，俟賊刀砍下，以牌從前執起，迎隔賊刀，右手用刀攔腰砍下，賊刀被我牌隔去，而我刀傷賊身矣。」唐順之，《武編》，前集卷5，〈牌〉，收入《中國兵書集成》第13冊，714。

〔註66〕同時黃仁宇也認為，城市有穩定工作的人其實不太願意從軍，而軍人在明代社會的地位很低。黃仁宇，《萬曆十五年》，187～193。

〔註67〕據黃仁宇的說法，「陰陽並立」是指身體有防禦跟無防禦之處、姿勢中的動和靜、正面和側面、攻擊和防守等概念，往往是同時並存的，而「起、當、止」被黃仁宇解釋為戰鬥從開始，接著稍微休憩而轉變，接著繼續進行而迄於靜止的過程，該術語來自俞大猷《劍經》，本文後面章節解釋《劍經》「拍位」的武術體感時會另行討論。黃仁宇，《萬曆十五年》，188～189。

鴛鴦陣總、官、哨、隊的戰術，或是薊鎮的馬步車營協同戰術，都充滿高度專業化的技巧。從戚繼光對「花法」跟「真藝」時而矛盾的描述來看，他選擇「鄉野老實之人」的因素，其實是為了方便訓練。除了「城市油滑之人」，戚繼光也拒絕「慣戰之人」，因為這兩者都不適合鴛鴦陣的戰術訓練。所謂的「油滑」之人，要放入嚴格的小隊團體生活中，本來就有難度，而慣戰之人早已身懷武藝，要禁止他練習「花法」，改練「真藝」，所需花費的精力只會更多。因此戚繼光最後選擇的是性格單純、害怕長官的農村民眾，其實重點在於聽話，以方便從頭教起、快速訓練。

（二）抗倭同儕的武術觀念比較

若比較江南抗倭時期，同屬胡宗憲幕下同僚的鄭若曾、唐順之，則會發現戚繼光與他們的武術觀念有很多差異。鄭若曾對「大蓬鑱」和「偃月刀」特別偏好，「大蓬鑱」桿長八尺到一丈（約 256 到 320 公分），頭部為長兩尺（約 64 公分）的橫彎月牙形利刃，月牙朝內鉤。鄭若曾說明「大蓬鑱」的鑱頭內外皆是鋒刃，交鋒時上推可砍傷敵手，下推可砍傷敵腳，兩旁內側橫刃可以拖鉤逃跑的敵人，而寬大的鑱面在上風處，尚能冷不防鑱起一把沙土偷襲敵人，堪稱「兵馬步戰第一利器」（見圖 6.9）。〔註68〕而對於「偃月刀」鄭若曾則說：

> 予按：使刀，無如倭子之妙，然其刀法有數，藝高而能識破者，
> 禦之無難。惟關王偃月刀，刀勢既大，其三十六刀法，兵仗遇之，
> 無不屈者，刀類中以此為第一。〔註69〕

鄭若曾認為偃月刀在藝高之人手中，可以靠著沈猛的力量，擊敗多種兵器，甚至只要使用者對倭刀的路數夠熟，也能抵禦倭刀。大蓬鑱跟偃月刀在《倭寇圖卷》中都有現身（見圖 6.10、6.11）。但是偃月刀在戚繼光的戰術下，只是跟銳鈀一樣的短兵地位，主攻者是長鎗手，而大蓬鑱更沒被戚繼光引用。戚繼光獨愛銳鈀的原因是這種兵器的橫枝可以架放火箭，方便他在步兵中增添火器的部屬。

〔註68〕鄭若曾，《籌海圖編》，卷 13，〈兵器〉，收入《中國兵書集成》第 16 冊，1326。
〔註69〕鄭若曾，《籌海圖編》，卷 13，〈兵器〉，收入《中國兵書集成》第 16 冊，1328。

圖 6.9：大蓬鏟

資料來源：鄭若曾，《籌海圖編》，卷 13，〈兵器〉，收入《中國兵書集成》第 16 冊，
　　　　 1325。

圖 6.10：〈倭寇圖卷〉中的大蓬鑽

資料來源：東京大学史料編纂所編，《描かれた倭寇：「倭寇図巻」と「抗倭図巻」》，
　　25。

圖 6.11：〈倭寇圖卷〉中的偃月刀

資料來源：東京大学史料編纂所編，《描かれた倭寇：「倭寇図巻」と「抗倭図巻」》，29。

　　「銳鈀」除了「三叉戟」樣貌的款式外，還有三叉戟兩旁小枝帶有尖刺的款式（如圖 2.2、2.3）。1592 年出版的「萬曆壬辰金陵世德堂刊本」《西遊記》中，豬八戒所拿的「九齒釘鈀」在插圖中顯得不像農具，而是中央有鎗頭，兩旁橫枝帶刺的銳鈀。這暗示在 16 世紀明人的概念中，鈀類兵器可能含括好幾類相似的武器，但大致上都是頂端有鎗頭、鎗頭兩側有一對橫枝的長柄兵器，而非農具。〔註70〕

　　唐順之認為鈀只適合左右橫掃，他的理由是鈀頭重，直上直下的攻擊容易陷入揮下後無法快速舉起的狀況，容易被敵所趁，這便和戚繼光直上直下兼刺擊的武術風格迥然不同。〔註71〕《武編》中鈀法、鎗法等武術都有詳細介紹幾種對打招式，不過沒附圖，僅用文字介紹諸如對方以某動作攻擊自己時，要如何應對，這些都只提及一對一的戰鬥狀況。唐、戚二人曾就鎗法有過交流，唐順之記載的「秘戰」更是戚繼光鴛鴦陣的源頭，但是兩人的武術風格有很多歧異之處。

〔註70〕吳承恩，《新刻出像官板大字西遊記》，（臺北：國家圖書館藏明萬曆壬辰金陵世德堂刊本）4/42b～43a。
〔註71〕唐順之，《武編》，前集卷5，〈拳〉，收入《中國兵書集成》第13冊，788～789。

圖 6.12：萬曆壬辰金陵世德堂刊本《西遊記》中的九齒釘鈀

資料來源：上圖為豬八戒初次登場，在「雲棧洞」大戰孫悟空，見卷 4，42b～43a；
　　　　　下圖為豬八戒與孫悟空聯手，大戰「毒敵山琵琶洞」的蠍妖，見卷 11，61b
　　　　　～62a。豬八戒的九齒釘鈀插圖在不同回略有差異，但都是中央有槍頭，
　　　　　兩旁有橫枝的長柄兵器，參見吳承恩，《新刻出像官板大字西遊記》，臺北：
　　　　　國家圖書館藏明萬曆壬辰金陵世德堂刊本。

　　唐順之曾作過一首詩，感嘆塞北邊軍的勞苦。這首詩描述一名北邊士兵
的裝備有多重，以下直接列舉：身上甲衣共五十斤、頭盔七斤、弓箭加其裝
具十一斤、腰刀三斤半、蒺藜骨朵（帶尖刺的戰錘）三斤、全身衣服八斤，

這樣全身上下裝備加起來八十二斤半（約 41.25 公斤）。〔註72〕值得注意的是他們短兵器同時配帶腰刀和蒺藜骨朵，但這種戰錘戚繼光在鎮守薊鎮時，並未見《練兵實紀》有相關記載。唐順之曾比較「漢軍」跟「達兵」（韃靼士兵）的武藝差異，他說韃靼士兵的優勢只在馬上射箭，他們會在衝鋒時，開弓後等馬衝入最佳射程才放箭，因此準度很高，同時他們懂得拉弓時兩手下垂，遮住兩肋要害。唐順之說相較下韃靼兵使刀只不過是「亂砍」而已，而漢軍的刀法相當有技巧，一手使刀、一手使骨朵，兩種一利一鈍的兵器相互輔助，不砍敵頭則砍敵腳，對於來箭又能擊落或閃避。〔註73〕但是戚繼光《練兵實紀》中的薊鎮邊兵就沒有這種剽悍的風采，也沒使用骨朵，而是以大棒或快鎗柄為鈍器，馬兵中的輕騎殺手才用腰刀，也沒見到雙手各使一種兵器的描述。

　　Peter A. Lorge 認為倭亂為江南帶來了軍事壓力，各組參與的將領都試圖在已知的武術中，篩選出堪戰的東西，他認為這可以解釋為何此時期大量出現記載門派、技巧的武術出版品。〔註74〕這點無誤，但更進一步言，戚繼光不只是在找尋能用的東西，他還進一步改造了某些武術的內容，以配合鴛鴦陣的需求。

（三）武術中的體感

　　武術如何牽涉體感的建立？例子不勝枚舉，但以下幾個議題特別能給一些既有研究成果提供新觀點。戚繼光在討論「長兵短用」時，用「長鎗架手易『老』」這句話為開頭，這個「老」字的意涵，深入討論的學者不多。〔註75〕北京中華書局點校本《紀効新書》將「老」解釋為「鎗矛攢刺到底時，侵徹力減至最小，稱為『進老』」。〔註76〕這個概念大概就是「強弩之末，勢不能穿魯縞」的延伸，如此一來「老」字便朝向「衰老」的意象去解讀了。

〔註72〕唐順之，《武編》，前集卷6，〈邊軍勞苦〉，收入《中國兵書集成》第13冊，1004～1005。
〔註73〕唐順之，《武編》，前集卷6，收入《中國兵書集成》第13冊，1006。
〔註74〕Peter A. Lorge, *Chinese Martial Art: From Antiquity to the Twenty-First Century* (New York：Cambridge University Press, 2012), 175-176.
〔註75〕「長鎗短用」的手法，用於自己長鎗刺出未中，而敵人快步衝入鎗桿範圍內時，這個處境對長鎗手很危險。戚繼光的應對方法是用穩穩後拋的動作，讓鎗桿直線地往後急縮，然後雙手改抓鎗桿較為前面的地方，這樣長鎗就瞬間變成了短鎗，鎗頭尤可應敵。而若敵方攻入的速度不夠快，則長鎗手在重新刺擊的時候，同時後退一步再進，即可彌補對方搶進來的距離，不必縮短鎗桿。戚繼光，《紀効新書》，卷10，〈長兵篇〉，10/1a～1b。
〔註76〕戚繼光，《十八卷本《紀効新書》》（北京：中華書局，2001），65。

　　中國武術常會使用「老」來形容招式剛使完的狀態，在今日的武術教學中也有類似術語，例如「老來翻拳」，這句話是說拳頭揮到底時，若能順勢再轉一下手腕跟身軀，讓拳頭再翻一下，則這一拳還能再往前衝一段距離，變成新的一拳。我們再回來看戚繼光的說法：「長鎗架手易老，若不知短用之法，一發不中，或中不在吃緊處，被他短兵一入，收退不及，便為長所誤，即與赤手同。」〔註77〕若仔細閱讀，會發現戚繼光並沒提到「衰老」的概念，反而重點是放在「收退不及」上。長鎗收退，為的是刺出新的一鎗，即「變招」，那麼這其實是個「變」的概念，所以「老」的概念其實比較適合跟「變」的概念連結在一起。

　　「老而生變」並不是個陌生的課題，可以追溯到《周易》。孔穎達在《周易正義》中解釋為何陽爻稱九、陰爻稱六時，便整合了當時數種解釋。其中有一派說法，主張易理的陰陽，應細分為少陰、老陰、少陽、老陽，其中少陰、少陽以八、七兩個數字表示，象徵持續發展本身的陰或陽的狀態，是一種正在成長、茁壯的意象，而老陰、老陽以六、九兩個數字表示，象徵現狀發展已到極致，事物將會變動，即將要進入下一個狀態的意象。這種解釋體系重視「變」，故稱「《周易》以變者為占」。〔註78〕紀金慶也指出，從《周易》的觀點來看，中國陰陽的宇宙觀，對事物的「變動」採取比較積極的態度，並試著在不穩定的環境中找到安身立命的方法。〔註79〕

　　武術其實很大程度挪用了這個推移的概念。陰陽的推移，重點在討論老陽、老陰不可避免地傾向發生變化。每個「狀態」都有從開始到發展極致的

〔註77〕戚繼光，《紀効新書》，卷10，〈長兵篇〉，10/1a。

〔註78〕原文在《周易正義》卷一「乾卦」中孔穎達的疏裡：「……陽爻稱「九」，陰爻稱「六」，其說有二：一者乾體有三畫，坤體有六畫，陽得兼陰，故其數九，陰不得兼陽，故其數六。二者老陽數九，老陰數六，老陰老陽皆變，《周易》以變者為占，故杜元凱注裏九年傳遇艮之八，及鄭康成注《易》，皆稱《周易》以變者為占，故稱九、稱六。所以老陽數九，老陰數六者，以揲蓍之數，九遇揲則得老陽，六遇揲則得老陰。其少陽稱七，少陰稱八，義亦準此。張氏以為陽數有七有九，陰數有八有六，但七為少陽，八為少陰，質而不變，為爻之本體。九為老陽，六為老陰，文而從變，故為爻之別名。且七既為陽爻，其畫已長。今有九之老陽，不可復畫為陽，所以重錢，避少陽七數，故稱九也。八為陰數而畫陰爻，今六為老陰，不可復畫陰爻。故交其錢，避八而稱六。但《易》含萬象，所託多塗，義或然也。」孔穎達，《周易正義》，收錄於李學勤主編，《十三經注疏整理本》，（臺北：台灣古籍出版社，2002），2～3。

〔註79〕紀金慶，《二元對立與陰陽：世界觀的衝突與調和》（臺北：臺灣商務印書館，2008），139～141。

過程，發展極致後「狀態」就會推移，而開啟另一個循環。武術打鬥，出手的過程就是一個招式不斷「變老」的過程，重點不在「衰」而在「變」，招式變老意味的不是力量變弱，而是時機已過，要趕緊變招。戚繼光在《紀效新書》中討論的就是如何變招，他將收退鎗桿的動作結合在步法跟手法上，增加「變招」的效率，也讓鎗頭不離開長鎗手正前方需要防禦的空間。說穿了，「長兵短用」是個如何有效率變招的觀念。因此，「老」的觀念用於武術，應該可以和易理中「老」的觀念相互比較印證。

　　還有一個是「門」的概念，這個觀念被俞大猷深刻地用於《劍經》中，以詮釋棍法演練的空間體感。《劍經》被戚繼光引用為訓練短兵手的方法，從江南戰場的鏡鈀手，到薊鎮的大棒手皆以《劍經》的棍法概念教導。所謂的《劍經》，其實討論的不是劍法，而是長棍的技法，俞大猷把他的棍法稱為「荊楚長劍」，並似乎有著把棍法稱為劍法的習慣。〔註80〕俞大猷的棍法似乎有獨到之處，戚繼光雖然討論各家武藝時，提到了少林的棍法，但並沒有採用之，反而採用了俞大猷的棍法來訓練士兵。〔註81〕在《紀效新書》中，門的觀念被用於練習長桿兵器，如長鎗、鏡鈀、狼筅，在長鎗相關的篇章，提及「裏把門」、「外把門」兩種稱法。〔註82〕而在《劍經》中，俞大猷討論棍法時頻繁提到「門」，有「大門」、「小門」兩種稱法。

　　近代武術家向愷然（1890～1957）註釋俞大猷《劍經》時，便指出大門、

〔註80〕夏維明（Meir Shahar）已注意到俞大猷稱棍為劍的特殊習慣，並注意到俞大猷的棍法造詣相當精湛，甚至在拜訪以棍法聞名的嵩山少林寺時，還折服了該寺武僧，並接受寺中僧人請求，帶走兩名武僧前往南方參加抗倭戰爭，以便向俞大猷學習他稱為「荊楚長劍」的棍法。夏維明所參考的史料來自俞大猷的《正氣堂續集》，其中記載了他拜訪少林寺的見聞，在提及少林寺原先的棍術時，俞大猷仍稱其為「擊劍」，顯示俞大猷不是只將自己的棍術稱為劍術而已。參見 Meir Shahar, *The Shaolin Monastery: History, Religion, and the Chinese Martial Arts* (Honolulu: University of Hawai'i Press, 2008), 64-66。關於拜訪少林寺的事蹟，參見俞大猷，《正氣堂集》第伍輯20，《正氣堂續集》，卷3，〈新建十方禪院碑〉（北京：北京出版社，2000，影印清道光孫雲鴻味古書室刻本），532（3/6a～b）。

〔註81〕戚繼光，《紀效新書》，卷14，〈拳經篇〉，14/8a。

〔註82〕原文為「一合，先有圈槍為母，後有封閉捉拿，梨花擺頭，救護要分明，裏把門，外把門，閃賺是花槍，名曰『秦王磨旗』。」這是《紀效新書》所收錄槍法第一招的描述，其中圈、封、拿是絞開、按住敵鎗的動作，「梨花擺頭」形容施展槍法時鎗尖震顫、軌跡飄忽的樣子，裏、外把門描述攻防的空間概念，而後面提及的「閃賺」可能是「假動作」一類的誘敵動作。戚繼光，《紀效新書》，卷10，〈長鎗篇〉，10/3a。

小門在攻守上可以靈活轉換，伺機襲敵，在向愷然的說法裡，有「大門」、「左小門」、「右小門」等說法。〔註83〕這種「大小門」的概念，是把士兵接敵的空間，以中式建築正廳開正門、左右偏門的形象來比喻。身體正前方，兩手內側的空間是「大門」，兩手外側空間則是「左右小門」，大門中間就是直指著對手的長棍，兵器與軀幹、後腳呈一直線，對準對手。俞大猷用這種方式來討論交戰之間，武器如何在空間中攻防。凡走正面而來的攻擊稱為「走大門」，走側面進來的攻擊則稱為「走小門」。讀者可以自行試演，若身體對正一個目標，則指向對手的武器會把自己前方空間平分成左右兩塊，且若身體有對正進犯的對手，則「大門」第一時間會對到其來勢，即對手必須先壓制我的兵器才能傷我；而身體沒對正目標時，敵兵就會「走小門」進來，或左或右。

　　走大門多半要先突破對方的兵器防線，因此俞大猷指出要趁敵方發力之前壓制，或是抓對手招式用「老」的空檔越過，一種方式是將長棍依步伐直直挑起、直直打下，這個動作搭配直進的腳步，會連續打擊使敵方兵器無法還手，棍手因而能殺入敵人防線。〔註84〕這個招數在《劍經》中叫「直打直挑進五步殺」。〔註85〕向愷然指出透過《劍經》所載「折足」動作，可以靈活地把身體往左右兩邊移動，進而使雙方從處於大門正對的狀態，突然轉變成施展者正面對到敵方小門的狀態，進而能避開大門的兵器，斜走小門攻擊對手。〔註86〕巧妙運用折足側踏的招式，還有個名稱叫「喜鵲過枝」，向愷然認為這是比喻側向閃開的動作，像喜鵲從一根樹枝跳到另一根般輕靈，這是趁對方兵器從中、上位置攻來時，迅速讓自己身體跟兵器在對手大門、小門間移動的方法。〔註87〕

　　在《劍經》中尚有許多距離相關描述，例如攻入敵方小門時，要以攻入對方棍內二尺（約64公分）為成功通過。〔註88〕而大門的交鋒，雙方兵器轉

〔註83〕俞大猷著、向愷然註釋，《三十六子母棍》（臺北：逸文武術文化出版社，2009），19～20。

〔註84〕俞大猷著、向愷然註釋，《三十六子母棍》，11。

〔註85〕戚繼光，《紀效新書》，卷12，〈短兵篇〉，12/34a。

〔註86〕「折足」指腳步進退時往側邊踏，這會使對敵時進退動線多出側身閃躲、側向移動的效果，故稱「折」，使用上可以前腳或後腳先動，以達到轉向進攻或側閃後反擊的目的。俞大猷著、向愷然註釋，《三十六子母棍》，25。

〔註87〕俞大猷著、向愷然註釋，《三十六子母棍》，30～31。

〔註88〕戚繼光，《紀效新書》，卷12，〈短兵篇〉，12/37a。

圍餘裕較多，力量也較猛烈，初交手攻入的距離就以一尺（約 32 公分）為度，以免貿然攻入反被敵方側閃、攻入自己側邊小門。〔註 89〕俞大猷指出這種大門交手不可一次把身體的動勢用盡，應等對方反應後，才趁對方動勢剛起時，換個步法攻入對方小門。〔註 90〕這種戰術同時可看到俞大猷懂得趁對方招式「老」的時候，由大門轉攻側面的小門。由此可見，大小門攻擊的空間轉換非常迅捷，往往側踏一步（即「折足」）、轉個身便可重新出棍。《劍經》中提及棍子須維持直指對手，不得偏離超過五寸（16 公分），這應該就是為了避免自己的小門被對手攻入，故嚴防對敵時姿勢不正。〔註 91〕

對於時間體感，俞大猷還舉出「拍位」這個概念，將武術攻防的出手時機，用演奏音樂打拍子來形容，要求出手不慢不快，形成一個「起、當、止」的順序。戰鬥中兵器相交，或趁對方攻來時側閃，這些應變都要抓準對手用力的狀態、方向和時機，向愷然指出俞大猷用了「扼」和「當」等字，來詮釋拍位的概念，原文為「此『當』字，如曲中之拍位，妙不可言！故贊之曰：『我扼他旁，前手直當，後手加拔，有神在中。』學到此，一貫乎萬矣。千千萬萬步，俱有拍位。」〔註 92〕「扼」字有扣住、掐住之意，強調棍子接觸時攔截、封鎖對方力道要抓得到其方向跟節奏，而非硬撞；「當」則是指兩棍相接扼住敵招力量的時機點「拍位」。據俞大猷稱該技法傳承自其師李良卿，「起、當、止」的節奏觀念，即面對來招時不快不慢地出手（起）、攔截其力道（當）、進一步封鎖敵方兵器（止），再予以反擊。俞大猷傾向後發制人，《劍經》中他即便先行出手也不把招式出滿，僅引誘或逼迫對手還手而已，一旦對手出手，俞大猷會習慣截住其兵器後多做一個封鎖敵兵的動作，才出手還擊。

大、小門的觀念，也被戚繼光用於詮釋狼筅的招式。從戚繼光批判處州鄉兵狼筅花法太多的描述來看，他應該重新整理、設計過狼筅的招式。而比較《劍經》的文句，可發現戚繼光的狼筅法，可能參考了俞大猷的大、小門觀念，例如戚繼光用「鉤開由來阻大門，小門挫下向前奔」來描述一招用狼筅鉤開、壓下敵人兵器的招式。〔註 93〕狼筅雖然尺寸較接近長鎗，且尖端裝有鎗頭，但其

〔註 89〕俞大猷著、向愷然註釋，《三十六子母棍》，42～43。
〔註 90〕戚繼光，《紀効新書》，卷 12，〈短兵篇〉，12/38b。
〔註 91〕戚繼光，《紀効新書》，卷 12，〈短兵篇〉，12/39a。
〔註 92〕俞大猷著、向愷然註釋，《三十六子母棍》，25～27。
〔註 93〕戚繼光，《紀効新書》，卷 11，〈牌筅篇〉，11/28b～29a。

多枝梢的設計使它不是單純的刺擊兵器，自處州鄉兵傳下來時，狼筅便採用右手、右腳在前的持法。〔註94〕慣用手在前，方便打擊；慣用手在後，方便突刺，這使得狼筅比起右手、右腳在後，動作主刺的長鎗，帶有更多棍法色彩。

門的比喻非常生動，俞大猷把來招比喻成過門而入的敵人，而自己則是在「大門深鎖」的廳堂中見機應付的屋主。在《劍經》中會看到俞大猷利用大、小門的概念，提醒練習者注意攻防空間要分為中央、兩側方向，並延伸討論如何利用腳步的移動，以及側身轉動的動作，讓對方原先瞄準的「門」偏掉，或是靈活改變自己瞄準的門，以求奇襲。這語彙利用空間體感，讓複雜的打鬥變得能在空間內表示。而這個空間體感的建立，用的是建築物中「門」的方位感跟「登堂入室」的距離感，展現人與兵器在層層防線間移動的意境。

梁思成分析中國建築文化時，提出中國建築的平面布局思維，有講求「絕對均稱」跟「絕對自由」的兩種傾向。嚴肅、正式性質的建築物，傾向使用「絕對均稱」的空間布局，例如宮殿、官署、廟宇、住宅。這類建築會重視中軸線，以之為布局起點，空間設計則左右分立，這樣的對稱空間還會反映禮儀中的人際關係、尊卑秩序。相反的，功能為悠遊、閒處的建築，例如庭園，則會一反對稱、隆重等特色，採用不規則、曲折、多變化的布置，並間雜水池、花草樹木，以模仿自然景觀。〔註95〕建築、陣法、武術，這三種知識都重視空間布局，而建築物的「中軸線」、陣法的「用陣三分」、武術的「大小門」，三種觀念呈現巧妙的相似性。陣法與武術同時具備了「自由」跟「勻稱」兩種傾向，用陣三分、前後間出、奇正相倚等原則反應了戰場的多變，陣法運作起來必然「不規則」，但軍隊作為團體，需要嚴明且「均稱」的制度調度士兵，因此我們又能從伍長、隊長的督軍角色，中軍跟各單位的調度關係，發現陣法設計中的政治意涵。陣法所用的武術，士兵在打鬥的當下，面對的是如何控制好敵我的大小門空間，但又須與友軍的兵器空間協調好，如藤牌手與狼筅手長短相護，長鎗手與短兵手同出同回。

李訓詳認為八陣反映的是中國文化「文官節制武官」的秩序，而將領在戰場上不愛用九宮八陣，但思維上卻認為這種八陣才是陣法典範，其實證明

〔註94〕原文「處州人使狼銑，右腳右手在前，陰陽手，使攢扒亦多如此，猶開弓之左右。」唐順之，《武編》，前集卷5，〈鎗〉，收入《中國兵書集成》第13冊，796。

〔註95〕梁思成，《中國建築史》（天津：百花文藝出版社，2007），16～17。

了「九宮八卦」的八陣，政治性大於實用性。李訓詳認為講武、操演八陣，其實是文官體系運用經學的知識，去塑造武人臣服於文人的身體操練儀式，也因此九宮八陣永遠跟易理、術數切割不開。〔註96〕梁思成也指出，歷代建築物都會盡可能呼應當代典章制度的思想。〔註97〕我們也在「用陣三分」、「大小門」的概念中，可以看出不同的身體觀。九宮八卦法則的八陣，呈現出武官去臣服於該法則空間布局的身體觀。而「用陣三分」、「大小門」的概念，則是士兵化身為軍官的身體跟兩臂（中軍跟左右翼），以及士兵將自己的身體擴大為一間廳堂，個人的身體和兵器控制攻防時的左中右空間，再擴大成一個大陣的中軍與左右翼，這種「張兩腋」、「開兩翼」的觀念，是以自己身體去主宰空間布局的身體觀。

　　「老」跟「門」兩種概念，都是對傳統文化概念的挪用，前者是試圖掌握「時間推移的體感」，而後者則試圖詮釋「空間變化的體感」。兩種概念相互結合，便構成重視時、空節奏的「武術體感」。這種體感的建立，目的是讓人在戰鬥中的混亂狀態下，仍能保持冷靜，以抓準時機（拍位）取得勝利。戚繼光多次用「叢如麻蓬」跟「亂鎗戳去」來形容陣法戰鬥的混亂狀況，這個場面其實可以在《倭寇圖卷》中找到印證（見圖6.13）。圖中官兵跟倭寇雙方都持一丈七、八尺的長鎗對戳，這畫面非常符合戚繼光描述的戰陣場面。

圖6.13：長鎗對戳場面

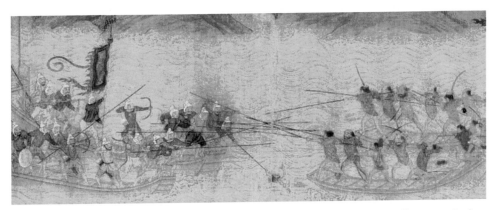

資料來源：東京大学史料編纂所編，《描かれた倭寇：「倭寇図巻」と「抗倭図巻」》，24～25。

〔註96〕李訓詳，〈古陣新探──新出史料與古代陣法研究〉（臺北：國立臺灣大學歷史學研究所博士論文，1999），202～203。

〔註97〕梁思成，《中國建築史》，19。

　　Lorge 對長鎗的觀察是很精闢的，他指出戚繼光其實是用長兵器來對付長倭刀，也指出日本其實大約也在同時期，經歷了由步兵持長鎗、排密集陣形的戰術，取代騎兵持長刀衝鋒的戰術轉型。〔註 98〕這點大方向上是正確的，但是 Lorge 在細節的討論上有一些小缺陷，例如他仍認為倭寇主要是以倭刀造成剿倭的壓力，以及戚繼光早期會要求士兵在貼身戰中，跟倭寇徒手以拳腳搏擊，直到晚期才取消這一戰術。同時 Lorge 並沒有討論鴛鴦陣，論述上也只著重長鎗（spear）跟長桿兵器（polearm），沒有討論長鎗是在盾牌、狼筅、藤牌腰刀、短兵等兵器的協助下，才足以對付倭寇的。

　　凡提到倭寇，必先想到倭刀，這似乎是明人自倭亂以來，即產生的刻板印象。中國文人視日本刀為鋒利、武勇、精巧的珍品，自北宋以來便如此，明代倭亂更助漲這種又怕又崇拜的情緒。〔註 99〕相關文獻記載繼而影響眾多的學者，把盾牌、狼筅，乃至於整個鴛鴦陣都視為對付倭刀而生的戰術。林伯原整理明帝國輸入日本刀的紀錄，主張嘉靖以前雖然中國持續有輸入、甚至仿造日式刀劍的紀錄，但並沒有用於戰爭的紀錄。〔註 100〕林伯原主張中國刀法自宋代以後逐漸失傳，以至於明末茅元儀（1594～1640）於《武備志》直指偃月刀只能表演「示雄」，戰陣無用，相較下戚繼光、鄭若曾、何良臣（生卒年不詳，約與戚繼光、俞大猷同時代）等將領都稱日本刀實用、犀利。〔註 101〕林伯原認為嘉靖倭亂以後，中國人才開始學習倭刀的技法，而且是民間跟官兵都以各自方式吸收、傳承倭刀法。他認為戚繼光的腰刀、長刀都是受倭刀影響的產物。〔註 102〕但是林伯原也指出戚繼光讓薊鎮、廣東鳥銃手練習的倭刀刀法，跟戚繼光於嘉靖辛酉年（嘉靖 40 年）抗倭戰場上繳獲的倭刀刀譜〈影流之目錄〉內容相比，刀法仍有差異，故認為鴛鴦陣士兵使用的倭刀法，可能是以有限的日本刀法基礎加上一定程度獨自摸索的設計，所發展出的訓練

〔註 98〕 Peter A. Lorge, *Chinese Martial Art: From Antiquity to the Twenty-First Century*, 168.

〔註 99〕 關於明人對倭刀的想像，見王鴻泰，〈倭刀與俠士——明代倭亂衝擊下江南士人的武俠風尚〉，《漢學研究》，30.3（臺北，2012.9）：63～98。

〔註 100〕 林伯原，〈明代中国にわける日本刀術の受容とその変容〉，《武道学研究》，46.2（東京，2014）：61～62。

〔註 101〕 林伯原，〈明代中国にわける日本刀術の受容とその変容〉，《武道学研究》，46.2：64。

〔註 102〕 林伯原，〈明代中国にわける日本刀術の受容とその変容〉，《武道学研究》，46.2：66。

法。〔註103〕但是林伯原對「腰刀」的概念也有誤解，日本刀確實有某些款式被稱為「腰刀」（こしがたな），但指的是配於腰間的短刀，其刀身、柄、鞘皆是道道地地的日式短刀型制，長度也多在 30 至 40 公分間，跟戚繼光長達 90 公分的腰刀不同。〔註104〕由於「腰刀」一詞中文有「腰間配刀」之意，故僅以「腰刀」之名論證這種刀來自日本，可能有過度詮釋的問題。同時林伯原忽略了親身經歷抗倭戰爭的鄭若曾，主張偃月刀實戰有用，這跟茅元儀的說法矛盾，而以生存時代來評價，鄭若曾的記錄更貼近倭亂時代的狀況。

大石純子和酒井利信比較羅拱辰（生卒年不詳，與戚繼光、俞大猷、唐順之同時代）〈牌論〉和戚繼光《紀效新書》，認為〈牌論〉所附的插圖中，其燕尾牌手的腰刀，刀尖寬闊，型制很接近北宋《武經總要》（成書於 1044 年）所記載的「手刀」，而與戚繼光藤牌手的腰刀型制不同。〔註105〕他們進一步推測戚繼光的腰刀，其實參考了日本刀的造型。但這個論點若要成立，有個較難突破的點。戚繼光對於腰刀型制的描述如下：

> 腰刀造法，鐵要多煉，刃用純鋼，自背起用平剷、平削至刃，刃芒平磨無肩乃利，妙尤在尖。近時匠役，將刃打厚，不肯用工平磨，止用側銼，橫出芒，兩下有肩，砍入不深，刃芒一禿，即為頑鐵矣，此當辨之。刀要與手相輕，柄要短、形要彎，庶宛轉牌下不為所碍，蓋就牌勢也。〔註106〕

問題點在於從字面意思來看，戚繼光明確表示腰刀的刀身必須由刀背「平磨」至刀刃，刀面上「無肩」，這意味著刀面應是光滑的斜面，不得有突起，即刀身橫切面應相近於細長的等腰三角形。但是日本刀的長刀，其主流型制是所謂「鎬造」（しのぎづくり，或作「鎬作」），這種造型是刀身斜面由刀面接近中間部分開始研磨，故刀面上會有一條被稱為「鎬筋」（しのぎすじ）的稜線。

〔註103〕林伯原，〈明代中國にわける日本刀術の受容とその変容〉，《武道学研究》，46.2：66～68。

〔註104〕Markus Sesko, *Koshirae - Japanese Sword Mountings* (Raleigh: Lulu Press, 2012), 88-89.

〔註105〕大石純子、酒井利信，〈『紀效新書』における日本刀特性を有する刀劍の受容について：18 巻本と 14 巻本の比較を通して〉，《武道学研究》，45.2（東京，2012）：95。

〔註106〕戚繼光，《紀効新書》，卷 4，〈手足篇〉，4/9a～b。按：太田弘毅也主張鴛鴦陣的腰刀即為倭刀，但他略過這段「自背平磨至刃」的史料不解釋。參見太田弘毅，《倭寇：商業・軍事史的研究》（横浜：春風社，2002），264～266。

因此「平磨至刃」的描述和「鎬造」這個日本刀主流型制大相徑庭（見圖 6.14）。大石純子和酒井利信的論點基礎，是認為戚繼光的腰刀其實有「鎬筋」稜線，而把「肩」解釋為刀背兩側稜線，也就是刀背跟兩邊刀面交界的角。他們主張「無肩」是指把刀背的兩條稜線再磨薄，讓刀背變得更薄，進而使刀身橫切面變成有點像菱形的五邊形。他們引述的另一的證據是戚繼光《紀効新書》中的腰刀插圖，有畫出類似鎬筋的稜線。〔註 107〕

圖 6.14：「自背平磨至刃」與「鎬造」

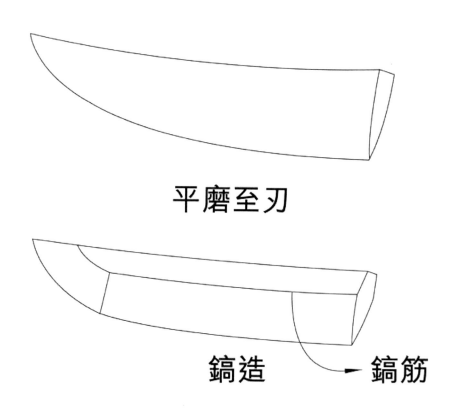

平磨至刃

鎬造　　　鎬筋

筆者自繪，下圖為日本刀主流的「鎬造」（しのぎづくり）刀形，特色是兩邊刀面都會有一條脊狀的稜線突起，稱為「鎬筋」（しのぎすじ），這種工法並不會直接從刀背開始研磨刀身斜面。

〔註 107〕大石純子、酒井利信，〈『紀効新書』における日本刀特性を有する刀剣の受容について：18 巻本と 14 巻本の比較を通して〉,《武道学研究》,45.2：96。

　　大石和酒井對「肩」的解釋相當牽強，戚繼光論述「肩」的時候，依照上下文意，「自背起用平剗、平削至刃」確實已經講得很明白，即刀面應該不會有突起。而「刃芒平磨無肩乃利」這句，仍是就「刃芒」而言，討論的是刃口，不是刀背。講完這段後，戚繼光舉出的反例，是劣工將刀刃打造得很厚，又不肯下功夫平磨，只偷工地用「側銼」的方式開鋒，造成刀刃附近「兩下有肩」的情形。這樣子的刀身一來刃口厚度過大，二來有稜線，切割阻力大，因此「砍入不深」，又因為刃口角度相對大，因此刃口稍微磨損、「禿」掉後，刀子就變成了鈍而厚的鐵片，成了一條「頑鐵」了。所謂的「兩下有肩」其實也跟「鎬造」這個日本刀工法無關，只是劣質腰刀的樣貌而已。至於插圖中疑似稜線的那條線，實際上讀者很難斷定繪圖者用意為何。第一，以《武經總要》的插圖來看，刀面中有著一條線，其實是指刀背稜線，換言之那是標記刀背在哪邊的手法，《武經總要》雖為宋代著作，但存世最早版本是明代重新刊刻的版本，很可能跟明代刻書的技巧很相似。第二，《紀效新書》腰刀的插圖其實非常粗糙簡略，因此刀面上的線很可能不是「鎬筋」，而是標記刀背位置用的示意標線（見圖 6.15）。

　　同時《紀效新書》記載的腰刀型制，刀長三尺二寸（約 102.4 公分）、柄長三寸（約 9.6 公分），這種長度跟日本的「腰刀」不同，已經和日本刀中屬於正式武器的「太刀」（たち）、「打刀」（うちがたな）相近了。戚繼光強調腰刀「柄要短」，目的是為了讓藤牌手使刀時，不因刀柄過長而跟盾牌互相妨礙，又說這種刀的設計是順著「牌勢」而製作。種種描述來看，腰刀應該是專門為藤牌刀法而發展出來的刀型，而且是一種短柄但長刃的單手刀，跟柄、刃皆長，方便雙手共持的日本刀大相徑庭，不太可能是同一系統的武器。作為旁證，茅原儀編纂《武備志》時，將「腰刀」與「長刀」分開歸類，其中長刀就是倭刀，歸類於「刀」這個章節，但將「腰刀」編入「牌」的章節，附於藤牌之後，其理由為「今所習惟長刀、腰刀，腰刀非團牌不用，故載於牌中；長刀則倭奴所習，世宗時進犯東南，故始得之。」〔註108〕茅原儀細說長刀的來歷，但把腰刀視為只跟圓盾牌搭配的武器，這也可說明腰刀專門用於藤牌刀手的特殊地位，也說明它跟日本刀的型制關連不大。

〔註108〕茅原儀，《武備志》，卷 86，〈刀〉，收入《四庫禁燬書叢刊》子部第 24 冊（北京：北京出版社，2000，影印明天啟刻本），190。

圖 6.15：「手刀」與「腰刀」

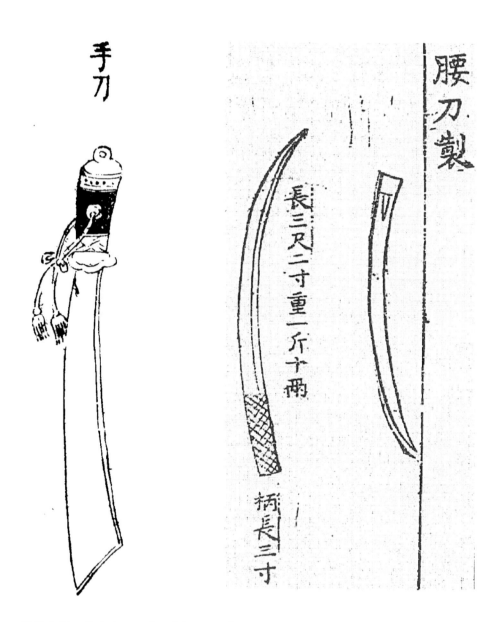

資料來源：曾公亮、丁度，《武經總要》，前集卷 13，〈器圖・刀八色〉，收入《中國兵書集成》第 3 冊（北京：解放軍出版社；瀋陽：遼瀋書社，1988，影印明金陵書林唐富春刻本，1988），690。戚繼光，《紀効新書》，卷 4，〈手足篇〉，4/9a。

　　馬明達的〈「米昔刀」考〉一文，或許可以提供另一種思考方式。米昔刀又稱「米息刀」、「糜西刀」，是由伊斯蘭文明傳入中國地區的刀。馬明達指出「米昔刀」是〈明會典〉裡的稱法，這種刀還是「五軍將軍」轄下官軍的標準配刀型制之一。〔註 109〕馬明達考證，元帝國稱當時埃及的馬木留克王朝（1250～1517）為「密昔兒」，故他主張「米昔刀」應該是一種單手握持、刀身彎曲、刀尖狹長的長刀。〔註 110〕大石純子和酒井利信推定鴛鴦陣腰刀是倭刀，其基本思考模式是認為宋代手刀刀尖寬闊，故晚明倭亂時期突然出現刀尖狹長、刀身彎曲的長刀，必定是受倭刀影響而生。但「米昔刀」配戴於明初正式官軍身上的紀錄，表示明代士兵不見得只在日本刀上，才看得到刀尖狹長、刀身彎曲的設計。

　　日本刀跟抗倭鴛鴦陣的兵器，就文獻來看相關性其實不大，同時倭刀可能也不是戚繼光首要的假想敵。戚繼光在討論短兵難以接敵時，說的是「其賊之來也，利刃長鋒，二丈有餘，及身寸餘，應刃而斃」以及「彼之鎗一丈七、八尺，我之器不過七、八尺」，這些敵方兵器指的都是長鎗。〔註 111〕本文第三章分析的鴛鴦陣考試，其假想敵也是以長鎗攻擊。換言之 Lorge 拿日本也在進行長鎗剋制長刀的戰術典範轉移，來呼應戚繼光的戰術，這固然是很有啟發性的觀點，但事實上倭寇使用長鎗已經非常普遍了。至於徒手對敵的部分，戚繼光在《紀効新書·拳經捷要篇》開頭就說拳法無法用於戰場，但能讓人熟悉手腳的運動方式，可幫助初學者的「入門」。〔註 112〕

　　戚繼光在討論自身裝備的倭刀時，提到過去長鎗「長器不捷」、「遭之者身多兩斷」，這句常常被學者舉為例證，說明倭寇因倭刀而棘手，但其實在原文中戚繼光的下一句是「今獨用則無衛」，接著說明倭刀只配備於鳥銃手，是因為其它兵器對其而言太重，同時鳥銃手因不負責前線肉搏，故配輕巧的倭刀為備用武器。〔註 113〕如此看來，倭刀在面對密集的長鎗隊伍時，其實也沒那麼厲害，所謂砍斷長鎗恐怕不是常態，而戚繼光舉此為例只是為了加強自己配倭刀給鳥銃手的合理性而已。

〔註 109〕馬明達，〈「米昔刀」考〉，收入氏著《說劍叢稿（增定本）》（北京：中華書局，2007），240。
〔註 110〕馬明達，〈「米昔刀」考〉，收入氏著《說劍叢稿（增定本）》，240～241。
〔註 111〕前者見戚繼光，《紀効新書》，卷首，〈總敘〉，首/31a。後者見戚繼光，《紀効新書》，卷 12，〈短兵篇〉，12/31a。
〔註 112〕戚繼光，《紀効新書》，卷 14，〈拳經篇〉，14/7a。
〔註 113〕戚繼光，《紀効新書》，卷 4，〈手足篇〉，4/10a～b。

（四）競賽、考核和娛樂

戚繼光曾說「操兵之道，不獨執旗、走陣于場肆而後謂之操，雖閒居、坐睡、嬉戲亦操也。」〔註114〕但綜觀戚繼光的兵書，「嬉戲」是被管制的活動，整個戚繼光軍隊的運作、生活中，最有可能是「嬉戲」，且蘊含操練意義的活動，應該就是每隊例行性的考試。在《紀効新書》、《練兵實紀》中考試項目佔相當大篇幅，細節、辦法也很詳細，故以往學者大多有注意到戚繼光重視例行性的武藝考試。但很少學者提及這些考試活動，辦起來其實非常像「運動會」，極可能就是戚繼光口中「亦為操」的嬉戲。例如考核長鎗，除了舞槍以外，尚有「對戳」、「戳人形靶」等活動。對戳活動，其振奮人心的效果很明顯，但此外的活動，其娛樂性更是堪稱「挖空心思」。人形靶會在眼睛、咽喉、心窩、腰、足等五個位置開孔，裡面放一顆小木球，長鎗手必須聽鈸聲號令，以長鎗將小小的木球戳出來。〔註115〕鑼鈸聲、人形靶、小木球、兼具挑戰性、趣味性的考試項目，有賞有罰的待遇，這些特色把考試活動裝飾得有聲有色。藤牌手考鏢鎗的方式更明顯，其標靶是以三塊小銀錠堆疊而成，要求藤牌手在三十步的距離，射中上、中、下指定的一塊，這個活動的難度跟獎賞都設計得恰到好處，激勵效果十足。〔註116〕同時每場考試後，都是成績特優者有賞、成績極差者捆打，連續不及格者改任火兵。

這是個很有趣的制度設計，考試會是士兵平日生活中最重要的活動之一，考核定期而來，每隊周而復始地考。這一場場的考試都有精心設計過的賞罰標準，跟饒富趣味性的活動內容。戚繼光等於是把平日最大的壓力跟娛樂來源整合成一個活動了，這或許就是他所謂「嬉戲亦操也」的根據。

四、論「保常盈之氣」

鴛鴦陣的運作，戚繼光常提到「氣」的概念。關於兵家所謂的「氣」，不少學者也討論過。范中義認為明代以前的兵家談「治氣」時，內涵只到「把握現有士氣」而已，而最早提出具「培養、整治士氣」的「治氣」觀念者是戚繼光，他大約於嘉靖39年（1560）左右就提出這概念。大約同時期，俞大猷提出了「練膽」的概念，而譚綸（1520～1577）則提出「練心」的概念。

〔註114〕戚繼光，《紀効新書》，卷首，〈總敘〉，首/15b。
〔註115〕戚繼光，《紀効新書》，卷6，〈比較篇〉，6/50a～b。
〔註116〕戚繼光，《紀効新書》，卷6，〈比較篇〉，6/53a。

戚繼光稍後又提出「心性氣」的觀念,並於鎮守薊鎮時期完成「練心」的論述。〔註117〕范中義認為戚繼光所完成的「練心」論述,是兵學思想上的重大突破,其貢獻在於論證軍人的膽、氣出自於心,故訓練的本質在於練心,而練心靠的不是賞罰的利誘跟威嚇而已,而是靠平日累積下來的將兵情感,是官兵間發自真心的關心與敬愛。〔註118〕

范中義的論點不能說是錯的,因為他所舉的戚繼光討論「氣」的史料,確實不離開那些概念。但是戚繼光不是只有在討論官兵教育時才討論「治氣」,他在十八卷本《紀効新書》的〈或問〉中,有一段對於維繫軍隊在連續征戰的極端壓力環境下,如何維持士氣的論述。其討論的「氣」就不單單只牽涉軍人教育而已。

〈或問〉中戚繼光曾討論浙兵中處州、紹興、義烏、台州、寧波等處鄉兵發展跟延續的問題。他指出最早成名的處州兵其實素質最佳,甚至好過後來揚名全國的義烏兵。但是處州兵在征戰的過程中,嘗了幾次勝仗後,雖未「氣竭」但已「氣濁」。處州兵未得休養,卻因「善戰」之名而被調遣至各處參與剿倭,故表現愈來愈差,等到嘉靖40年台州大捷,戚繼光跟義烏兵聲名大噪之時,處州兵卻衰敗到背上「廢怯」之名,難以振作。〔註119〕戚繼光語重心長地表示義烏兵其實已經慢慢步上處州兵的覆轍,他說這幾場大捷讓朝野輿論認為義烏人性格特別勇敢,但是其實義烏縣的家庭在同一時間點已經備受調遣的壓力,若真的遭遇敗仗,則難免「一邑奪氣」。〔註120〕

義烏兵在連戰連捷的同時,實已面臨人力枯竭的問題,這在方志中可以找到線索。康熙31年（1692）年刊刻的《義烏縣志》,收錄了明神宗萬曆22年（1594）義烏知縣周士英的奏章,紀錄了抗倭戰爭中,義烏兵驍勇善戰背後的辛酸：

> 烏邑地方百里,舊俗淳龐,民居樂業,竝未知兵。自嘉靖間處
> 州礦賊,作劇鄰壤,而兵始興,繼以倭奴侵擾,練兵浙東,而兵使
> 著。嗣後釀成屬階,父不得卹其子,兄不得顧其弟,妻不得有其夫。
> 歷年來,散於北邊、散於閩廣者,幾數萬眾,倭平而生還者,十無

〔註117〕范中義,《戚繼光評傳》,204～205。
〔註118〕范中義,《戚繼光評傳》,212。
〔註119〕戚繼光,《紀効新書》,卷首,〈總敘〉,首/26a～b。
〔註120〕戚繼光,《紀効新書》,卷首,〈總敘〉,首/26b～27a。

二三。〔註121〕

周士英指出連年調遣讓義烏家庭被拆散，男丁被調往北方邊鎮或福建、廣東地區，長年的征戰或其他意外，使得近數萬的義烏縣征兒，最後能回到家鄉的人不多。萬曆 22 年距離戚繼光募兵義烏已 35 年，距離戚繼光調守薊鎮已 26 年，距離戚繼光去世已 6 年。在這不到半世紀的時間內，義烏兵確實步上了處州兵的後塵，在無止盡的招募、調遣中，元氣被消磨殆盡。

戚繼光這邊的「氣濁」、「氣竭」、「奪氣」其實都跟軍事教育、將兵情感無關，而是一支軍隊在連續征戰中，體力、人力、物力、乃至於更核心的「自信心」是否能持續保持充足、對挫折的忍受度能多大的問題。這其實是高壓力環境下，軍隊是否能延續戰力的課題，跟用教育、心性陶冶在處理的問題不太一樣。戚繼光解釋即便是台州大捷，陣亡人數甚少的案例，軍隊的壓力也是很大的。兩場較為激烈的會戰後，即便軍隊戰績是「全師而還」，沒人陣亡，但士兵輕傷者仍很多，器械毀損、斷折者也不少。這種時候，戚繼光做的事情是連夜遞補人力，用中軍的隊伍更換受傷不堪戰的士兵，或是將隊長或伍長出事的士兵拆散，重新組合成完整的鴛鴦陣隊伍。同時以中軍備用的兵器，更換折損者。〔註122〕戚繼光說唯有這麼做，各營才能維持「常足之額」，士兵才有「常足之氣」。

這個「常足之氣」就不是單靠教育、敬愛就能產生的了，而是要有一整套配合戰術、軍器生產、號令調度、人力補足的體制才能運作。我們仍要注意一點，無論戚繼光軍中的士兵多具備「心性上的陶冶」跟「敬愛主將的情感」，基層士兵在整個軍事行動中仍是被動的存在，他們聽令行事、依訓練的方式戰鬥。戚繼光之所以能維持他們的「氣」，避免疲憊的軍隊崩潰，靠的是把前線的人力、物資補足。

李訓詳在〈古陣新探〉一文中，討論過「延氣」的問題。李訓詳把「氣」視為讓士兵「甘戰持久」的鬥志跟體力，延氣就是「延長」軍士的「氣」。他認為舉凡《孫臏兵法・延氣》、《孫子兵法・軍爭》所說的氣，本質上都跟人體力的極限有關，主要講的就是吃飯的問題，所謂的「延氣之術」大體上就

〔註121〕王廷曾編，《義烏縣志》，卷 8，〈民兵〉，收入《復旦大學圖書館藏稀見方志叢刊》第 14 冊（北京：中國國家圖書館出版社，2010，影印清康熙 31 年刻本），569～570。
〔註122〕戚繼光，《紀効新書》，卷首，〈總敘〉，首/29a～b。

是讓己方維持在以飽待飢、有生力軍的情況下。〔註123〕跟范中義主張「氣」來自愛主將的心不同，在李訓詳的論述模式下，軍隊是透過主將巧妙地操作軍人的生活、行動節奏，進而延長了「氣」。從李訓詳所舉的史料來看，他的論點沒有錯，但是剛好在戚繼光的例子上，「延氣」的概念不只侷限在食物的補給上，還可以進一步擴大解釋到人力、兵器的補充上。

五、小結：鴛鴦陣身心合一的訓練特色

本章從「體感」、「物質文化」的角度切入，呈現一個較有「立體感」、「動態」的軍隊運作樣貌，以幫助讀者理解為何戚繼光的軍隊能有效率地運作，並有堅強的向心力。在前兩節中，本文把體感再細分為「空間體感」跟「時間體感」，並呈現制度在時間、空間中運作的規律跟節奏。這個節奏以多種方式呈現，舉凡科層組織、操練程序、物品使用、武藝操練，甚至是賞罰、考試等活動，所有的事物被融括進一套有秩序的體系裡，使人在裡頭生活有安全感。這就是本文主張的「練心」本質，戚繼光用一套恩威、張馳、賞罰並用的體制，搭配比擬鄉里保甲的科層關係，以各種層面滲透進軍隊的生活細節中，在食、衣、住、行、育、樂上，建構出一套有規律節奏的「軍旅生活」體制，在這套體制中，每個人都有個位置，有壓力但也有抒發機會跟賞罰標準，同時有穩定的經濟收入。這樣的體制才是士兵向心力的根源。在體感外，本章節也試著呈現物質文化基礎在鴛鴦陣運作中扮演的角色。

第三節由軍器、武術切入討論身體觀、體感跟物品。本文主張戚繼光所反對的花法，不見得是不實用的武術，只是不適合密集隊形陣法使用，並比較戚繼光與抗倭同儕的武術風格，有何異同。從「老」跟「鬥」的概念中，我們可以理解戚繼光所推廣的武術，含有何種時間、空間的體感。本文也重新討論倭刀跟鴛鴦陣的關係，認為倭刀跟抗倭鴛鴦陣的武器文化關係不如以往學者認為的密切，也否定戚繼光的「腰刀」型制來自日本刀。本章節也討論戚繼光如何巧妙地在考試中放入了娛樂元素。

最後，本章討論戚繼光如何在平日跟戰場上，維繫軍隊的向心力跟鬥志。戰場上不確定的因素更多，戚繼光靠得是有效率的人力、物力補給，以維持陣法運作。此外戰場上的軍心維繫，第五章討論的宗教性元素也是重要手段。

〔註123〕李訓詳，〈古陣新探──新出史料與古代陣法研究〉，73～75。

第七章　結　論

　　本文大致分成三個部分，第一、討論鴛鴦陣的淵源；第二、討論不同時期鴛鴦陣的運作樣貌、傳承關係，並與古陣文化比較；第三、討論這樣的陣法是在什麼文化、社會基礎中運作。整篇論文的架構，可以視為「將圍繞『鴛鴦陣』的議題串連成一幅名為『軍事文化』的圖像」，見圖 7.1。

圖 7.1：鴛鴦陣相關議題

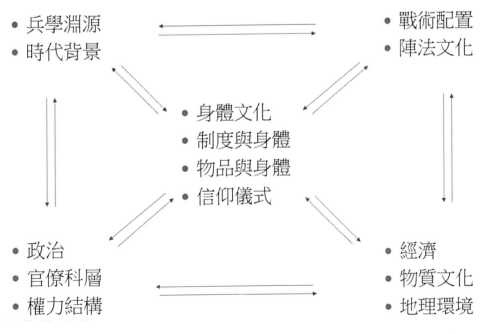

圖中的箭頭，表示相關議題討論的對象，之間仍有互動關係，故可再延伸出新議題。

圖中的八組箭頭，表示多組議題之間仍可互相激盪，產生新議題，八組箭頭將全圖分割成四組「三角形」，又可以個別討論，見圖 7.2。

圖 7.2：兵學知識典範與實際戰爭樣貌的差異

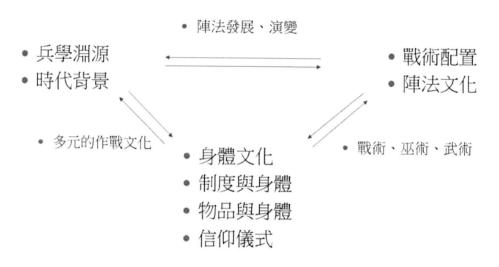

圖中表示的六種議題，可整合出「兵學知識典範與實際戰爭樣貌的差異」這個議題。

圖 7.2 左側的「多元的作戰文化」、「陣法發展、演變」，其實就是本文第二章所討論的議題。該章節指出鴛鴦陣是一個因倭亂而生，又因北調薊鎮而變形的陣法。它的戰術、武術分別起源於浙江處州鄉兵、廣西狼兵、福建漳州鄉兵。嘉靖 32 年（1553）以來，中國東南地區因應倭亂，地方官、將領、讀書人學習客兵、鄉兵的戰技與軍制，以重建本地軍事力量。來自不同地區的軍事技術，被混合在一起。輕便的挨牌、擲鏢鎗的藤牌腰刀手，或是搭配藤牌手的狼筅手，這類新戰術於焉誕生。簡言之，鴛鴦陣是戚繼光將當時軍事經驗重新組合出來的成果。

　　圖 7.2 的「陣法演變」、「作戰文化」和圖 7.3 中「陣法中的政治」，正是本文第三、四兩章的主題。比較唐順之、戚繼光的鴛鴦陣，會發現唐順之的秘戰鴛鴦陣就是戚繼光抗倭鴛鴦陣的源頭，而證明其系譜傳承的關鍵，在於伍長挨牌手扮演的角色。所謂的鴛鴦陣戰術，應以小陣可以單用，也可組合成大陣的方式去理解，這種陣法觀念，跟中國古代八陣文化有關連性。但本文重新檢視古陣研究成果，主張抗倭鴛鴦陣比較接近「裴子法」模式的八陣，以「用陣三分」的架構為主要戰術型態，而非「四面如一」、「營陣合一」的

九宮八卦八陣。這在晚明九宮八卦八陣觀念已成為陣法知識典範環境下，是
很耐人尋味的現象。本文認為即便俞大猷等將領聲稱九宮八卦八陣才是陣法
正統，但江南地區礙於地形、經濟型態，很少真的採取九宮八卦八陣作戰。
李訓詳注意到九宮八卦八陣跟中國築城文化有關，並以城池的結構、城守的
戰術去設計陣法。而汪榮祖則注意到江南地區築城時，很少真的築成傳統認
知中的城池典範「方形」，反而常隨地形而建。江南地區不採九宮八卦八陣、
而採用三分、包抄的陣形，以及同地區築城常隨地形，靈活規劃形狀，這兩
者間有著微妙的文化關連性。在比較同時期兵法家如俞大猷、唐順之、羅拱
辰的論述後，本文主張戚繼光在著作中強調其陣法具「四面如一」、「握奇」
的特質，其實是在同儕中求生存的論述技巧，而非陣法運作時的實貌。

圖 7.3：陣法設計的多元性與政治性

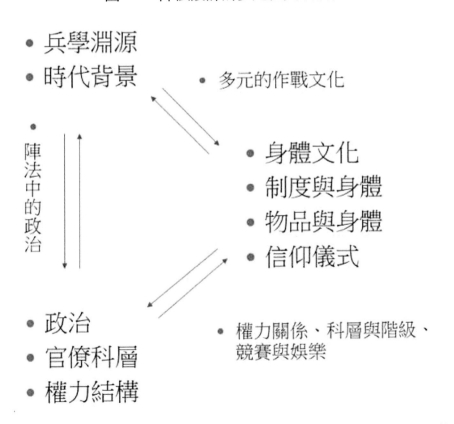

圖中表示的六種議題，可整合出「軍事改革、將領兵法、武術觀念的異同、鴛鴦
陣的對兵學知識的吸收與改革」等議題。

　　戚繼光北調薊鎮後，其鴛鴦陣因應北方戰場發生了變化。本文注意到薊鎮鴛鴦陣的設計，不完全是為了戰術目的，也為了政治目的。戚繼光為了在薊鎮推行鳥銃、夾刀棍，故設計了一種新舊武器混編、冷熱兵器混用、衝鋒前一刻還要變換隊形的特殊鴛鴦陣。早期的薊鎮鴛鴦陣由於衝鋒前一刻仍要變換隊形，操作難度較高，看起來對因應蒙古騎兵衝刺有致命弱點。但這樣的陣形設計，卻可以在訓練跟作戰時，讓士卒無形中體會鳥銃、快鎗，以及大棒、夾刀棍的性能差異，並讓伍長這個有監軍職權的基層軍官，帶頭推行鳥銃。直到稍晚，戚繼光才使用比較接近抗倭鴛鴦陣戰術的編制法，取代稍早的薊鎮鴛鴦陣。故本文主張早期的薊鎮鴛鴦陣，實為推廣以鳥銃取代快鎗、以夾刀棍取代大棒等政策，而特別設計的鴛鴦陣，具有政治目的。此外戚繼光鎮守薊鎮的同一時期，羅拱辰抗倭時使用的陣法仍在嶺南流傳著。

　　第四章也檢討以往對於鴛鴦陣是疏散還是緊密陣形的爭論。本文主張鴛鴦陣是單隊維持緊密，但個別單哨保持疏散的陣形。以往會有此爭論，是因為忽視鴛鴦陣運作的基礎單位不是個人，而是小隊。以抗倭鴛鴦陣的單一小隊來看，其設計理念是「陣面有遮蔽」和「攻防分工」，設計目的則是讓士兵壯膽，走出對倭寇的恐懼。為了相互遮蔽互助，鴛鴦陣小隊會維持緊密隊形。但以大型組合陣法來看，鴛鴦陣的哨級以上便會疏散開，以便讓正兵產生左、中、右三路包抄的戰術，伏兵則採取更為疏散的隊形。這種疏散，一來是為了適應複雜的地形，二來正是因應火器、冷兵器混用的戰術。在大型的陣法設計上，本文主張戚繼光的陣法觀念雖不同於古典戰陣，例如他壓抑騎馬戰鬥、主張拋棄弓箭、銳意發展火器與戰車，但其陣法仍帶有古陣的風格。本文舉出常山蛇陣、牝陣跟罘罝陣作比較，發現鴛鴦陣正是又具有延續性，又具有創新性的陣法。

　　在薊鎮鴛鴦陣上，抗倭鴛鴦陣單一小隊的緊密協助戰術被延續，但是為了因應高機動的騎兵，小隊與小隊之間顯得更鬆散。單一小隊在薊鎮鴛鴦陣中被設計成一次十人攻擊一名騎兵，全體行動，殺敵後再尋找另一名騎兵，而隊與隊之間幾乎沒有協助關係。廣東鴛鴦陣以戚繼光的生涯而言，實際上沒有太多實戰經驗，其延續了薊鎮後期的步兵戰術，並以較為靈活的科層編制，以求廣泛實施於廣東各地軍隊。本文主張三個時期的鴛鴦陣，不一定呈現了不斷進步的關係，比較像是各自為當下環境做最適當的設計。

圖 7.4：戰術、武術與軍器

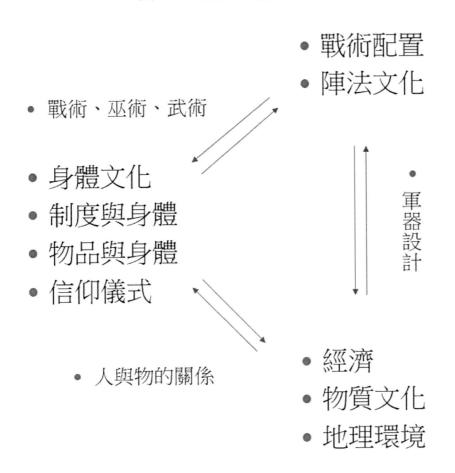

圖中表示的六種議題，可整合出「軍器、補給、武術、陣形跟社會背景的關係」
等議題。

　　在探討完陣法結構與戰術後，本文進一步討論較為抽象的文化思維，並
將其放在物質文化基礎、軍中權力關係中去討論。在這部分本文主要以「巫
術厭勝思維」、「物質文化」、「身體觀」為切入點，並討論文化、制度如何建
構軍隊特有的生活模式，這就是圖 7.4 這個「三角形」中的議題。關於厭勝與
巫術思維，本文藉由比較倭寇使用的演禽戰法跟戚繼光的鴛鴦陣，討論它們
在戰術上的相似性，以及如何圍繞著二十八星宿信仰，進行著一場巫術的「厭
勝之戰」。關於其巫術思維，本文藉助了馬凌諾斯基和弗雷澤的人類學研究成
果，認為戰場上的巫術儀式，應該具有轉移戰爭相關壓力、焦慮的功能。

　　本文還採用「體感」、「物質文化」等觀點，來呈現戚繼光軍隊生活的樣貌。透過「空間體感」跟「時間體感」兩個切入點，本文論述制度如何塑造軍中時間、空間的流動規律與節奏。本文也試著呈現物質文化基礎，以方便理解鴛鴦陣運作的時空背景。這部分討論軍器、物資，以及戰場上的經濟活動。關於體感，本文也花了一些篇幅討論鴛鴦陣武術訓練如何塑造身體，以及戚繼光如何在軍事訓練中放入娛樂元素。在武術體感的部分，本文主張「花法」有時不見得是不實用的武術，只是通常不適合用於密集隊形而已。被戚繼光斥為花法的東西，有些固然是中看不中用、表演用的武術動作，但有些花法可能是重視單打獨鬥的武術，用來訓練身體靈活度的技巧。故在藤牌手一類較為機動的士兵身上，戚繼光仍一定程度使用花法來訓練之。但像狼筅手、長鎗手、短兵手一類重視緊密隊形，互相協助的士兵，戚繼光便嚴禁練習花法。本文用「老」、「鬥」、「拍位」等概念，探討武術打鬥中的「時間體感」跟「空間體感」。另外本文也討論倭刀跟鴛鴦陣的關係，並主張倭刀跟抗倭鴛鴦陣的武器關係其實不大，也否定戚繼光的「腰刀」型制來自日本刀。最後本文討論戚繼光如何利用制度設計，維持軍隊的士氣，使其在人力、物力不匱乏的狀況下久戰不衰。這一部分的論述，可由圖 7.4 和 7.5 來含括。

圖 7.5：鴛鴦陣與物質文化、政治文化

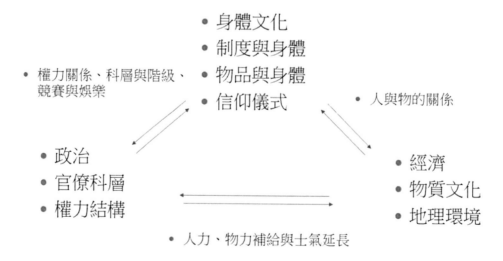

圖中表示的六種議題，可整合出「科層組織、信仰儀式、權力關係如何反映於制度運作」等議題。

　　以「明史」的宏觀角度來看，鴛鴦陣其實是明帝國主要軍事力量從「衛所兵」轉變為以「客兵」、「募兵」、「鄉兵」為主時，眾多鄉兵體系之一。這場軍事體制、結構的轉型非常複雜，而鴛鴦陣由於相關史料豐富，成為了絕佳的個案研究對象。在中晚明社會中，鴛鴦陣的出現，涉及兵學知識流動、軍事動員的技術、陣法文化、巫術挪用，同時兼具物質文化、經濟活動內涵的課題。它提供我們一個內涵豐富的視野，便於看待「抗倭」、「抗虜」等歷史議題。

　　鴛鴦陣告訴我們，晚明的文武官員、讀書人如何蒐集軍事知識，並透過交流、整合，創造出新的戰術。新戰術的設計，固然受南倭跟北虜戰術差異影響，但本文又注意到明帝國南、北兩地對陣法的選擇，其實跟地理空間、經濟型態息息相關，南北築城習慣和商業市鎮的空間分布，跟鴛鴦陣戰術在南、北兩地的發展出的形貌相呼應，這或許提供了更多歷史課題對話的可能。崇尚數據分析的社會經濟史研究方法，應可跟重視符號連結、意義詮釋的文化史研究方法，就某些議題合作。「演禽戰法」則顯示古代戰爭文化中，「巫術」可能有時扮演著極重要的角色，藉此也可思考巫術的儀式和思維如何在晚明人們的生活中運作。同時演禽戰法也可為「陰門陣」之類軍事巫術，甚至「捻軍」、「太平軍」、「義和團」等藉宗教力量凝聚的武裝勢力，提供研究上的參考。

徵引書目

一、史料

1. 孔穎達，《周易正義》，收入李學勤主編《十三經注疏整理本》，臺北：台灣古籍出版社，2002。

2. 王廷曾修，《義烏縣志》，收入《復旦大學圖書館藏稀見方志叢刊》第 14 冊，北京：中國國家圖書館出版社，2010，影印清康熙 31 年刻本。

3. 王懋德、陸鳳儀，《金華府志》，收入《中國方志叢書》華中地方第 498 號，臺北：成文出版社，1983，影印明萬曆 6 年（1578）刻本。

4. 申時行等修，《明會典》，北京：中華書局，1989，排印萬曆重修本。

5. 司馬遷；楊家駱主編，《新校本史記三家注并附編二種》，臺北：鼎文書局，1987。

6. 佚名，《明英宗實錄》，臺北：中央研究院歷史語言研究所，1962，影印國立北平圖書館藏紅格抄本。

7. 吳承恩，《新刻出像官板大字西遊記》，臺北：國家圖書館藏明萬曆壬辰金陵世德堂刊本。

8. 李時珍著、劉衡如、劉山水點校，《本草綱目》，北京：華夏出版社，2002。

9. 李筌，《太白陰經》，收入《中國兵書集成》第 2 冊，北京：解放軍出版社；瀋陽：遼瀋書社，1988，影印清守山閣叢書刊本，其底本為宋抄本。

10. 周士英、熊人霖，《義烏縣志》，收入《稀見地方志匯刊》第 17 冊，北京：新華書店，1992，影印明崇禎刻本。

11. 采九德，《倭變事略》，收入鄭樑生編，《明代倭寇史料》第 7 冊，臺北：文史哲出版社，2005，點校、排印明天啟三年海鹽刊本。

12. 施耐庵，《水滸傳一百二十回》，臺北：臺灣古籍出版社，2005。

13. 俞大猷、趙本學，《續武經總要》，收入《中國兵書集成》第 17 冊，北京：解放軍出版社；瀋陽：遼瀋書社，1994，影印北京大學圖書館藏萬曆刊本。

14. 俞大猷著、廖淵泉、張吉昌整理點校，《正氣堂全集》，福州：福建人民出版社，2007。

15. 茅元儀，《武備志》，收入《四庫禁燬書叢刊》子部第 23～26 冊，北京：北京出版社，2000，影印明天啟刻本。

16. 唐順之，《武編》，收入《中國兵書集成》第 13 冊，北京：解放軍出版社；瀋陽：遼瀋書社，1989，影印萬曆 46 年徐象橒曼山館刻本。

17. 唐鼎元，《明唐荊川先生年譜》，收入《宋明理學家年譜續編》第 4～5 冊，北京市：北京圖書館出版社，影印民國 28 年鉛印本，2006。

18. 許仲琳，《封神演義》，臺北：台灣古籍出版社，2005。

19. 張廷玉等修；楊家駱主編，《新校本明史并附編六種》，台北：鼎文書局，1982。

20. 張萱、孟奇甫編，《西園聞見錄》，北京：全國圖書館文獻縮微複製中心，影印哈佛燕京學社排印本，1996。

21. 戚國祚；李克、郝教蘇點校，《戚少保年譜耆編》，北京：中華書局，2003。

22. 戚繼光，《十八卷本《紀效新書》》，北京：中華書局，2001。

23. 戚繼光，《紀效新書》，臺北：國家圖書館藏明萬曆李成勛刻本（十四卷本）。

24. 戚繼光，《紀效新書》，臺北：國家圖書館藏明嘉靖東牟戚氏家刊本（十八卷本）。

25. 戚繼光，《戚少保奏議》，北京：中華書局，2001。

26. 戚繼光，《練兵實紀》，收入《中國兵書集成》第 19 冊，北京：解放軍出版社；瀋陽：遼瀋書屋，1994，影印軍事科學院藏清代京都琉璃廠擺板本。

27. 戚繼光，《練兵實紀》，臺北：國家圖書館藏明萬曆 25 年薊遼總督刑玠刊本。

28. 陳子龍、許孚遠編，《明經世文編》，北京：中華書局，1962。

29. 傅維麟，《明書》，臺北：華正書局，1974。

30. 彭澤修等修，《萬曆漳州府志》，收入吳相湘主編《明代方志選（三）》，臺北：學生書局，1985，影印萬曆元年刻本。

31. 曾公亮、丁度，《武經總要》，收入《中國兵書籍成》第 3 冊，北京：解放軍出版社；瀋陽：遼瀋書社，1988，影印明金陵書林唐富春刻本。

32. 焦竑，《國朝獻徵錄》，臺北：臺灣學生書局，1984，影印國立中央圖書館藏明刊本。

33. 溫體仁等,《明熹宗實錄》,台北:中央研究院歷史語言研究所,1966,影印國立北平圖書館藏紅格鈔本微捲。

34. 潘紹詒、周榮椿修,《處州府志》,收入《中國方志叢書》華中地方第193號,臺北:成文出版社,1975,影印光緒3年刊本。

35. 鄭若曾,《籌海圖編》,收入《中國兵書集成》第15冊,北京:解放軍出版社,瀋陽:遼瀋書社,1990,影印嘉靖41年胡宗憲刻本。

36. 鄭樑生編,《明代倭寇史料》,臺北:文史哲出版社,1987~2005。

37. 薛應旂,《浙江通志》,收入《中國方志叢書》華中地方第532號,臺北:成文出版社,1983,影印明嘉靖四十年刊本。

38. 羅青霄等修,《漳州府志》,收入吳相湘主編《明代方志選》第3冊,臺北:臺灣學生書局,1965,影印萬曆元年刻本。

39. 羅貫中,《三國志通俗演義》,臺北:新文豐出版社,1979,重印上海涵芬樓據明弘治本影印本。

40. 覺羅勒德洪等修,《大清高宗純（乾隆）皇帝實錄》,臺北:華文書局,1964。

41. 東京大學史料編纂所編,《描かれた倭寇:「倭寇図卷」と「抗倭図卷」》,東京:東京大学史料編纂所,2014。

二、專書

1. Cosmo, Nicola Di ed. *Military Culture in Imperial China.* Cambridge: Harvard University Press, 2009.

2. Lorge, Peter A. *Chinese Martial Art: From Antiquity to the Twenty-First Century.* New York:Cambridge University Press, 2012.

3. Sesko, Markus. *Koshirae - Japanese Sword Mountings.* Raleigh: Lulu Press, 2012.

4. Shahar, Meir. *The Shaolin Monastery: History, Religion, and the Chinese Martial Arts.* Honolulu: University of Hawai'i Press, 2008.

5. 王儀,《明代平倭史實》,臺北:中華書局,1984。

6. 朱亞非主編,《戚繼光志》,濟南:山東人民出版社,2009。

7. 余舜德,《體物入微:物與身體感的研究》,新竹:國立清華大學出版社,2008。

8. 吳承洛,《中國度量衡史》,北京:商務印書館,1993。

9. 易強,《歷史的線索:錦衣王朝》,臺北:三民書局,2014。

10. 俞大猷著、向愷然註釋,《三十六子母棍》,臺北:逸文武術文化出版社,2009。

11. 紀金慶,《二元對立與陰陽:世界觀的衝突與調和》,臺北:臺灣商務印書館,2008。

12. 胡曉真、王鴻泰主編，《日常生活的論述與實踐》，臺北：允晨文化，2011。

13. 范中義，《戚繼光評傳》，南京：南京大學出版社，2004。

14. 范中義，《戚繼光兵法新說》，北京：解放軍出版社，2008。

15. 范中義、王兆春、張文才、馮東禮，《明代軍事史》，收入中國軍事科學院主編《中國軍事通史》第15卷下冊，北京：軍事科學出版社，1998。

16. 范毅軍，《傳統市鎮與區域發展》，臺北：聯經出版社，2005。

17. 馬凌諾斯基（Bronislaw Malinowski）著、朱岑樓譯，《巫術、科學與宗教》，臺北：協志工業叢書出版社，2006。

18. 許保林，《中國兵書通覽》，北京：解放軍出版社，1990。

19. 梁思成，《中國建築史》，天津：百花文藝出版社，2007。

20. 黃仁宇，《萬曆十五年》，臺北：食貨出版社，2003。

21. 解文超，《明代兵書研究》，天津：天津人民出版社，2010。

22. 福雷澤（James G. Frazer）；汪培基、徐育新、張澤石譯，《金枝》，北京：商務印書館，2013，翻譯 The Macmillan Company 1925 年英文版。

23. 樊樹志，《江南的城市工業與地方文化（960～1850）》，北京：清華大學出版社，2004。

24. 太田弘毅，《倭寇：商業・軍事史的研究》，橫浜：春風社，2002。

25. 田中健夫，《倭寇——海の歷史》，東京：教育社，1982。

26. 石原道博，《倭寇》，東京：吉川弘文館，1964。

27. 澤田瑞穗，《修訂中国の呪法》，東京：平河出版社，2005。

三、論文

1. 王兆春〈戚繼光對火器研製和使用的貢獻〉，收入閻崇年主編《戚繼光研究論集》，北京：知識出版社，1990，136～156。

2. 王鴻泰，〈武功、武學、武藝、武俠：明代士人的習武風尚與異類交游〉，《中央研究院歷史語言研究所集刊》，85.2（臺北，2014），209～267。

3. 王鴻泰，〈倭刀與俠士——明代倭亂衝擊下江南士人的武俠風尚〉，《漢學研究》，30.3（臺北，2012.9）：63～98。

4. 王鴻泰：《文武際會——胡宗憲幕府中文士武人的交遊活動與知識交流》，發表於「戰爭與修辭學術論壇」學術研討會，臺北：中央研究院中國文哲研究所，2015。

5. 朱鴻，〈明人「出警入蹕圖」本事之研究〉，《故宮學術季刊》，22.1（臺北，2004.09）：183～213。

6. 吳大昕，〈海商、海盜、倭：明代嘉靖大倭寇的形象〉，南投：國立暨南國際大學歷史學研究所碩士論文，2002。

7. 李吉遠，〈明代壯族「狼兵」抗倭武藝考述〉，《體育學刊》，19.1（廣州，2012.1）：114～119。

8. 李建民，〈「陰門陣」新論──明清身體的文化小史〉，《東華人文學報》，21（花蓮，2012.7）：45～76。

9. 李訓詳，〈古陣新探──新出史料與古代陣法研究〉，臺北：國立臺灣大學歷史學研究所博士論文，1999。

10. 李華彥，〈近三十年來明清鼎革之際軍事史研究回顧〉，《明代研究》，23（臺北，2014.12）：127～154＋i。

11. 汪榮祖，〈明清帝國的空間〉，收入陳永發主編，《明清帝國及其近現代轉型》，臺北：允晨文化，2011，61～130。

12. 周維強，〈明代戰車研究〉，新竹：國立清華大學歷史研究所博士論文，2008。

13. 林伯原〈明代中国にわける日本刀術の受容とその変容〉《武道学研究》，46.2（東京，2014）：59～75。

14. 邱仲麟，〈點名與簽到──明代京官朝參、公座文化的探索〉，收入胡曉真、王鴻泰主編，《日常生活的論述與實踐》，臺北：允晨文化出版社，2011，3～47。

15. 范中義，〈《紀效新書》十四卷本成書時間與內容〉，收入閻崇年主編《戚繼光研究論集》，北京：知識出版社，1990，368～385。

16. 孫文良、柳海松，〈論戚繼光鎮守薊門〉，收入閻崇年主編《戚繼光研究論集》，284～302。

17. 張瓊文，〈《睡虎地秦簡·日書》巫術文化研究〉，臺北：國立政治大學中國文學系國文教學碩士在職專班碩士論文，2012。

18. 馬明達，〈「米昔刀」考〉，收入氏著《說劍叢稿（增定本）》，北京：中華書局，2007，239～254。

19. 馬明達，〈尉遲敬德與「鞭槍」武藝〉，收入氏著《說劍叢稿（增定本）》，北京：中華書局，2007，148～154。

20. 馬明達，〈從連枷棍到二節棍〉，收入氏著《說劍叢稿（增定本）》，北京：中華書局，2007，172～179。

21. 郭永芳，〈紙甲〉，《中國科技史料》，10.3（北京，1989）：80～81。

22. 陳學文，〈戚繼光與戚家軍〉，收入閻崇年主編《戚繼光研究論集》，北京：知識出版社，1990，106～116。

23. 湯稼清，〈戚繼光兵學思想之研究〉，桃園：國防大學戰略研究所碩士論文，2011。

24. 黃一農，〈官方與民間、史實與傳說夾縫中的江陰之變（1645）〉，收入陳永發主編《明清帝國及其現代轉型》，臺北：允晨文化，2011，131～202。

25. 楊業進〈戚繼光戰術的創革與中國古典戰術的終結〉，收入閻崇年主編《戚繼光研究論集》，北京：知識出版社，1990，91～105。

26. 解立紅〈論戚家軍長短結合的兵器配備〉，收入閻崇年主編《戚繼光研究論集》，北京：知識出版社，1990，157～160。

27. 蔣竹山，〈女體與戰爭——明清厭砲之術「陰門陣」再探〉，《新史學》，10.3（臺北，1999.9）：159～186。

28. 鄭樑生〈靖倭將軍戚繼光〉，收入氏著《中日關係史研究論集》（臺北：文史哲出版社，2009）：1～58。

29. 賴育鳴，〈明嘉靖年間的海寇〉，《中興史學》，9（臺中，2003.4），1～23。

30. 大石純子、酒井利信，〈『紀效新書』における日本刀特性を有する刀劍の受容について：18巻本と14巻本の比較を通して〉，《武道学研究》，45.2（東京，2012）：95。

31. 石原道博，〈倭寇の戰術について〉，《海事史研究》，20（東京，1973）：12～30。